U0131142

論壇 27

地緣政治

風險管理與挑戰
兩岸、南海與俄烏案例

Geopolitical Risk Management and Challenges：
Examples from Cross-Strait relations,
South China Sea and Russia-Ukraine Conflict

陳德昇　主編

序言

　　台灣當前地緣政治的風險和重要性，是有史以來最受世人關注和憂心的。其中不僅涉及美中台的國家利益角力，也是兩岸統獨選擇的博弈和挑戰。在此一背景下，政治大學國際關係研究中心，於 2023 年 3 月 10 日召開「地緣政治風險管理與挑戰：兩岸、南海與俄烏案例」研討會，期能集思廣益，並於會後修正論文，匯集成冊，以饗讀者。

　　本書分為三大部分。一是地緣政治風險與兩岸關係部分，分別由陳德昇、胡瑞舟與邱志昌教授撰寫，主要就美中台地緣政治、兩岸軍事風險與半導體矽盾進行討論與解讀；第二部分是地緣政治與南海變局，由劉復國、王冠雄與孫國祥三位教授分享研究成果，主要是南海議題的地緣政治挑戰升高的歷史背景、法律爭議與大國角力做一探討；第三部分由周陽山、趙竹成和湯紹成分析俄烏衝突的緣由、歷史背景和可能演變與挑戰，有助於世人對目前僵局未解的俄烏衝突有更深入的理解。

　　最後，對曾毓庭同學編校與印刻出版社協助表示感謝。

陳德昇

2023/12/30

目錄

作者簡介（按姓氏筆畫）

王冠雄

英國布里斯托大學法學博士，現任國立台灣師範大學政治學研究所教授。主要研究專長：國際公法、國際關係與國際組織。

周陽山

美國紐約哥倫比亞大學政治學博士，現為中國文化大學國發所退休教授。主要研究專長：近代中國政治思想、比較政治及比較憲法、美國政府與政治文化。

邱志昌

淡江大學財務金融學系博士。現任亞非區域發展暨治理學會首席經濟學家。主要研究專長：財務金融分析、貨幣政策與理論、現代投資理論。

胡瑞舟

美國紐約州立大學政治學博士，現任國立政治大學國關中心台灣安全研究中心副主任。主要研究專長：國際安全、國家安全與戰略研究。

孫國祥

國立政治大學政治研究所博士，現任南華大學亞太研究所所長。主要研究專長：南海問題、亞太經貿安全與東協議題。

陳德昇

國立政治大學東亞研究所博士，現任國立政治大學國際關係研究中心研究員。主要研究專長：跨界治理、兩岸關係與全球化。

湯紹成

德國波昂大學博士，現任亞太綜合研究院院長。主要研究專長：德國政治、國際政治與兩岸關係。

趙竹成

俄羅斯國立喀山大學歷史學博士，現任國立政治大學民族學系教授。主要研究專長：俄國政府與政治、俄國民族問題、中亞及獨立國協。

劉復國

英國赫爾大學政治學博士，現任國立政治大學國際關係研究中心兼任研究員。主要研究專長：區域安全、地緣政治、美中台關係。

地緣政治風險與兩岸關係

地緣政治風險與管理：美中台互動與變局

陳德昇

（政治大學國際關係研究中心研究員）

摘　要

　　近年來，兩岸地緣政治風險為海內外媒體、智庫和政治領袖所關注，主因是其地理區位的特殊性與重要性，且牽動美中兩大強國的霸權爭奪與國家利益衝突。台灣夾在兩大國間的依存或疏離，以及半導體與科技產業供應鏈的角色，使美中台地緣政治演變更趨多元和複雜。

　　雖然中共近期採取「和統」策略與較為溫和涉台作為，但未因此鬆動「武統」的準備和操練，形成「和」、「戰」兩手策略的運用。此外，美國對台「烏克蘭化」的操作亦令人憂慮，無論是其外交突破與軍事布局，皆可能觸動兩岸地緣政治敏感的神經。

　　美中兩大國皆有各自國家利益盤算，小國發揮的空間有限。古云：「善戰者無赫赫之功」。美中台應展現三方智慧、耐心與定力，以及有效的跨界治理協作，才可能規避一場世界大戰和民族悲劇。

關鍵字：地緣政治、國家利益、美中台、武統、跨界治理

「美國想要可信賴的半導體產業，就應該持續投資台灣安全；畢竟美國現在想做的，台積電早就完備。美國的晶片法案（CHIPS Act）與半導體政策，是美國要先進晶片的真摯承諾，或是想攫取這塊賺錢市場的衝動之舉？若美國以為光靠花大錢就能搶進最複雜的電子製造市場，那就太天真了；半導體晶片製造極其複雜，需要大量勞動力，並講究組裝品質。」[1]

——張忠謀

「我們堅持以最大誠意、盡最大努力爭取和平統一的前景，但決不承諾放棄使用武力，保留採取一切必要措施的選項。」[2]

——習近平

壹、前言

　　兩岸地緣政治風險已成為全球關注和憂慮的議題。[3] 一方面，美歐日強敵視東亞第一島鏈為重要航運通道和安全屏障；另一方面，台灣是全球半導體的重鎮，尤其是先進製程晶片更攸關世界科技與經濟現代化至關重要，[4] 不容軍事衝突造成現代化倒退。對台灣而言，一場軍事對抗與「武統」作為不僅使中華民國滅亡，並會導致人民財產損失和傷亡，以及民主、自由和人權的淪喪，值得吾人賦予更大之關注。

1　張文馨，2023，〈砸錢進晶片市場？張忠謀告訴裴洛西：美國不要太天真〉，https://udn.com/news/story/6811/6971935，查閱時間：2023 年 10 月 27 日。

2　任一林、王瀟瀟，〈高舉中國特色社會主義偉大旗幟　為全面建設社會主義現代化國家而團結奮鬥〉，《人民日報》，2022 年 10 月 26 日，01 版。

3　"The most dangerous place on Earth", *The Economist.* 2021 May 1,https://www.economist.com/leaders/2021/05/01/the-most-dangerous-place-on-earth (October 27, 2023)

4　自由時報，2022，〈雷蒙多：最尖端晶片技術在台灣 更多美企考慮撤中〉，https://ec.ltn.com.tw/article/breakingnews/4074868，查閱時間：2023 年 10 月 27 日。

本文首先探討地緣政治的概念與相關文獻，其次分析美中台引發地緣政治風險之成因、運作與風險。最後針對地緣政治與美中台關係挑戰進行對話與評估。

貳、理論與文獻

地緣政治學是時代的產物，其定義與時俱進。最早定義地緣政治學一詞的是瑞典的魯道夫・契倫（Rudolf Kjellén）。他在 1899 年把地緣政治學描述為：「作為一種地理有機體或空間現象的國家理論。」德國的地緣政治學（geopolitik）之父豪斯霍弗爾（Karl Haushofer）則認為：地緣政治學是一種關於所有政治過程之空間決定論的學說，他植基於地理基礎，特別是政治地理。[5] 政治學者科恩（Saul Bernard Cohen）則指稱：地緣政治學一方面是地理環境與觀點（perspectives）；另一方面是各種政治過程中的互動。環境也由地理特性（geographical features）和各種模式（pattern），以及它們所形成的多層次區域（regions）所構成。政治過程包括：各種勢力在國際層次的運作，以及在國內場域運作而影響國際行為者。[6] 在地緣政治結構中，地理環境與國際政治間的關係為動態互動，各自互相影響著。地緣政治學就是要處理這個互動的各種結果。[7]

依柯恩的觀點認為：地緣政治是動態的（dynamic），隨著國際體系及其運作環境之變化而調整。地緣政治的動力（dynamism）會影響國家和區域對自身和世界的觀點。[8] 以台韓與中國為例，大量製造業外包至中國南方和中部沿海，迫使台韓與日美思考其與中國之關係。經濟的相互依存，

5　Saul Bernard Cohen. 2002. *Geopolitics of the World System*. Rowman & Littlefield Publishers. p.11.

6　許湘濤，2022，《地緣政治學》，台北：元華文創，頁 4。

7　Geoffrey Parker. The Grand Strategy of Philip II. Yale University Press. 2000. p.5.

8　同註 5。

或能減緩政治對立與可能衝突。反之，中國也必須向世界開放其市場，同時也產生對其政治、社會與文化面的影響。[9] 此外，在地緣政治運作中區域強權主宰鄰近國家，並劃出自己的勢力範圍。和一級（主要）強權抗衡的是二級（區域）強權，有時當它們力量足夠，也有野心時，它們就會動武，或使用經濟力，迫使次級區域經濟體屈服或妥協。換言之，區域霸權善用其經濟槓桿與軍事實力，在地緣政治變局中展現其意志、權威和影響力。

　　地緣政治除有地理區位之考量，亦涉及國家利益（national interest）和經濟全球化之運作。事實上，在全球與區域霸權之主導者，其對關鍵與核心的區位之爭奪、主張，且是基於「國家利益」至上的訴求，勢必會增加地緣政治的張力與挑戰。換言之，對美國國家利益而言，台灣地理區位、半導體先進製程，以及民主夥伴關係具重要性；中共則視台灣主權不容挑戰，「是中國核心利益的核心」；「是中美關係政治基礎中的基礎」[10]。因此，在美中經貿與科技戰深化與中長期化的背景下，勢必引發日益升高的政治、經濟、外交和軍事矛盾與對立。明顯的，台灣的地理區位與地緣政治深受美中兩大國之關注和影響，成為戰略必爭之地。

　　有關美國國力興衰與霸權角色，關中在「美國霸權的衰退和墮落」文獻中指出：（一）美國霸權的空洞化，呈現出美國帝國的衰退、中國的崛起和挑戰，以及全球權力的反抗；（二）美國以推銷美國價值當他外交政策主要目的，其結果便是造成美國外交政策的虛偽、不道德和雙重標準。美國外交菁英對外界對其批評是聽不進去的，久而久之，成為一個傲慢、自大、甚至不講理的國家；（三）美國內政不修、外交進退失據，美國的神話變成謊言、美國的民主變成笑話、美國的資本主義變成戰爭資本主義、

9　參見註6，頁5。

10　陳韋廷，2022，〈習近平警告拜登：台灣問題是中美關係不可踰越的紅線〉，https://udn.com/news/story/123102/6765269，查閱時間：2023年11月6日。

掠奪式的資本主義和贏者通吃的資本主義，毫無公平、爭議和理想可言。[11]

　　描述世界大國與次級大國互動關係之文獻，美國政治學者格雷厄姆‧艾利森（Graham Allison）提出「修昔底德陷阱」（Thucydides's Trap），用來描述新興強國崛起威脅到現有國際霸主地位時，雙方可能直接爆發戰爭衝突。此論述主要是分析美國與中國現階段衝突。此一分析是基於古代雅典歷史學者和軍事將領修昔底德的一段話。修昔底德認為：雅典和斯巴達之間伯羅奔尼撒戰爭不可避免，因為斯巴達對雅典實力的增長心生恐懼。修昔底德解釋說：「是雅典的崛起，以及斯巴達揮之不去的恐懼，使戰爭不可避免。」根據格雷厄姆研究發現，在過去 500 年中新興大國與現有霸主競爭的 16 件歷史實例中，有 12 件最終以戰爭告終。[12]

　　黃欽勇、黃逸平所著「矽島的危機－半導體與地緣政治」文獻中指出：（一）進入 2020 年後，COVID-19 疫情、供應鏈斷鏈、地緣政治、通貨膨脹等四大變數接踵而來，產業前進的路徑脫離歷史的陳規劇烈變動。當中，台灣的半導體與供應鏈更是深受地緣政治影響；（二）美國川普、拜登兩任總統都強調「有意義地掌握供應鏈」，並積極重建美國半導體的製造能力。美日印澳的四方安全對話，甚至特別提到半導體供應鏈的韌性，強調必須以國際合作維護半導體和關鍵零組件的供應穩定；（三）隨著產業興起遷移的新浪潮，技術的變遷也影響市場需要，在地產業與經濟的連動日益重要，分散型的生產體系輪廓浮現，企業不會無視於這些可能影響生存的關鍵，跨國、跨界的合縱連橫，在科技民族主義和 ESG 策略議題作用下，顯得更重要；（四）近十年來，因應智慧型手機及伴隨而來的互聯網商機興起，市場需求益趨多元，分散型的生產體系醞釀成型，在地產業與經濟的連動日益重要（參見圖 1）。在中美兩極分立的世界體系之下，台灣掌

---

11 關中，2022，《美國霸權的衰退和墮落》，台北：時報文化，頁 10-13。
12 Graham Allison，2018，《注定一戰？中美能否避免修昔底德陷阱》，台北：八旗文化。

圖 1：地緣政治與經濟發展互動

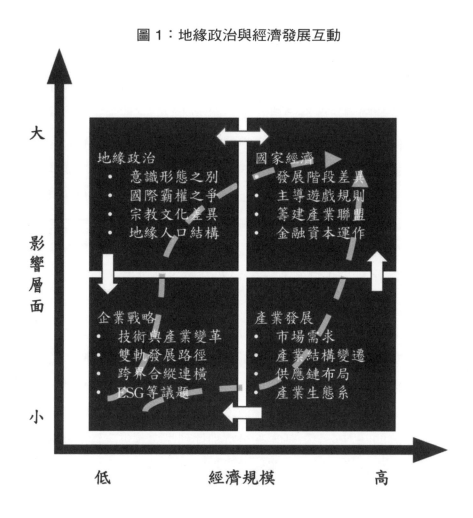

握了半導體及供應鏈兩大優勢。地緣政治成為台灣最難預測，也最脆弱的一環，也是最需要打破框架的政策。[13]

　　有關台灣未來命運之論述與想定，雖有「和」與「戰」針貶不同觀點，亦有「毀滅台灣」之說法。[14] 一篇由夏威夷智庫「太平洋論壇」發布之「台

---

[13] 黃欽勇、黃逸平，2022，《矽島的危與機：半導體與地緣政治》，台北：國立陽明交通大學出版社。
[14] 陳亭仔，2023，〈拜登驚吐「毀滅台灣計畫」遭曝光！美媒體人爆「恐怖失言內容」 外交部急發聲澄清〉，https://www.storm.mg/lifestyle/4739893，查閱時間：2023/10/27。

灣淪陷後的世界局勢」（The World After Taiwan's Fall），其內容重點包括：
（一）無論美國是否出於干預台海衝突，萬一中國攻陷台灣，結果將驚天動地：中國可一勞永逸地跨越美國在印太地區的實力與影響力，中國治世（Pax Sinica）時代就將到來；（二）美國的世紀領袖地位及影響力將趨式微；盟國對美國安全承諾的信心將大打折扣；美國領導的聯盟體系將會動搖；各國將會採取自求多福的政策調整對應態度；（三）區域和全球的產業鏈遭致重創，美國與盟國必須以「預防勝於治療」的角度思考加強盟邦合作，共同避免或勸阻中國大陸對台灣動武，並提供友邦及夥伴安全協助。[15]

　　長期鑽研美中台關係的蘇起教授，則概括美中台關係為：（一）目前美中台三方皆主「鬥」，任一方都沒有「和」，其中以 2023 至 2024 年最為關鍵；而美國和中國的策略是「鬥」和「拖」，因美國財力及軍事工業均不足以支撐大幅快速的軍事轉型；（二）東亞遙遠、基地數量與長程打擊武力都不足，若台海開戰無法及時援助台灣，希望台灣堅守灘頭甚至城鎮戰，以拖延中國；（三）習近平第三任期更加集中戰力，對台思想、力量與資源都高度掌握，在人事任命上掌握「能打也能拖」的布局。加之，大陸民眾在情緒上日益敵視台灣，策略上仍是「鬥」[16]；（四）未來五年兩岸軍事實力繼續向中共傾斜，這不僅是美國與台灣的脆弱期，也是中共機會期。不管是俄烏戰爭還是現在的以巴戰爭，都凸顯美國分身乏術的困境。[17]

15 黃介正，2023，〈台灣「淪陷後」的世界局勢〉，https://www.chinatimes.com/newspapers/20230222000490-260109?chdtv，查閱時間：2023/10/27。

16 李佳穎，2023，〈「蘇起美中台都主「鬥」2023 到 2024 年最關鍵」〉，https://tw.news.yahoo.com/%E8%98%87%E8%B5%B7-%E7%BE%8E%E4%B8%AD%E5%8F%B0%E9%83%BD%E4%B8%BB-%E9%AC%A5-2023%E5%88%B02024%E5%B9%B4%E6%9C%80%E9%97%9C%E9%8D%B5-102500654.html?guccounter=1&guce_referrer=aHR0cHM6Ly9d3cuZ29vZ2xlLmNvbS8&guce_referrer_sig=AQAAAJnDs6CdZvYibCg8OXo4Q9K91KpR_93fi_7bj9addX2Hc1so1WsF5GDMa6cNT_mY_9YrUf79xz27rzS__rSgyfN1bRKsvtnj9b0vLoVi4LxFTlu0tyNkMkatZcZKG8CDmdtFHqIq19BamP74CU0RnwT9bbLDdSVWH5pPvXFC2UQr，查閱時間：2023/10/27。

17 鍾秉哲，2023，〈「未來 5 年是美、台脆弱期」　蘇起示警：賴清德若勝選，習近平不會給他時間〉，https://www.storm.mg/article/4885630，查閱時間：2023/10/27。

參、美國：美中霸權之爭與科技戰長期化

　　美國與中國霸權之爭，即呈現「國家利益」至上的訴求，亦是經濟實力（GDP）較量的危機感。其中既有現實利害的結構性摩擦，亦有意識形態矛盾。事實上，自 2018 年後中國經濟持續增長，並預估於 2030 年趕上美國（參見表 1），引發美國的危機感，加之美中兩國對「私有財產權」與「智慧財產權（IPR）」的認知落差，正逐漸成為兩大陣營齟齬不斷的根源。[18]2011 年夏季 APEC 高峰會美中兩國領導人對話表示：「中國應該按牌桌的規矩打牌（China must play by the rules）；對美國而言，如果技術專利沒有得到尊重的話，那將是個大災難。」[19] 美國是以軍事、政治為後盾，並以金融、專利、技術優勢取得關鍵利益的國家，美中利益衝突顯而易見。[20] 台灣身為兩大強權供應鏈重要環節，不免介入其互動和挑戰。

表 1：美國與中國大陸 GDP 增長總量增長估算比較（1980-2030）

年別	美國 GDP 總量（十億美元）	美國 GDP 75%	中國 GDP 總量（十億美元）	倍數
1980	2788.15	2091.113	306.17	9.1
1990	5800.53	4350.398	394.57	14
2000	9951.48	7463.61	1211.35	8.2
2008	14369.08	10776.81	4596.69	3.1
2010	14498.92	10874.19	6087.88	2.3
2012	15684.75	11763.56	8531.96	1.8
2014	17427.6	13070.7	10476.71	1.6
2015	18120.7	13590.53	11059.95	1.6
2016	18624.4	13968.3	11237	1.6

18 同註 12，頁 130。
19 同註 12，頁 150。
20 朱敬一、羅昌發、李柏清、林建，2023，《價值戰爭》，台北：衛城。

年別	美國 GDP 總量（十億美元）	美國 GDP 75%	中國 GDP 總量（十億美元）	倍數
2017	19520	14640	12323.17	1.5
2018	20580	15435	13891.88	1.4
2019	21430	16072.5	14363.49	1.4
2020	20932.75	15699.56	15779.75	1.3
2021	22187.92	16640.94	17042.13	1.3
2022	22631.67	16973.75	17894.23	1.26
2023	23084.31	17313.23	18788.94	1.22
2024	23545.99	17659.49	19728.39	1.19
2025	24016.91	18012.68	20714.81	1.15
2026	24497.25	18372.94	21750.55	1.12
2027	24987.20	18740.4	22838.08	1.09
2028	25489.94	19115.21	23979.98	1.06
2029	25996.68	19497.51	25178.98	1.03
2030	26516.61	19887.46	26437.93	1.0

註：此統計是以美國 GDP 增長 2-3%，中國增長 4-5% 計算。

　　美國對中國大陸採取貿易戰，與美國前總統川普（Donald John Trump）2017 年 11 月訪問中國進行雙邊對話後的認知有關。根據當時曾任美國國安顧問的麥克馬斯（H.R.McMaster）在「戰場：保衛自由世界的戰鬥」（Battlegrounds: The Fight to Defend the Free World）回憶錄，提出川普的改變，是發生在與中共總理李克強舉行的最後一場會議，當時李克強發表報告，主要內容說明：

　　「中國已擁有強大的工業與科技基礎，早已不需要再依賴美國，美國認為中國進行不公平貿易是沒有根據的。美國在未來全球經濟中扮演的角色，應該是為中國提供原材料、農產品與能源，讓中國生產高科技的工業產品與消費品。」[21]

---

21 盧伯華，2022，〈陸破例在紫禁城接待川普 卻因一場會議扭轉中美關係〉，https://www.chinatimes.com/amp/realtimenews/20221123000014-260407，查閱時間：2023/10/27。

在此次美中對話後，美國決策高層認知：現在的中共已不再是鄧小平 1990 年代改革開放初期的中共，他們不再遵循「韜光養晦，絕不當頭」的原則。川普結束北京行後，美國即大幅修改對中政策，從「戰略性交往」轉為「競爭性交往」，並於其後啟動貿易戰。[22]

　　美國對中國的科技遏制，亦牽動地緣政治的格局，尤其是高科技技術的管制和制裁的中長期化（參見表 2），勢將制約中國大陸經濟成長和發展。換言之，美國透過相對優勢的科技能力、技術標準、出口管制，並聯合歐美與日本對高科技產品、設備輸出進行管制，皆將影響中國現代化進程。也由於美中科技互動趨嚴，中國也不易再竊取尖端科技與智財權。加之，外商恢復大陸投資信心亦將有難度。

表 2：美國對中國科技產業制裁一覽表（2019-2023 年）

日期	代表企業／地區	實體清單	關注議題
2019~2020	華為	152 家附屬公司	國家安全考量
2019/6/21	中科曙光	海光集團子公司、無錫江南計算技術研究所等 5 家	開發軍事用途超級電腦
2019/8/14	中國廣核集團	中廣核研究院、蘇州熱工研究院有限公司等 4 家	將美國核能技術轉軍用
2019/10/7	維吾爾自治區	海康威視、商湯科技、依圖科技、曠視科技等 8 家	高科技群眾監控系統
2020/7/20	歐菲光科技	碳元科技、今創集團、美菱、華大基因等 11 家	侵犯維吾爾族人權
2020/8/26	中國交通建設公司	北京環佳通信技術公司、廣州鴻宇科技、中國船舶集團第 722 所、中國電子科技集團第 30 所等 24 家	在南海人工島礁進行軍事建設

22 同註 20

日期	代表企業／地區	實體清單	關注議題
2020/12/18	中芯國際	不得銷售 10 奈米及以下製程技術給中芯。大疆創新、寧波半導體、中國船舶重工集團等 80 家	與軍工企業、軍民融合有關
2021/4/8	天津飛騰信息	上海集成電路技術中心、深圳信維微電子等 7 家	發展超高音速飛彈
2021/6/24	合盛矽業	新疆大全新能源、協鑫新能源材料科技等 5 家	侵犯維吾爾族人權
2021/7/9	中國電子科學院	立昂技術、東土科技、杭州華瀾微電子等 34 家	協助中國軍事現代化
2021/11/24	中科微電子	國科微電子、新華三半導體公司、西安航天華迅科技、蘇州雲芯微電子科技等 5 家	國家安全及外交政策
2021/12/16	華海通信	景嘉微、航天晨光、中國軍事醫學科學院等 34 家	國家安全考量
2022/8/12	禁止用於高階製程的 EDA（電子設計自動化，Electronic Design Automation）軟件出口至中國	禁用 EDA，恐重創半導體產業發展。	半導體產業衝擊
2022/8/15	基礎技術出口管制	管制內容包括：（一）第四代半導體材料的氧化鎵及金剛石；（二）用於 GAAFET 架構（3 奈米以下）的 EDA 程式；（三）渦輪燃燒技術（PGC）等	美國掌握前沿科技
2022/8 下旬	超微（AMD）輝達（NVIDIA）	禁止其高階晶片輸入中國	影響高階電子產品應用
2022/10/7	半導體技術銷售禁令	美國商務工業安全局（BIS）發布文件：阻斷北京取得超級運算與精準制導武器關鍵技術，削弱中國生產和購買最高端晶片的能力。	軍事安全

日期	代表企業／地區	實體清單	關注議題
2022/12/17	長江存儲	合肥兆芯、寒武紀、中國電子科技集團、深圳鵬芯微、上海微電子裝備集團等 36 家實體	加大打擊中國半導體、軍工等產業
2023/2/10	控制美企在中國投資	美國政府計畫直接禁止對中國科技公司投資，並加強對其公司審查	影響企業資金流入和存續
2023/8/9	美國對中國高科技公司投資實施限制	• 要求設立篩選程序，限制美國私募基金和風險投資公司，投資並專注於先進軍事技術，包括量子計算、人工智慧（AI）和高端半導體公司	這項政治命令針對並透過併購、私募股權、私募資本、合資企業和融資安排獲得限制中企股權的美國人士。
2023/10/17	美國禁止向中國出口先進人工智慧晶片	• Nvidia 推出之弱化版本 A800 及 H800 晶片出口，中國仍被禁止。 • 規定將先進晶片出口應取得許可的要求擴及 40 多個其他國家，這些先進的晶片有輾轉經過這些國家流到中國的風險。	主要防止北京取得美國尖端技術強化軍事發展

肆、中共：「武統」威脅，升高地緣政治風險

2022 年 10 月 16 日中共召開「二十大」宣示：積極推動和平統一的努力，但不承諾放棄使用武力，甚至必要時採取非常手段。儘管近數月來，中共對台採取較溫和之統戰策略，但並不意味近三年多來對台武嚇作為有任何鬆動，甚而更變本加厲提升「武嚇」的規模、強度與企圖心（參見表

3）。根據統計，2021 年擾台有 960 架次，2022 年達 1727 架次。[23]2023 年上半年進入航空辨識區增 54%。[24] 兩岸軍力對峙與威嚇，已接近準戰爭狀態，並使得地緣政治張力與挑戰更趨複雜。

表 3：中共軍機擾台統計（2020-2023 年）

	進入台灣防空識別區 ADIZ 次數	越台海中線架次及進入周邊空域	關連性重大事件
2020 年	380 架次	-	
2021 年	960 架次	-	
2022 年	1,727 架次	8 月：267 架次	美眾議院裴洛西議長訪台（8/4-8/7）
		9 月：192 架次	
		10 月：97 架次	
		11 月：92 架次	
		12 月：193 架次	
2023 年	1 月：355 架次	1 月：121 架次	
	2 月：345 架次	2 月：116 架次	
	3 月：336 架次	3 月：105 架次	
	4 月：564 架次	4 月：259 架次	蔡總統訪問美國（3/28-4/7）
	5 月：347 架次	5 月：124 架次	
	6 月：367 架次	6 月：109 架次	
	7 月：428 架次	7 月：162 架次	
	8 月：404 架次	8 月：129 架次	
	9 月：545 架次	9 月：228 架次	
	10 月：324 架次	10 月：125 架次	
	11 月：378 架次	11 月：119 架次	
	12 月：316 架次	12 月：166 架次	
累計	7,776 架次	2,604 架次	

資料來源：統計自國防部，〈中共解放軍臺海周邊海、空域動態〉，https://www.mnd.gov.tw/PublishTable.aspx?Types=%E5%8D%B3%E6%99%82%E8%BB%8D%E4%BA%8B%E5%8B%95%E6%85%8B&title=%E5%9C%8B%E9%98%B2%E6%B6%88%E6%81%AF&Page=1。

---

23 德國之聲，2023，〈法新社：2022 年中國軍機擾台次數翻倍 高達 1727 架次〉，https://www.dw.com/zh/法新社 2022 年中國軍機擾台次數翻倍 - 高達 1727 架次 /a-64265026，查閱時間：2023 年 10 月 27 日。

24 張雅軒，2023，〈中共軍機擾台今上半年增 54%〉，https://newtalk.tw/news/view/2023-08-12/883822，查閱時間：2023 年 10 月 27 日。

在習近平領導下的政治極權體制升級，造成的決策誤判，以及缺乏制衡機制運作與折衝，便可能加劇地緣政治風險。尤其是習近平在第三任期內不易建立政績，試圖以「統一大業」作為訴求亦有其可能性。因此，在2027年「二十一大」前，是否會伴隨著「台灣烏克蘭化」與美國代理人戰爭運作，激化中共當局軍事冒進，便存在風險。儘管中共武統的代價較高，但是「法理台獨」若成真，亦非中共任一領導人所能承擔。中共領導人即曾對台政黨領袖表示，「如果我們容忍台獨成為事實，我的政權將會崩潰」[25]，顯現中共底線、意志、決心，是難有迴旋空間之政治紅線。

中共在「武統」的組織建構、人事安排，以及動員體系已有布局，亦升高地緣政治張力，中共「二十大」兩位中央軍委副主席任命皆為習所信任和欽點；「二十大」後，習近平亦視導「中央軍委聯合作戰指揮中心」為戰爭準備「亮劍」。[26]此外，在「二十大」提出「完善國防動員體制」要求下，大陸各省市相繼成立「國防動員辦公室」，掛牌在國家發改委內，16-60歲大陸人民皆為其調動之對象。據了解，北京2022年12月28日掛牌；上海則於2023年2月20日掛牌。位於最前線的福建更是最早於2022年12月15日掛牌[27]，其後，福建九個區市、83個縣（區）均成立了國防動員辦公室。2023年3月1日廈門則公布千餘個防空洞疏散點，供戰時應用。[28]

就「和統」與「武統」成本而言，「和統」成本代價相對較低，後遺症小，因此「和統」仍是中共現階段較優先策略，但中共作為恐難以爭取

---

25 國民黨洪秀柱主席隨行參與團組成員分享。

26 白宇、楊光宇，2022，〈習近平在視察軍委聯合作戰指揮中心時強調：貫徹、落實黨的二十大精神，全面加強練兵備戰〉，http://cpc.people.com.cn/BIG5/n1/2022/1109/c64094-32561913.html，查閱時間：2023年10月27日。

27 廖士鋒，2023，〈警訊？大陸多個省市掛牌成立「國防動員辦公室」〉，https://udn.com/news/story/7331/7009718，查閱時間：2023年10月27日。

28 東森新聞，2023，〈獨／廈門市府推「防空洞導航」時機敏感引發聯想〉，https://news.ebc.net.tw/news/world/357675，查閱時間：2023年10月27日。

多數台灣人心，甚而更加疏離，皆可能使得「和統」事倍功半。事實上，無論中共歷史印記、國家體制欠缺民主、法治且更極權化，尤其是香港實施「一國兩制」保證破產，和「國安法」強化控制，皆難以獲得台灣人民的信任。此外，中下層政策執行幹部，對政策扭曲與對台灣敵意之深，皆是台灣人民疏離的成因。因此，在「和統」不成的現實下，「武統」的激烈手段一旦執行，就不存在成本估算的「小帳」。對中共而言，為實現特定的政治目標，採「集中力量辦大事」操作，是沒有成本概念的。中共一向有「重政治，輕經濟」、「重領導，輕人民」偏好和慣性，2022 年疫情「上海封城」重大經濟損失作為即是具體案例。[29]

伍、台灣：烏克蘭化？代理人戰爭棋子？

　　傳統認知的美國友邦雖在政治、軍事給予台灣實質奧援，但美國基於國家利益優先與打擊潛在對手中共，是否在必要時犧牲台灣？當前「台灣烏克蘭化」是否誘發台灣作為代理人戰爭？皆為社會所關注。換言之，美國近年來為阻遏中國大陸經濟、軍事與整體國家實力崛起，亦強化透過台灣在軍事實力提升、外交突圍，以及在地防衛能力鞏固，皆有積極之安排。此一作為與方法不乏俄烏戰爭前，美援助烏克蘭之設想有不少雷同之處，因而亦存在美國將台灣「烏克蘭化」（參見表 4）之疑慮

表 4：美國對台「烏克蘭化」作為與風險（2022-2023）

序號	年別	相關作為
1	2022	「台灣政策法」立法與執行（將台灣納入管控），五年投入 100 億美元軍備（每年 20 億借貸）

---

29 據了解上海封城長達近三個月，每日直接損失估 100 億美元，尚未計算間接損失和供應鏈斷鏈造成生產不便與出貨困難，實質損失慘重。

序號	年別	相關作為
2	2022-2024	移出台積電先進製程設備與人才
3	2022/1/3	美國提議台灣加入「國民兵」為基礎合作計畫。
4	2022/12/17	通過 2023 會計年度「國防授權法案」（NDAA），包括授權五年間軍事援助台灣一百億美元，及尋求加速軍售。計畫指出駐派美國官員駐台計畫最長兩年，並在政府、立法機關工作。
5	2022/12/29	總統宣布台灣兵役延長至一年。
6	2023/1	「陸上機動布雷系統 -M136 火山布雷車」，1.8 億美元對台軍售案知會國會
7	2023/2	下旬華爾街日報指：美軍駐台人數將增一至兩百人，以協訓台灣軍隊
8	2023/2/28	美眾議院通過「台灣衝突嚇阻法案」、「保護台灣法案」、「不歧視台灣法案」
9	2023/3	國防部部長稱：美國在東亞軍備庫存放至台灣
10	2023/3/2	「全民防衛動員準備法」將修正後再執行。
11	2023/4/5	蔡總統赴美公開演講，並與眾議院議長麥卡錫（Kevin McCarthy）會面
12	2023/7/27	美國參議院通過 2024 財政年度國防授權法案，法案將為台灣提供軍隊培訓計畫，並呼籲台美在網路安全等領域相互合作。
13	2023/7/29	美國宣布提供台灣 3.45 億美元軍事援助。
14	2023/8/23	美國政府宣布金額 5 億美元對台軍售案進行知會國會程序。
15	2023/8/29	通知國會，擬援助台灣 8000 萬美元外國軍事融資（FMF），這是美國首次對台「外國軍事融資」。
16	2023/9/3	台灣部隊在美國中西部密西根州參加國民兵主導軍演

資料來源：作者整理

　　儘管歐美日諸國多為民主陣營，社會與人民多享有共同的普世價值，但現實上，他們更在意與關注的是台灣的地理區位與地緣政治、戰略價值，而不是台灣人民的福祉，這是吾人必須覺醒和面對的政治現實與挑戰，歐美學人與政治人物曾表示：

「對大國來講，地緣政治重要，台灣人不重要。遏阻中國崛起、維持兩岸分離，是各大國的重要利益。如果台灣資源與大陸統一，美國、日本、印度都會攻擊台灣。」

「講自由，講民主，講人權，國際政客都很會說，事實上考慮的都是自家利益，這是國際政治的『潛規則』。他們覺得台灣重要，因為台灣是第一島鏈，可以牽制中國，但是台灣人的安危呢？」[30]

先進半導體製造是當前台灣科技產業之強項，先進製程領先歐美諸國。事實上，半導體是支撐所有創新產業所需的技術。換言之，台灣製造先進的晶片不僅是現代科技產業不可或缺的要件，更是尖端軍事武器必備之零組件，其高依賴度涉及國家安全與經濟現代化。美國商務部長雷蒙多（Raimondo）於 2022 年 7 月 2 日於阿斯本安全論壇（Aspen Security Forum）指出：

「全世界都在關注美國民主體制是否能夠發揮作用。美國沒有生產任何真正尖端的晶片，這真的會讓人整夜擔心，美國九成晶片購自台灣，美國對台灣的依賴是說不通的、不安全的。」

「美國若無法取得在台灣製造的晶片，將立即陷入嚴重衰退。美國九成尖端晶片取自台灣，這讓國家面臨國安風險。」[31]

此外，2023 年 9 月 28 日美國國務卿布林肯（Anthony John Blinken）在大西洋雜誌舉辦的論壇上，論及台灣的重要性與兩岸衝突的風險性。他表示：

---

30 蕭旭岑，2022，〈【蕭旭岑觀點】乞丐趕廟公（七）：他們在乎台灣，但不在乎台灣人〉，https://www.lepenseur.com.tw/article/1241，查閱時間：2023 年 11 月 6 日。

31 MoneyDJ，2022，〈雷蒙多：美九成尖端晶片購自台灣，令人徹夜難眠〉，https://technew/2022/07/22，查閱時間：2023 年 11 月 6 日。

　　「倘若中國觸及台海紅線有具體行動，屆時有危機的不僅是台灣，以台灣先進半導體的關鍵供應地位，將觸發全球經濟危機。」[32]

　　由美國國家利益角度而論，過度依賴台灣生產晶片，對美國發展構成風險，相信這是何以在兩岸地緣政治風險升高後驅使台積電（TSMC）赴美投資之成因之一。

　　有台灣護國神山之稱的台積電，跨界投資是非市場性的區位布局，亦引發疑慮。[33] 美中霸權之爭與科技戰深化，勢必使處於晶片製造和供應鏈重要角色的台灣，面臨更多壓力和衝擊。台積電赴美亞利桑那州設廠即打破全球化強調的比較利益法則（principle of comparative advantage），徒增人事與供應鏈成本[34]，甚而無利可圖。此外，企業文化、台灣員工敬業精神與優質良率表現，皆是台積電具全球核心競爭力的內涵。當前跨界投資美國，能否維持台積電之優勢實面臨挑戰。此外，更值得關注的是，台積電 4 奈米與 3 奈米先進製程的移出，已引發美國「去台化」與「棄台」的疑慮，一旦美中衝突失利，台灣「矽盾」（Silicon Shield）[35] 角色勢必弱化，台灣在現實的國際與地緣政治衝擊下，亦將陷於更為困頓與險惡局面。

陸、評估與展望

　　在美中地緣政治挑戰中，美國霸權角色與國際誠信弱化、國家利益至

---

32 楊日典，2023，〈布林肯：陸若踩台海紅線危及全球經濟〉，https://www.ctee.com.tw/news/20230930700066-439901，查閱時間：2023 年 11 月 6 日。

33 林宏文，2023，《晶片島上的光芒：台積電、半導體與晶片戰，我的 30 年採訪筆記》，台北：早安財經。

34 同前註。

35 「矽盾」是由澳洲記者克雷格‧艾迪生（Craig Addison）所提出，在他 2001 年發表的作品《矽屏障：台灣最堅實的國防》書中提到，台灣半導體產業扮演舉足輕重的地位，若中國武力犯台，將切斷半導體產業的供應鏈，全球資訊產業也將立即受到重創，並引發以美國為首的西方國家軍事干預。

上訴求，以及驅使台灣作為代理人戰爭角色，皆是吾人必須高度警惕的國家生存挑戰。換言之，美國對台灣長期支持與軍售、軍援「倚美」觀點，並不意味台灣在未來緊急危難時，美國能保障台灣的最終安全。尤其是當前美國驅動「台灣烏克蘭化」的內涵，很大程度受美對台政策、美中矛盾激化，以及美國議會和民意所牽動，因而台灣亦出現「疑美」傾向。[36] 明顯的，如果美方此一政策趨勢和操作更為強化，以及台灣主政的生態、氛圍與環境再結合，則國家之風險係數勢必增加，將與中共設定的底線和紅線碰撞，可能引發兩岸重大變局。

台積電半導體先進製程在全球具領先和不可替代的地位。吾人雖有台積電外移之擔憂，也有美國賣台之疑慮，但當前台積電在美國設廠的執行法制與工會權益障礙和獲利困難，恐將遲滯美國先進半導體的量產期限，拖至 2026 年以後；另一方面，台積電將全球研發中心設於新竹，鞏固台灣半導體先進製程的領導和核心地位與區位屏障，此勢必迫使歐美強權必須考量其國家利益，而不容輕啟戰端，迫使中共也必須做理性的克制。因此，台積電布局美國先進製程的滯後，以及台灣再次鞏固半導體的全球領先角色，終將在高度風險的地緣政治挑戰下，獲取更為務實的戰略緩衝空間。

美中台關係的核心仍在於美國的意圖和態度。作為世界第一強國的美國，雖面臨體制局限與競爭力的挑戰，但在與中共互動中仍維持「鬥而不破」，以及競爭中仍保持局部合作的態勢。此外，即使美中不合幾面臨攤牌時刻，但總能保持溝通管道與緩衝空間，建構必要之安全護欄（security barrier），以規避可能之風險和挑戰。反觀兩岸關係不僅缺乏足具信賴之溝通管道，也未置安全屏障，徒增兩岸互動之風險。因此，台灣在美中台

---

36 關中，2022，《美國霸權的衰退和墮落》。

互動既不為大國的棋子，也不以獨立訴求挑釁中共，但台灣應為製造先進半導體與經貿合作聯盟的穩定夥伴，更應為民主創新發展的典範。

對中共而言，「祖國統一」不只是民族歷史使命感，更是習近平個人政治利益與政績訴求。因此，儘管近期中共軟化對台政策，爭取台灣產官學界之互動和交流，但是中共在「武統」作為的持續、深化與升級並未中止，形成「和」「戰」兩手交互運作狀態。此種「胡蘿蔔」和「大棒」交錯應用固然具靈活性，但是戰狼式「武統」臨戰實務準備與操練，亦在一定程度上破壞中共「和統」之努力，甚而結構性損害台灣人民對中共和平統一政策之信任基礎。明顯的，若中共鬆動「統一」進程和放任台美互動，勢必增加法理「台獨」的風險；不過，加速與深化「統一」的進程，恐必提升兩岸地緣政治的張力。「中共統一」進程與運作，恐亦存在「和統無望」、「武統難成」的兩難困局。

中共「武力統一」的訴求，主因是「台獨」因素。換言之，只要吾人在國家發展政策與路線上根本消除法理台獨的可能，或能降低兩岸地緣政治的風險。然而，由於兩岸政治互信脆弱，加之兩岸體制與價值認知差距持續擴大，因此要在短期內實現「和平統一」的可能性較低，但是美中對立矛盾升高，以及霸權角色與國家利益摩擦，驅使台灣執政當局是否最終跨越中共所設定的紅線，而引發「武統」之危機，從而可能引發區域戰爭與美國、日本介入。這固然對台灣是災難性的後果，中國大陸亦將面對國際譴責、經濟發展倒退，以及喪失「中華民族偉大復興」的機遇。儘管如此，對台灣人民而言，雖然對中共當局多無好感，但仍有近八成人民無意以「台獨」訴求與大陸對抗，也期許有較多溝通和對話。[37] 或許在美中台地緣政治變局中，兩岸執政當局對台灣人民的想法和思考，應給予更多的

---

37 柳金財，2022，〈2022兩岸關係年度大調查回響／兩岸要對話 聯美又和中〉，《聯合報》，2022年9月20日。

理解和尊重。

　　中共「二十大」後新一屆的領導體制與成員，已於 2023 年 3 月「全國人大」會後任新職。新政府能否有效提升涉台決策品質，並規避兩岸可能之風險，亦是值得關注的課題。必須指出的是，中共黨政運作與權力結構未來仍是朝向「個人集權，黨委擴權」之態勢。儘管中共涉台當局近期採取較柔性的對台策略，也願廣泛聽取不同階層的兩岸整合建議，但估計仍將不脫「一國兩制」的框架，其內容或有更多經濟實惠、社會融合與文化認同的整合，但在政治領域的「一國」較難有突破，甚而聯邦制、邦聯都難被討論。因此，兩岸政治整合未能有完善且具說服力的方案，皆使得台海兩岸地緣政治互動態勢，是挑戰大於機遇。

　　從比較觀點而論，當前全球兩大戰役，分別是俄烏戰爭和哈以戰爭，以及台灣可能軍事風險。其共同點皆是民族相殘且死傷慘重戰爭（參見表 5）。美國在其間扮演的角色為何，亦是關注的焦點。以俄烏戰爭為例，美國即使得到俄入侵預警情資，但卻無法阻止俄烏軍事衝突，甚而擴大俄烏對抗與戰場擴大；在哈以戰爭方面，美國事先未獲預警情報，事後也無法阻止，增加了美國全球戰略負擔。因此，未來美國在台海可能軍事衝突扮演何種功能和角色？雖然兩岸不同於俄烏和哈以戰爭區位相連，但並不代表現代武器、中共軍事意圖沒有侵台之可能，加上美國介入台海深度和強度仍有很大不確定性。此外，台灣在面對兩岸衝突的抗敵意志相對較弱，這便使得兩岸軍事衝突的政治後果，以及台灣的主權角色恐面臨更尖銳之挑戰。因此，如何規避與應對這一風險，值得吾人關切與應變。

表 5：三大軍事風險共同點與差異性

三大戰爭 比較		俄烏戰爭	哈以戰爭	兩岸可能軍事風險
時間		2022 年 2 月 24 日至 2023 年 11 月	2023 年 10 月 7 日至 2023 年 11 月	？
美國角色	預警	V	X	？
	阻止	X	V	？
民族衝突		V（俄羅斯）	V（古希伯來人後裔）	V（中華民族）
抗敵意志		弱轉強	強	弱
傷亡		死亡人數：約 19 萬人 俄羅斯約 12 萬人死亡 烏克蘭約 7 萬人死亡 受傷人數：約 28 萬人 俄羅斯約 17 萬人受傷 烏克蘭約 10 萬人受傷 [38]	死亡人數：約 1 萬 2000 人 巴勒斯坦死亡人數約 1 萬 1100 人，其中幼童死亡人數約為 4100 人 以色列死亡人數約為 1200 人（統計至 11 月 12 日）[39] 巴勒斯坦幼童死亡人數約為 4100 人（統計至 11 月 7 日）[40]	？
地理區位相鄰		V	V	X

古云：「善戰者無赫赫之功」[41]，意即善於處理危機與戰事者，不在於危機與戰爭發生後之應對與操作，而在於及早善於籌謀，根本不讓危機與

38 徐榆涵，2023，〈開受傷打 18 個月⋯美最新評估：俄烏戰爭已釀近 50 萬人傷亡〉，https://udn.com/news/story/122663/7380537，查閱時間：2023 年 11 月 20 日。

39 吳季柔，2023，〈哈瑪斯地道難纏！以色列混用百年設備對戰？〉，https://www.gvm.com.tw/article/107048，查閱時間：2023 年 11 月 20 日。

40 TVBS，2023，〈30 天死亡破萬超越烏俄戰！UN：加薩已成「兒童墳場」〉，https://news.tvbs.com.tw/world/2297659，查閱時間：2023 年 11 月 20 日。

41 《孫子兵法・行篇》：古之所謂善戰者，勝於易勝者也。故善戰者之勝也，無奇勝，無智名，無勇功。故其戰勝不忒，不忒者，其所措必勝，勝已敗者也。故善戰者，立於不敗之地，而不失敵之敗也。曹操當年看了這段話後，作了批註：「善戰者無赫赫之功。」

戰爭發生。因此事先積極排除可能之風險，即非常必要且關鍵。作為全球霸權的美國未能制止俄烏戰爭，即是負面案例。吾人應有智慧、耐心和定力，不為美中所擺布。兩岸地緣政治的風險升高與惡化，結局可能包括：民族悲劇、生靈塗炭、滅國危機，這些都是吾人須高度警惕之挑戰。這其中既有獨裁者的私心和利益盤算，也有歐美強權自身利益的謀取，也存在台灣朝野漫不經心的危機認知。作為美中強權如何展現跨界治理的智慧，台灣領導人對安全的主張和家園的保護，亦應有危機預防與更前瞻與務實的作法，並積極降低與解除地緣政治風險，實為當務之急。

參考文獻

白宇、楊光宇，2022，〈習近平在視察軍委聯合作戰指揮中心時強調：貫徹、落實黨的二十大精神，全面加強練兵備戰〉，http://cpc.people.com.cn/BIG5/n1/2022/1109/c64094-32561913.html，查閱時間：2023 年 10 月 27 日。

任一林、王瀟瀟，〈高舉中國特色社會主義偉大旗幟　為全面建設社會主義現代化國家而團結奮斗〉，《人民日報》，2022 年 10 月 26 日，01 版。

自由時報，2022，〈雷蒙多：最尖端晶片技術在台灣 更多美企考慮撤中〉，https://ec.ltn.com.tw/article/breakingnews/4074868，查閱時間：2023 年 10 月 27 日。

朱敬一、羅昌發、李柏清、林建，2023，《價值戰爭》，台北：衛城。

李佳穎，2023，〈「蘇起美中台都主「鬥」2023 到 2024 年最關鍵」〉，https://tw.news.yahoo.com/%E8%98%87%E8%B5%B7-%E7%BE%8E%E4%B8%AD%E5%8F%B0%E9%83%BD%E4%B8%BB-%E9%AC%A5-2023%E5%88%B02024%E5%B9%B4%E6%9C%80%E9%97%9C%E9%8D%B5-102500654.html?guccounter=1&guce_referrer=aHR0cHM6Ly93d3cuZ29vZ2xlLmNvbS8&guce_referrer_sig=AQAAAJnDs6CdZvYibCg8OXo4Q9K91KpR_93fi_7bj9addX2Hc1so1WsF5GDMa6cNT_mY_9YrUf79xz27rzS__rSgyfN1bRKsvtnj9b0vLoVi4LxFTlu0tyNkMkatZcZKG8CDmdtFHqIq19BamP74CU0RnwT9bbLDdSVWH5pPvXFC2UQr，查閱時間：2023 年 10 月 27 日。

林宏文，2023，《晶片島上的光芒：台積電、半導體與晶片戰，我的 30 年採訪筆記》，台北：早安財經。

吳季柔，2023，〈哈瑪斯地道難纏！以色列混用百年設備對戰？〉，https://www.gvm.com.tw/article/107048，查閱時間：2023 年 11 月 20 日。

東森新聞，2023，〈獨／廈門市府推「防空洞導航」時機敏感引發聯想〉，

https://news.ebc.net.tw/news/world/357675，查閱時間：2023 年 10 月 27 日。

柳金財，2022，〈2022 兩岸關係年度大調查回響／兩岸要對話 聯美又和中〉，《聯合報》。

徐榆涵，2023，〈開打 18 個月…美最新評估：俄烏戰爭已釀近 50 萬人傷亡〉，https://udn.com/news/story/122663/7380537，查閱時間：2023 年 11 月 20 日。

張文馨，2023，〈砸錢進晶片市場？張忠謀告訴裴洛西：美國不要太天真〉，https://udn.com/news/story/6811/6971935，查閱時間：2023 年 10 月 27 日。

張雅軒，2023，〈中共軍機擾台今上半年增 54 ％〉，https://newtalk.tw/news/view/2023-08-12/883822，查閱時間：2023 年 10 月 27 日。

許湘濤，2022，《地緣政治學》，台北：元華文創。

陳亭仔，2023，〈拜登驚吐「毀滅台灣計畫」遭曝光！美媒體人爆「恐怖失言內容」 外交部急發聲澄清〉，https://www.storm.mg/lifestyle/4739893，查閱時間：2023 年 10 月 27 日。

陳韋廷，2022，〈習近平警告拜登：台灣問題是中美關係不可踰越的紅線〉，https://udn.com/news/story/123102/6765269，查閱時間：2023 年 11 月 6 日。

黃介正，2023，〈台灣「淪陷後」的世界局勢〉，https://www.chinatimes.com/newspapers/20230222000490-260109?chdtv，查閱時間：2023 年 10 月 27 日。

黃欽勇、黃逸平，2022，《矽島的危與機：半導體與地緣政治》，台北：國立陽明交通大學出版社。

楊日興，2023，〈布林肯：陸若採台海紅線危及全球經濟〉，https://www.ctee.com.tw/news/20230930700066-439901，查閱時間：2023 年 11 月 6 日。

德國之聲，2023，〈法新社：2022 年中國軍機擾台次數翻倍 高達 1727 架次〉，https://www.dw.com/zh/ 法新社 2022 年中國軍機擾台次數翻倍 - 高達 1727 架次 /a-64265026，查閱時間：2023 年 10 月 27 日。

廖士鋒，2023，〈警訊？大陸多個省市掛牌成立「國防動員辦公室」〉，https://

udn.com/news/story/7331/7009718，查閱時間：2023 年 10 月 27 日。

蕭旭岑，2022，〈【蕭旭岑觀點】乞丐趕廟公（七）：他們在乎台灣，但不在乎台灣人〉，https://www.lepenseur.com.tw/article/1241，查閱時間：2023 年 11月 6 日。

關中，2022，《美國霸權的衰退和墮落》，台北：時報文化。

TVBS，2023，〈30 天死亡破萬超越烏俄戰！ UN：加薩已成「兒童墳場」〉，https://news.tvbs.com.tw/world/2297659，查閱時間：2023 年 11 月 20 日。

Parker, Geoffrey. 2000. The Grand Strategy of Philip II. Yale University Press.

Graham Allison，2018，《注定一戰？中美能否避免修昔底德陷阱》，台北：八旗文化。

Cohen, Saul Bernard. 2002. Geopolitics of the World System. Rowman & Littlefield Publishers.

"The most dangerous place on Earth", The Economist. 2021 May 1. https://www.economist.com/leaders/2021/05/01/the-most-dangerous-place-on-earth.

地緣政治與兩岸軍事風險

胡瑞舟

（政治大學國關中心台灣安全研究中心副主任）

摘　要

中美對抗近年轉趨激烈，台灣以其特殊的歷史和地緣關係，成為中美兩強角力的擂台。中國認為美國「以台制華」、台灣執政的民進黨也處心積慮「倚美謀獨」，北京多次警告華府「台灣是中國核心利益中的核心」，是一條不能跨越的紅線。美國認知中國大陸的政治、經濟、軍事和科技實力，已經成為可以對華府步步進逼的系統性挑戰，試圖重新建構現存規則與世界秩序。

本文首先檢視台灣的地緣政治重要性，發現台灣的重要地理因素已重新被認知和強調，台灣的得失已經成為中美霸權興衰的指標，形同美國遏制中國戰略成敗的晴雨表。北京主要藉由「和統、逼統、武統」讓台灣重回懷抱，後兩者更逐漸成為北京主要運作模式。華府基於美國安全與利益，操作「政策層次戰略模糊、作戰層次戰略清晰」，期望武裝台灣為刺蝟島，藉以嚇阻中共武統奪台，讓台北長留民主陣營。本文接續探索中共對台策略與武統條件，並聚焦中共對台軍事可能行動分析兩岸軍事風險。針對「中共何時武統」、「共軍武統能力」及「台灣防衛檢討」，本文評述各界觀點並提出務實看法，呼應「戰爭是政策以其他方式的一種延長」，戰爭並非宿命必然而難以避免，決策者的智慧與能力是航渡未曾測繪海域的關鍵因素。

關鍵字：地緣政治、美中台關係、台海安全、兩岸軍事風險、武統

「戰爭只是政策以其他方式的一種延長。…每一場戰爭都有許多獨特的情節。每一場戰爭都是一個未經測繪的海域，充滿了暗礁。」[1]

——克勞賽維茲（Carl von Clausewitz）

中美兩強競爭激烈，雙方對抗方興未艾。台美互動合作大幅增溫，中共譴責美國「以台制華」，同時抨擊台灣試圖拉攏民主國家保台及「倚美謀獨」。美國視中國為當前唯一既有重塑國際秩序意圖，又有能力對美國霸權構成嚴重挑戰的對手。華府持續運用台灣牌牽制北京並挑戰底線，中共則採取反制措施對台美施壓。美國遏制中國崛起意圖明顯，對於長期平衡穩定台海情勢的戰略模糊是否調整，相關研討辯論近年顯著增多。[2] 美國在印太區域內強化四方安全對話（QUAD）與組建澳英美聯盟（AUKUS），以及國會通過《國防授權法》（National Defense Authorization Act）、《晶片與科學法》（Chips and Science Act）、《台灣衝突嚇阻法》（Taiwan Conflict Deterrence Act）和《保護台灣法案》（Pressure Regulatory Organizations To End Chinese Threats to Taiwan Act）等，多有劍指北京並展現對台灣異常強勁支持的用意。

在這種戰略環境下，兩岸關係近年持續惡化，台灣軍事採購激增、國防預算推高、義務役期延長、國際政要接踵來訪；然而，共軍機艦卻幾乎每日闖入台灣防空識別區，漸多跨越海峽中線，甚至貼近本島周邊 12 海里進行軍事演習，台海安全備受挑戰與關注。共軍軍機擾台從 2020 年 380 架次、2021 年 961 架次，增升到 2022 年的 1737 架次，2023 年初至 9 月

1　Carl von Clausewitz, On War, Edited & Translated by Michael Howard & Peter Paret, NJ: Princeton University Press, 1984, pp. 69 & 120.

2　Richard Haass and David Sacks, "American Support for Taiwan Must Be Unambiguous," Foreign Affairs, October 22, 2020, https:// www.foreignaffairs.com/articles/united-states/american-support-taiwan-must-be-unambiguous.

底也已達 1372 架次。《經濟學人》2021 年 5 月直指台灣為全球最危險的地方，2023 年 3 月它重複強調這個觀點，還指出戰爭似乎較以往更為迫近。[3] 針對地緣政治與兩岸軍事風險主題，本文從地緣政治視角看台灣、中共對台策略與武統條件、兩岸軍事風險和重要課題思辨，分別勾勒探討。

壹、從地緣政治視角看台灣

台灣總面積 36,188 平方公里，與中國大陸隔海相望。國共內戰衍續雙方長期對峙，台海早已被視為是可能爆發戰爭的全球熱點之一，這種觀點與印象近年尤其被接連強化。從地緣政治視角觀察，台灣的重要性和當前所處情勢在十個面向特別凸顯。

一、中國視台為核心利益

中國視台灣為其一省，存在複雜歷史民族情感。滿清甲午戰敗割讓台灣，日本二戰失敗台灣重回中國版圖。然而，國共內戰爆發使國民政府播遷來台，兩岸開始長期分治，中華人民共和國與相當長時期的中華民國都以中國正統自居。中共領導人向來將完成統一視為重大優先歷史使命與國家目標，習近平 2022 年 11 月與美國總統拜登（Joe Biden）會談時即強調「台灣問題是中國核心利益中的核心、是中美關係第一條不可逾越的紅線」。[4]

3　Anonymous, "Taiwan is a vital island that is under serious threat," *The Economist*, March 6th, 2023. https://www.economist.com/special-report/2023/03/06/taiwan-is-a-vital-island-that-is-under-serious-threat.

4　中央社，「習近平：台灣問題是中美關係第一條不可逾越的紅線」，工商時報，2022 年 11 月 15 日。https://ctee.com.tw/realtimenews/cna/754904.html。

二、中國夢包含完成統一

　　習近平 2012 年提出中華民族偉大復興中國夢，中共十九大重新詮釋江澤民時期的「兩個一百年」並做為政策目標。第二個百年意指在中華人民共和國成立 100 年時（即 2049 年）全面建成社會主義現代化強國，後續外界解讀認為中國夢的實現包含完成統一，並以 2049 年為最後期限。

三、台灣居第一島鏈核心

　　第一島鏈係指北起千島群島，經日本及琉球，往南由台灣、菲律賓到婆羅洲的鏈狀島嶼帶，其與東亞大陸之間有黃海、東海、台海與南海等西太平洋海域。台灣居於第一島鏈的中心，北京擁有台灣則更容易進出第一島鏈，而關島、帛琉和其他島嶼構成的第二島鏈位在中國東岸 1,800 海里之外。兩岸如若統一，形同美國在西太平洋的圍堵控制線大潰堤。

四、守護逆向長城的樞紐

　　對於圍堵中國軍力外擴，逆向長城（Great Wall in Reverse）與第一島鏈概念類似，但卻更具軍事聯防作為。逆向長城是將海上的第一島鏈轉變成一個圍欄，拒止中共海空軍在東海和南海與西太平洋間自由運動的構想。[5] 台灣居於這條逆向長城的樞紐地帶，中共艦隊南來北往都面臨台灣反艦導彈威脅。

5　相關概念及論述參見 James Holmes, "How China Would Wage War Against The 'Great Wall in Reverse,'" 19FORTYFIVE, April 17, 2022. Website at https://www.19fortyfive.com/2022/04/how-china-would-wage-war-against-the-great-wall-in-reverse/.

五、扼控西太平洋交通線

　　台灣位處東海、南海與西太平洋交界，周邊海域為日本、韓國及中國大陸原物料、貨物及能源運輸的海上交通孔道。日韓兩國 90% 原油經此運達，2022 年前七個月全球 5,400 餘艘作業貨櫃輪，48% 經過台灣海峽；全球前 10 家最大船隊中，更有 88% 貨輪航經台灣海域。[6]

六、閉啟中國之瓶的瓶塞

　　二次世界大戰時期，美國海軍作戰長金恩（Adm. Ernest King）上將曾將台灣形容為南海之瓶的瓶塞。美國前駐北京大使李潔明（James Lilley）也指出，台灣是中國之瓶的瓶塞，統一台灣可讓中國不再有控制周邊海域能力受到攔阻的感覺。[7]台灣這個地緣戰略的瓶塞，讓中共無法輕易進出太平洋。

七、晶片業左右全球經濟

　　現代多數電子科技產品都以半導體晶片為其核心單元，台灣則在全球科技供應鏈擁有舉足輕重地位。台灣產製的晶片全球市占率超過 63%，美國所需的 90% 先進邏輯晶片由台灣的台積電供應。晶片斷供對美歐及世界經貿影響極大，台積電也因其全球晶片代工和經濟產值，被稱為台灣的「護國神山」。美國國務卿布林肯（Antony Blinken）即認為，全球智慧型手機、洗碗機和汽車製造所需晶片多由台灣產製，台海如果發生危機將對全球經

6　Kevin Varley, Website at https://www.bloomberg.com/news/articles/2022-08-02/taiwan-tensions-raise-risks-in-one-of-busiest-shipping-lanes.

7　John Pomfret, "In Its Own Neighborhood, China Emerges as a Leader," The Washington Post, October 18, 2001. Website at https://www.washingtonpost.com/archive/politics/2001/10/18/in-its-own-neighborhood-china-emerges-as-a-leader/12362037-14cd-4f08-bbca-486e7f1878b5/.

濟及世界各國帶來災難性的影響。[8]

八、捍衛民主友盟的指標

台灣歷經長期民主自由試煉，已發展出相對成熟的政治制度及新聞自由，2022 年台灣的國內生產總值（GDP）全球排名第 21 位，2021 年台灣更超越法國、印度和義大利成為美國第 8 大貿易夥伴。台美雖無協防條約，美國對台海安全長期也以戰略模糊因應；但是，台灣如果淪入中共掌控，美國將更難獲得如日、韓等盟國堅信它的承諾，美國在印太同盟體系將解體。[9]

九、中美戰略角力的擂台

美國對台海有事長期採取戰略模糊，拜登任內迄今雖然四次表達「如果中國大舉攻台，美國將派兵馳援」，但是他的幕僚隨後都重申對台政策不變。中美不僅競大於合，《美國國家安全戰略》闡明，中國是唯一同時具備重塑全球秩序企圖且有能力推動該企圖的經濟、外交、軍事與科技力量，是美國最大安全挑戰。《美國國防戰略》認為，中國對美構成系統性、長期性且步步進逼的挑戰。台灣近年政策親美抗中，美國又習於以台灣牌刺激北京，台海儼然已經成為中美角力的擂台。[10]

8　Antony Blinken, "Secretary Antony J. Blinken Virtual Conversation on 'Russia's War on Ukraine: One Year Later' with Jeffrey Goldberg of The Atlantic," February 23rd, 2023. https://www.state.gov/secretary-antony-j-blinken-virtual-conversation-on-russias-war-on-ukraine-one-year-later-with-jeffrey-goldberg-of-the-atlantic/

9　David Santoro & Ralph Cossa, eds., The World After Taiwan's Fall, Issues and Insights, Vol. 23, SR 2, February 11, 2023.

10 The White House, National Security Strategy, October 12, 2022. 另請參見 U.S. DoD, 2022 National Defense Strategy, October 27, 2022.

十、台灣失守即美國式微

　　中國統一台灣代表美國國力衰退，對美國及其長期主導的世界秩序將產生廣泛深遠的影響。有分析家指出，美國在台海戰爭中失利致使台灣淪陷，將形同美國的滑鐵盧戰爭，也等同於美國的蘇伊士運河事件。也有評論指出，中國攻陷台灣將正式宣告美利堅治世（Pax Americana）終結，代之而起的則是中國治世（Pax Sinica）的降臨。[11]

　　兩岸統一始終是北京施政的最優先順序之一。上個世紀有三次台海危機，本世紀縱使在兩岸情勢和緩的馬政府時期，中共領導人仍然強調兩岸長期存在的政治分歧問題不能代代相傳拖延。蔡政府不承認九二共識，親美抗中路線也讓兩岸關係持續惡化，台海成為全球最有可能引爆戰爭的熱點之一。《經濟學人》2021年5月直指台灣是全球最危險的地方，2022年8月美國眾議院議長裴洛西（Nancy Pelosi）訪台，中國發動環台軍演，在這被稱為第四次台海危機期間，兩岸之間軍事衝突風險大幅增升。[12]2023年4月蔡英文在加州會見美國眾院議長麥卡錫（Kevin McCarthy），中國發動「環台戰備警巡與聯合利劍演習」；9月17日至18日凌晨，共軍更出動103架各型軍機與無人機擾台，創下單日數量新高峰。美國智庫外交關係協會（Council on Foreign Relations）2023年《預防優先順序調查》報告，首先就提及中共對台恫嚇施壓升高的兩岸嚴重危機，有可能在2023年發生並導致中美捲入衝突。[13]

---

11 Ibid., P. 70. 發生於1956年的蘇伊士運河事件，象徵大英帝國沒落。另請參見 Niall Ferguson, "A Taiwan Crisis May mark the End of the American Empire," *Bloomberg*, March 22, 2021. Website at https://www.bloomberg.com/opinion/articles/2021-03-21/niall-ferguson-a-taiwan-crisis-may-end-the-american-empire#xj4y7vzkg.

12 Anonymous, "The Most Dangerous Place on Earth," *The Economist*; London Vol. 439, Iss. 9243,　(May 1, 2021), p. 7.

13 Paul Stares & John Vessey, *Preventive Priorities Survey 2023*, Council on Foreign Relations, January 4, 2023.

貳、中共對台策略與武統條件

　　中共應對台灣問題主要採取和戰兩手併行戰略，北京雖然宣稱「堅持以最大誠意、盡最大努力爭取和平統一」，但同時也強調「絕不承諾放棄使用武力」。[14] 中共深刻了解以和平方式實現統一最符合根本利益，但和平統一柔性訴求寄希望於台灣及其人民，台灣主流民意卻長期傾向維持現狀，和統需時冗長且效果難料；相對而言，武力統一近似快刀斬亂麻，對兩岸傷害耗損龐大，戰況多變且縱使勝戰仍有後續治理重建問題，何況還可能招致國際干預與制裁。因此，介於柔性的「和統」與剛性的「武統」之間，又有採取「北平模式」的討論；亦即透過「以戰迫和，以武促統」，仿效國共內戰時平津戰役兵臨城下逼和，獲致「不戰而屈人之兵」的戰果。2020 年中共在上個世紀末以來許諾五十年不變的香港施行《國家安全法》，自此「一國兩制」和統吸引力與北京的承諾在台灣勢將面臨更多質疑。總而言之，依循「和統」、「北平模式」與「武統」軸線思考兩岸互動發展，對岸還曾提出諸如「北平圍城加西安事變」及「智統」等議論。[15]

　　結合「和戰兩手、文攻武嚇」的操作，中共在不同時期曾公開警告某些情況出現時將對台動武。中共 2005 年公布的《反分裂國家法》第八條闡明：「台獨分裂勢力以任何名義、任何方式造成台灣從中國分裂出去的事實，或者發生將會導致台灣從中國分裂出去的重大事變，或者和平統一的可能性完全喪失，國家得採取非和平方式及其他必要措施，捍衛國家主權

---

14 習近平，《台灣問題與新時代中國統一事業》，2022 年 8 月 10 日。網址 http://www.gwytb.gov.cn/m/headline/202208/t20220810_12459870.htm.

15 王在希，「東北易幟模式與兩岸的和平統一」，黃埔軍校同學會，2019 年 7 月 29 日。智統則是由上海台研所副所長倪永杰提出，參見倪永杰，「武統或和統的第三條路」，《中時新聞網》，2021 年 1 月 22 日。網址 https://www.chinatimes.com/opinion/20210122004500-262105?chdtv。vu。相對地，也有學者倡議，認為美國必須堵住中國拿下台灣的三條路。參見 Dan Blumenthal & Fred Kagan, "China has three roads to Taiwan: The US must block them all," *The Hill*, March 13, 2023.

和領土完整」。[16] 依據我國國防部的解讀研判，中共有可能在台灣宣布獨立、明確朝向獨立、內部動盪不安、獲得核子武器、兩岸和平統一對話延遲、外國勢力介入島內事務、外國兵力進駐等七種情況下攻台。美國國防部《2022 年中國相關軍事和安全發展》也列出當台灣正式宣告獨立、朝台灣獨立做出未釐清的行動、台灣內部動亂、台灣獲得核子武器、無限期拖延兩岸統一對話、外軍介入台灣內部事務時，中共將考慮對台使用武力。[17] 深入分析探索，這些對外宣告的動武條件，其實最終仍看北京如何看待解讀，因而存在是否踰越紅線的模糊空間。舉例而言，對岸視九二共識為定海神針，甚至警告否定九二共識將會有地動山搖的後果；蔡政府自 2016 年執政以來都否認九二共識，兩岸溝通聯繫管道中斷多年。中共並未認定台灣「蓄意拖延兩岸和平統一對話」，並以此做為動武藉口。台灣曾發生反貪紅潮、太陽花運動和反年金改革抗爭，中共也未將這些事件視為符合動武的「台灣內部動亂」條件。美國在台協會（AIT）現役武官和駐衛警，甚至最近傳出美軍派遣 200 名軍人來台協助軍事訓練，北京顯然也未認定其已跨越「外軍介入台灣內部事務」紅線。北京對於這些動武條件，採取「具有中國特色的戰略模糊」。除了預期會引發激烈反應的「台灣宣布獨立」未曾出現，因此也無從驗證，其他劃設的紅線都存有灰色地帶，踰越紅線與否皆由北京主觀詮釋解讀。

事實上，更深入觀察還可以發現中共並未將動武決策和盤托出。北京如果確定和統無效而必須訴諸武力才能實現統一、武力完備能登陸立足台灣且有能力戰後維穩治理，以及確信發動武統的國際後果與經濟制裁低於

---

16 中國外交部官網轉載，《反分裂國家法》，2005 年 3 月 14 日。網址 http://www.mfa.gov.cn/weblziliao_674904/zt_674979/ywzt_675099/2005year_675849/liahui2005_675919/200503/t20050314_7963815.shtml.

17 U.S. Department of Defense, Military and Security Developments Involving the People's Republic of China, *Annual Report to Congress*, November 29, 2022. Pp. 125.

收復台灣利益，它也極有可能發動對台武統。[18] 以往所有已經公布的動武條件，甚至還有意無意地忽略中國領導人可能因其國內外問題轉而對台動武，藉以轉移注意並穩固中國共產黨執政。

參、兩岸軍事風險：聚焦中共對台軍事可能行動

　　戰略是軍事力量與政治目的之間的橋樑，透過使用武力或威脅使用武力以達成各種政策目的。[19] 徵諸歷史，縱使被視為上善之策的「不戰而屈人之兵」，背後卻仍多存在「威脅使用武力」的刀光劍影；此外，訴諸武力讓對手心生恐懼，製造毀損傷亡屈服對方意志，甚至揮師攻城掠地造成政權轉移，更是古今中外現實世界啟動戰爭機器的各種目的之一。訴諸武力雖然經常被認為是解決爭端的最後手段，有時它也如同亞歷山大帝（Alexander the Great）砍斷戈迪安繩結（Gordian Knot），可以短期速效立竿見影，避免問題久拖不決。至於因此而衍生的諸如傷亡破壞和戰後治理等「附帶效應」，則端看決策者如何衡量看待得失及做出取捨。

　　檢視現存關於台海軍事風險的研判，有助於了解中共可能採取的行動方式，同時提供思考與討論的基礎。針對近期台美國防部、重要智庫和研究人員的論述，本文擇要摘選整理如表 1。

---

18 相似論點參見 Peter Enav, "Taiwan Under the Gun: An Urgent Call to Action," *Taiwan Sentinel*, July 18, 2017. Website at https://sentinel.tw/taiwan-gun-urgent-call-action/.

19 Colin S. Gray, *Perspectives on Strategy*, Oxford: Oxford University Press, 2013.

表 1：中共對台可能採取的各種軍事行動

機構或研究員　　軍事行動	中華民國國防部	美國國防部	鮑伊德（Boyd et al.）等	梅惠琳（Oriana Mastro）	卜威爾 & 澤利科（Blackwill & Zelikow）
認知作戰	√				
灰色地帶行動	√		√		
聯合軍事威脅	√				
海空封鎖	√	√	√	√	
奪占外離島	√				√
斬首作戰	√				
聯合火力打擊	√				
有限武力脅迫行動		√			
空中及導彈攻擊		√	√	√	
隔離攔檢					√
反介入行動				√	
武統攻台	√	√	√	√	√

資料來源：作者依相關資料整理，詳見註釋。[20]

　　深入觀察，中華民國國防部列舉的八項中共對台可能行動最多且廣，但分類卻不夠清晰，尤其還有可能疏漏。例如，灰色地帶行動與聯合軍事威脅兩者涵蓋面都極廣泛，兩者之間顯然也有重疊，共軍機艦擾台就屬灰色地帶行動的軍事威脅。此外，共軍 1996 年台海危機和 2022 年 8 月環台軍演，對台周邊都有發射導彈，甚至導彈還飛越本島上空。國防部《中共軍力報告書》未對外公開，外界無法判斷其究竟是疏漏或僅只是歸類的問

---

20 相關資料請參見蔡雨婷，「最新中共軍力報告書出爐 國防部列解放軍可能的 8 種對台行動」，《新頭殼》，2022 年 8 月 31 日。該報告書未對外公開。U.S. Department of Defense, Military and Security Developments Involving the People's Republic of China, *Annual Report to Congress*, November 29, 2022. Pp. 126-127. Henry Boyd et al., Taiwan, Cross-Strait Stability and European Security, *IISS*, March 30, 2022, Pp. 26-35. Oriana Mastro, "The Taiwan Temptation," *Foreign Affairs, The Best of 2021*, Pp.64-66. Robert Blackwill & Philip Zelikow, "The United States, China, and Taiwan: A Strategy to Prevent War, " *Council on Foreign Relations Special Report No. 90*, February 2021, Pp. 30-40.

題。美國國防部和其他智庫研究員的分析勾勒主要可能行動，但是明顯未涵蓋各種可能性。梅惠琳（Oriana Skylar Mastro）認為美國有可能軍事介入台海衝突，中共也可能對部署於鄰近國家的美軍基地進行導彈或空中攻擊，以利在初始階段遲滯美軍馳援台灣。就各種可能行動言，海空封鎖、空中及導彈攻擊與武統攻台等三個選項獲有最多共識。

　　其實，中共對台是否真正使用武力或僅只是威脅使用武力，主要仍以其意圖（intention）和能力（capability）評估。[21]意圖是指政治及軍事目的、決策與指導，透過威脅使用武力或實際使用武力可能產生的內外衝擊盤算，管控運用所採軍事行動態樣、規模、範圍與重點。本文前引中共領導人歷來談話，都映照中共對統一台灣有高度優先且強烈的意圖。能力是實現意圖的道路與橋梁，它包含兵力、武器、裝備、部署、訓練、戰略、戰術、戰法和後勤補給等及其整合，屬於支撐與達成政治與軍事目標的相對資源、工具與方法。中共在政治、經濟、心理和軍事等多重面向持續對台施壓，兩岸總體實力和相對軍力，正向中共有利方向傾斜且差距逐年擴大。舉例而言，中共兵力203萬5千人，是台灣武裝部隊的12倍；對岸2022年國防預算達2,296億美元，超過台灣軍費總額17倍。[22]關於中共軍事能力的評估，做為全球第二大軍事強國，中共軍力無疑可以遂行許多任務。就其限制因素而言，一般則大多指向中共已超過40年未曾發動或參與戰爭，官兵普遍缺乏實戰經驗。另外，面對平均寬度達160公里的台灣海峽，有評估認為中共全面攻台需投入50-120萬兵力，惟其兩棲登陸及空機降在第一波攻擊只能投送數萬人登島（後續討論）。[23]就中共思考運用武裝部

---

21 以中共武力犯台為例，此處所指機會有別於其所宣稱的對台動武時機。對台動武時機構成並強化動武意圖，可參考 US DoD, *Military and Security Developments involving the People's Republic of China, 2020. Annual Report to Congress*, September 1, 2020. P. 112. 此處機會係指決心動武後，為尋求付諸行動而選定的較佳時間點。

22 David Brown, "China and Taiwan: A Really Simple Guide," *BBC*, 8 August 2022.

23 Harlan Ullman, "Why China will not Invade Taiwan," *The Hill*, https://thehill.com/opinion/international/3601841-why-china-will-not-invade-taiwan/.

隊的相關對台戰略而言，使用武力或威脅使用武力依其遠近、輕重、緩急與影響程度，大致也可以區分為全面、局部、立即、次要、潛在和騷擾等不同層次。

　　基於以上的理解，在威脅使用武力與使用武力兩極之間，針對中共對台可能行動可概略彙整出一個由弱至強的光譜。如圖1所示，光譜左方為軍事元素較輕微的低強度威脅，包含不戰而屈人之兵的認知作戰、言詞恫嚇警告或逼統、機艦繞台和擾台，無人機飛外島上空測試反應，以及潛伏台灣特工人員進行基礎設施實體破壞等，都屬於此類性質的軍事行動。再如網路癱瘓金融和郵電設施、機艦跨越台海中線、導彈飛越台灣本島上空的灰色地帶行動、有人或無人機艦進入中華民國領海或領空、軍事近迫威脅挑釁、海上攔查攔檢或扣留軍事物資裝備，都可視為中等強度軍事威脅。至於類同古巴飛彈危機時期對船艦的海上隔離封鎖、對台灣全島或局部區域劃設禁飛或禁航區、封鎖或奪占外離島、以火砲導彈炸射本島特定地點、或是最終對台發動全面登島武統戰爭，都屬中共對台的高強度軍事威脅。

圖1：中共對台軍事威脅及使用武力光譜

資料來源：作者依相關資料整理。

肆、重要課題思辨

　　台海危機和軍事風險相關課題龐雜繁複，其中還有磨擦和不確定因素，兩岸軍方意外擦槍走火衍生衝突升級即為其一，更何況誠如毛奇（Helmuth Karl Bernhard von Moltke）元帥名言：「與敵遭遇無一計畫可以存活」，雙方不可能按作戰計畫劇本演出。以下聚焦中共何時武統、共軍武統能力、台灣防衛檢討等三個多方關注和辯論的課題，勾勒要點並做深層檢視。

一、中共何時武統？

　　關於中共何時對台武統，各界有諸多預測與討論。去除過往已經失準的預測，從 2023 年至 2034 年都有機構或研究者認為中共可能發動攻台戰爭。例如，美國海軍前作戰長吉爾迪（Mike Gilday）上將認為 2023 年就有可能性，空軍機動司令部司令米尼漢（Michael Minihan）上將要求所屬就 2025 年中美因台灣爆發的戰爭做好準備，印太司令部前任和現任司令推測共軍在 2027 年或更早時間將會發動武統戰爭，參謀首長聯席會前主席米利（Mike Milley）上將也給出 2023 至 2027 年的武統時間表。另外，前白宮國家安全顧問、胡佛研究院學者麥馬斯特（H.R. McMaster）給出 2025 年時間點，史丹佛大學教授戴雅門（Larry Diamond）則指從 2022 年起 2 至 5 年是台海危機的可能時間點。[24] 史丹佛大學學者梅惠琳估計，習近平在 2027 年或 2032 年第四任期結束前會發動對台武統；中國問題專家黎安友（Andrew Nathan）則持不同看法，他主張中共對台仍在玩長期博弈

---

24 Kayleigh Madjar, "Taiwan can learn from Zelenskiy: Academic," *Taipei Times*, March 23, 2022, P.3. Website at: https://www.taipeitimes.com/News/taiwan/archives/2022/03/23/2003775305.

的遊戲。[25]

　　中共在和統台灣無望後將訴諸武力完成歷史使命，對於這個可能性各方有極高共識。中華民族偉大復興中國夢的實現不能缺少統一台灣，中共也謀定以和戰兩手策略成就這個國家目標。台灣內部對武統攻台時間的研判，原多傾向 2023-2024 年或 2026-2027 年，前一個時段主要以 2024 年 1 月總統大選及此前選情態勢做判斷基準，北京可能因為不耐民進黨長期執政採取斷然措施；後一個時段則是依據習近平及其核心團隊必須在 2027 年中共 21 大召開前取得亮眼的成績單，以確保能杜悠悠眾口並蟬連統治地位。2022 年俄烏戰爭以來的膠著戰況及國際多國聯合對俄經濟制裁多出人意表，現今國內學者也有部分抱持中共需要調整規避制裁和做更充足的作戰準備，推動統一進程但不致冒進，因此也會推遲對台武統的時間。[26]

　　事實上，中共內部對於發動武統戰爭的高昂代價也出現一些反思，《超限戰》作者喬良少將直指武統台灣可能付出巨大代價，中國當前首務不是統一台灣，而是實現民族復興，台灣問題攸關國運不可輕率急進。上海東亞研究所名譽所長章念馳就主張「武統不等於民族復興，武統更不應影響民族復興」，主張要以最低代價實現完全統一。[27] 至於擁有決策權者如何看待這些意見不同的聲音，外界不得而知。

　　就多方面觀察，2049 年被視為達成統一的最後期限，但中共目前對武統似無固定時間表。主客觀因素如和統可能性、台灣跨越紅線的解讀、

25 Oriana Skylar Mastro, "The Taiwan Temptation," *Foreign Affairs, The Best of 2021*, Pp.64-66. 另見 Andrew Nathan, "Beijing is Still Playing the Long Game on Taiwan," *Foreign Affairs*, June 23, 2022. Website at https://www.foreignaffairs.com/articles/china/2022-06-23/beijing-still-playing-long-game-taiwan.

26 陳政錄，「陸兩會報告推進統一進程 張五岳：北京不會冒進」，《經濟日報》，2023 年 3 月 5 日。網址 https://money.udn.com/money/story/5603/7010433?from=ednappsharing。屈彥辰，「中共二十大甫落幕，學者：2035 目標可能實現統一」，《蕃新聞》，2022 年 10 月 24 日。網址 https://n.yam.com/Article/20221024256799

27 參見章念馳，〝以最低代價實現完全統一,〞《台海研究》，2022 年第 4 期，2022 年 12 月 30 日，頁 19-20。喬良，〝台灣問題攸關國運不可輕率急進,〞《中美印象》，2020 年 5 月 4 日。網址 http://www.uscnpm.com/model_item.html?action=view&table=article&id=21580。曾任國防大學政委的劉亞洲上將，亦認為輕率攻台可能遭到重大傷損。

武統奪台戰爭利弊得失的衡量，都將牽動北京的決策選項並提前或推遲武統。情報分析單位一般料敵從寬，縱使俄烏戰爭對中國有警示作用，美國情報總監海恩斯（Avril Haines）仍判斷北京侵台威脅已然逼近，中央情報局長伯恩斯（William Burns）更認為對習近平和中國領導階層而言，問題不在於是否動武奪台，而是何時及如何動武。[28] 綜合而論，發動攻台武統對中共領導階層而言，它是一個有概訂最終期限、依特定時間主客觀因素而定的動態決策選擇。[29]

二、共軍武統能力

關於共軍能否成功發動武統戰爭，最主要的關注焦點指向兩棲登陸能力，而台灣海峽平均寬度達 160 公里。第二次世界大戰諾曼地登陸兵力約 15 萬餘人，使用運輸船艦近 7,000 艘渡越 40 公里寬的海峽。傳統軍事概念估算攻方需有三倍於守方的兵力，美國在二戰期間原有兩棲登陸南台灣的堤道計畫（Operation Causeway），面對 3 萬駐台日軍，美軍計畫動用船艦 4,000 艘運送 40 萬官兵登陸。以上述數據概算，共軍攻台至少需 50-120 萬兵力，更何況台灣海峽寬度是英吉利海峽的四倍，渡海作戰難度更遠高於地面作戰。[30]

根據現有資料歸納整理，共軍兩棲登陸正規登陸艦艇包括 3 艘 075 型兩棲突擊艦、8 艘 072 型船塢登陸艦及 45 艘各型千噸級戰車登陸艦，正規兩棲登陸第一波可輸送 21,700-36,000 人。空軍現役各型運輸機約 450 架、

---

28 William Burns, "Aspen Security Forum Fireside Chat," U.S. CIA Website, 20 July 2022. Website at https://www.cia.gov/static/f839b5517bcb1d75e654c7526ea5c66f/Aspen-Security-Forum-Fireside-Chat-Final.pdf.

29 長期研究兩岸關係的學者葛來儀 (Bonnie Glaser) 亦持此看法。參見 Bonnie Glaser, "No, Xi Jinping is Not About to Attack Taiwan," *The New York Times*, Oct. 29, 2023. 網址 https://www.nytimes.com/2023/10/29/opinion/china-taiwan-us-war.html.

30 Harlan Ullman, Idem.

包括 50 多架運 -20 大型運輸機、300 多架運 -8 和運 -9 運輸機，最大空降兵力一次約 24,000 人，或 5,600 人及 110 輛輕裝甲車。2021 年俄羅斯專家估計共軍擁有 1,500 架直升機，空降與直升機機降第一波可投送 50,000 兵力垂直登島。按此統計並考慮各戰區仍需留守兵力，第一波兩棲和空機降攻擊，可以輸送 4-6 萬兵力登島。[31]

研究國防軍事事務者常言：「專家談後勤，業餘談戰術」。共軍登島作戰須在後勤補給破障，有研究即描述這些亟待克服的困境，包含部隊登島前後所需油料、食物、彈藥、醫療等為期數周的後勤補給，估計需要鐵路專列超過 3,000 列、車輛 100 萬車部、飛機 2,100 架，還需 8,000 艘以上運送部隊、裝備和補給使用的船艦，登陸準備物質超過 3,000 萬噸。[32] 中共攻台所需後勤補給，超過 1944 年 6 月的諾曼地登陸作業。

共軍歷次作戰都結合軍民融合思維和人民戰爭構想，對於極重要的武統攻台戰爭更已展開研發和納管。共軍演習已見滾裝貨輪參與，為數眾多的民航及貨機機隊，以及號稱「第三艦隊」的海上民兵，非正規機艦、武警與民兵的配合運用可以讓第一波攻擊登島兵力超過 8 萬人，奪占機場及港口後更可透過行政卸載，在 24 小時內讓登島人員、裝備、物資翻倍。台灣主管國防部情研中心的一位退役軍官即點出，戰時若台灣機場被奪，以一架民航機可運載一個輕裝步兵連空運著陸、每 3 分鐘一架落地計算，一小時內共軍即可空運一個空降旅或特戰旅戰鬥員站在台灣的陸地。[33]

觀察俄烏戰爭並考量共軍武器裝備和兩岸地理因素，共軍首波跨海攻台部隊是否需要帶上大量重型裝備？中國東南部署的 PHL-191 箱式火箭炮

31　筆者綜合以下資料整理並研判：孫秉中，「淺談解放軍武力攻台」，台北論壇，2022 年 11 月 3 日。網址 https://www.facebook.com/taipeiforumfoundation/ 。Lyle Goldstein, "Stop Counting Warships, China's Special-Operations forces are Taiwan's real problem," *Business Insider*, Jan 3, 2022. 網址 https://www.businessinsider.com/chinas-special-operations-forces-are-taiwan-real-problem-not-warships-2021-12。

32　Anonymous, "Operation Overload," *The Economist*, November 11th, 2023. pp. 11-12.

33　孫秉中，同前註。

和導彈，能做精準打擊且射程涵蓋台灣全島，兩棲或垂直登島部隊配備如紅箭 -12 反坦克武器及飛鴻 -901 無人攻擊機，同樣具有突穿台軍重層防線效果，遇有重大目標更可引導遠火隔岸支援。油糧補給在掌握海空優勢且已建立灘頭堡立足穩妥後，還有可能一部分在台就地整補。這些精細的設計與運用，將減輕跨海後勤補給的作業量。

　　共軍有無可能奇襲攻台？戰爭所需龐大兵力與後勤運輸準備作業，外加現代科技情報監偵與開源資訊蒐研，不少人認為台海戰爭幾無奇襲可能。但是，多方研判，共軍未來攻台武統幾乎必屬奇襲。

　　共軍攻台向以「遠戰速勝、首戰決勝、戰略欺敵、先制奇襲」為戰略指導，三非（非對稱、非線性、非接觸）作戰、奪制三權（制電磁、制空、制海權）、震懾癱瘓及迅速制勝的作戰思維，更引導共軍以「速戰速決」為最高指標。共軍攻台既要避免外軍介入旁生枝節，又寄望達到「損小、效高、快打、速決」，它的盤算是在摧毀台軍 60% 戰力後發動登島作戰。中共如果在既有軍民基礎上，開始構建或累增分散多點整合的基地，並間歇漸進囤儲調動人員裝備與物資，當其累積到達一定能量、準備完成後卻數週或數月都未採取行動；結合近年長期在台海周邊演習或日常擾台行動迷惑台美情報判斷，一旦接獲指令猝然對台發起全面攻擊，國軍預警時間將極短、甚或毫無預警。俄羅斯 2022 年 2 月啟動的俄烏戰爭，在某些部分也展示了奇襲特質與可能性。[34] 2023 年 10 月 7 日，哈瑪斯躲避美國和以色列情報偵蒐，成功對以色列發起奇襲，更警示縱使 21 世紀高端科技遍布，奇襲戰爭仍然極有可能。

　　分析研判共軍武統及登島能力，還經常容易出現一個盲點。外界的分

---

34 參閱孫秉中，Idem. 筆者另綜合各方資料分析研判。關於奇襲相關討論，參見 Stephen Walt, "Are Surprise Attacks a Thing of the Past?" *Foreign Policy*, March 8, 2012. Website at https://foreignpolicy.com/2012/03/08/are-surprise-attacks-a-thing-of-the-past/。另見 Anonymous, "Clues to a Conflict," *The Economist*, Jul 29, 2023; pp. 41-42.

析研判結果，其實並不代表共軍真實能力，資訊掌握不易及高度保密更使高低錯估或誤判都有可能出現。植基於理性決策模式的分析，忽略中共歷次對外用兵未必理性，對於國際經濟制裁與戰爭風險耗損的承受度或也超出外界意表。各界辦理台海兵推或分析研判，北京也有自己的兵推和分析研判，最終對於攻台計畫是否周密可行仍然是由北京拍板定案。正如博弈理論大師謝林（Thomas Shelling）所言，真實生活不同於電影，不會有背景音樂提示高潮時刻即將到臨。[35]

三、台灣防衛檢討

武裝部隊作戰能力的強弱是相對性的。換言之，國軍對抗共軍的能力也將影響中共軍事行動效能。依據軍事網站全球火力（Global Fire Power）以包含軍事單位數量、財務狀況、後勤能力和地理等 60 餘項標準對 145 個國家進行評量，2023 年中共名列第 3；台灣則位居全球第 23，勝過德國、加拿大和新加坡。[36]

台灣自 1958 年後未曾經歷戰爭，台美斷交後國軍長期與外較少聯合演習觀摩互動，現役將帥士兵都無作戰經驗，美國對台軍售長期顧慮中共，因此多以防衛性武器為主，這種情況直到近年因中美對抗升高才獲改善。拜登總統雖然四度宣稱如果中國大舉攻台，美國將派兵馳援；但是，綜觀美國對台現今漸轉以「政策層次戰略模糊，作戰層次戰略清晰」（strategic ambiguity at the policy level but strategic clarity at the operational level）為主軸。[37] 保留軍事介入彈性，卻在作戰戰法、教育訓練與武器裝備，乃至情

---

35 Thomas Shelling, "Foreword," in Roberta Wohlstetter, *Pearl Harbor: Warning and Decision*, CA: Stanford University Press, 1962, p. Viii.

36 Global Fire Power, "2023 Military Strength Ranking," *GFP Annual Ranking*, Website at https://www. globalfirepower.com/countries-listing.php.

37 「政策層次戰略模糊，作戰層次戰略清晰」，不同於長期以來的戰略清晰與戰略模糊辯論。參見 Ralph

資通信、械彈囤儲、後備動員及情報數據鏈，多方位協助加強武裝台灣，期望將台灣打造成中共難以吞併的刺蝟島。

國軍軍事戰略從「有效嚇阻、防衛固守」、「防衛固守、有效嚇阻」、「防衛固守、重層嚇阻」演變發展，幾年前則強調「整體防衛構想」。台澎防衛作戰長期採行「拒敵於彼岸、擊敵於海上、毀敵於水際、殲敵於灘岸」的用兵理念，2017 年起先後調整為「戰力防護、濱海決勝、灘岸殲敵」、「聯合防空、聯合制海、聯合國土防衛」及「多維防禦、重層阻殲、守勢持久、重點突破」。數年之間多次變動，反映人事更迭影響與不同理念爭鋒較勁，原先構想尚未著根、優劣利弊還待評估，新款方案卻已擂鼓登場。各時期的主事者似乎關注作文更勝於作戰，而這些構想更糾結於傳統線性作戰思維。共軍對台軍事部署有長期情資掌握，外加擁有海空優勢及精準火炮導彈，台灣上空隨時都有超過 20 顆以上北斗衛星偵照，關鍵時間還可調動更多衛星增援，國軍在戰時究竟還有多少機會和能力順利遂行這些防衛用兵構想？

國軍面對中共可能發起的全面猝然奇襲，仍有許多弱點尚待克服。例如，各部隊油彈食糧補給保修是否充裕？對於突襲如何有效戰力保存？機場跑道遭敵破壞後如何起飛迎戰及轉場東岸基地？左營、高雄和蘇澳的海軍如何躲過導彈或先期潛伏於港外的敵方潛艦伏擊？在共軍火炮導彈「震撼和威懾」（shock & Awe）奇襲和特工點穴戰後，台灣的政軍指揮管制、雷達監偵通信還有多少仍能正常運作？目前後備動員機制規劃全屬有預警情況下作業，遇上奇襲和後續社會慌亂是否也有備選方案應變讓後備旅可以編成？歷年漢光演習幾乎毫無例外都由國防部孤木獨撐，並未出現其他部會備戰和各級政府與民間的整合，戰時能否指臂運如合作無間？舉例而

Cossa, "US-Taiwan Deterrence and Defense Dialogue: Responding to Increased Chinese Aggressiveness," *Issues & Insights*, Vol. 22, Pacific Forum: December 2022.

言，2023 年 2 月初連接台灣與馬祖的海底電纜遭截斷，臨時替代的微波寬頻在一個月後始建立，對於防衛作戰無疑是個警訊。

　　依據國軍建軍備戰和「打、裝、編、訓」思維檢視，可以發現更多問題。例如，國軍武器裝備大多老舊且妥善率堪慮。空軍主力戰機飛行員座艙比僅 1.33，2011 至 2019 年間台灣空軍 F-16 飛行員只增加 21 人。[38] 廣受批評的 4 個月軍事訓練役，最終在克服選戰流失政治考量後宣布自 2024 年 1 月起調整為一年義務役期。軍校招生、募兵成效、軍方留才都欠理想，台灣生育率低的少子化現象更直接影響未來兵源。此外，現代戰爭強調聯合作戰，國軍軍事教育卻無「三軍聯合指揮參謀學院」。對岸國防大學曾標榜每年教材按戰爭趨勢調整，修訂幅度超過三分之二，我方各級軍事訓練班隊實況又是如何？掌握現代戰爭趨勢即時反映於用兵方式調整攸關戰局，近年漢光演習卻頻頻出現海邊挖設戰壕卻無上方隱蔽掩蔽，灘頭集結大量裝甲部隊視衛星偵蒐與導彈攻擊如無物，這類用兵方式的妥適性何在？烏克蘭砲兵多在林間分散部署，中共導彈在山坳隱蔽處發射，國軍演習砲兵部隊卻年年集中在開闊地射擊…。常聞演習必須仿真模擬實戰，平時演習年年如此，戰時會否仍然習以為常而形同對共軍的獎賞？

　　非直接軍事因素也可能讓台灣的防衛發生大潰堤。台灣的煉油廠、石油與天然氣接收站屈指可數，超高壓變電所分布圖公開透明，這些關鍵基礎設施鏈結全民生活起居維生脈動。全島油氣電力如遭攻擊而中斷，民眾生活日常遭受嚴重衝擊，試問民心士氣能否支撐持續作戰？台灣與烏克蘭的極大不同在於海島地理位置，戰時海空封鎖各種物資極難運達，油彈食糧耗損也將消磨軍民抵抗意志。中共 2022 年 8 月環台軍演期間，外媒發現台灣大部分民眾異常淡定，部分民眾甚至認為事不關己，更有一部分寄

---

38 Lily Kuo & Vic Chang, "Taiwan needs more Top Guns as chance of conflict with China grows," *The Washington Post*, February 28, 2023. Website at https://www.proquest.com/docview/2780583149/fulltext/4AD 33B626FE94398PQ/1?accountid=173708.

希望於美國前來救援。儘管國際認為台灣人民備戰狀態將決定台灣最終命運，事實上，為數頗多的台灣人民對於挺身而戰仍然猶豫不決。[39]

　　台灣的勝算？中共對美國而言雖非十呎巨人，但兩岸相對軍力和綜合實力確實有相當落差。[40]古今中外歷史歌頌以小搏大、以弱擊強，以寡擊眾被視為偉業奇功；但是，這些傳奇之所以為世人稱頌流傳，極大原因係其較為罕見。一般常態多為相對力量差距左右戰局。聖經故事大衛戰勝巨人歌利亞（David and Goliath）流傳至今，當年如果大衛的甩石索打偏，他的下場將極其悽慘。[41]就中共攻台武統戰爭言，即使對岸損失嚴重且攻勢受阻、甚至無法立即發動後續第二、三波跨海攻擊；戰爭將轉為長期持續，台澎金馬將處於戰爭狀態自此永無寧日。台海戰爭如果演變為雙方僵持而戰火持續延燒，戰況可能愈演愈烈，台灣仍將付出極大代價並承受沉重後果。時間是戰略思考的重要因素之一，但時間因素經常容易被忽略，台灣防衛不能限期只戰一週或只求一時一次之勝；如無深謀遠慮而逞暴虎馮河之勇，台灣軍民劫難終將難免。

伍、結語

　　本篇報告在起始處引用克勞賽維茲的名言：「戰爭只是政策以其他方式的一種延長」。戰爭並非宿命必然而難以避免，政策的良窳可以加速、放緩或避免戰爭兵戎相見。[42]預防戰爭因此有其可能，其重要性更因此凸

---

39 參見 Hilton Yip, "Taiwan Can't Rely on Daddy America to Solve Its Problems," *Foreign Policy*, August 17, 2022. Website at https://foreignpolicy.com/2022/08/17/taiwan-america-china-pelosi-visit-reliance/. 另請參見 Anonymous, "Taiwan is a vital island that is under serious threat," *The Economist*, March 6th, 2023. Website at https://www.economist.com/special-report/2023/03/06/taiwan-is-a-vital-island-that-is-under-serious-threat

40 中共並非十呎巨人，這是美國國防部長 Lloyd Austin III 在 2021 年 12 月出席雷根國防論壇（Reagan National Defense Forum）時對中國的評論。

41 Lawrence Freedman, *Strategy: A History*, Oxford: Oxford University Press, 2013. pp. 19-21.

42 相關討論參見 Joseph Nye, Jr. & David Welch, *Understanding Global Conflict and Cooperation: An*

顯。但是，理論與理性分析雖然揭示如此，戰爭在人類從古至今歷史上卻不絕於途，則又指向了不甚相同的發展軌跡。每一場危機轉向戰爭的過程，都有許多獨特的情節，在這充滿暗礁的未曾測繪的海域，考驗的其實正是決策者的智慧與能力。

　　戰爭是如此之重要，因此不能單獨交給將軍或政客們；台灣安全和利益是如此之重要，因此更要掌握在自己的手裡。中美大國角力以台灣為擂台，我方主政決策者必須記取烏克蘭戰爭的經驗教訓，台灣利益優先，外交折衝避險，軍事預防戰爭，三者不能偏廢。蔡政府既有勇氣冒流失選票與大選挫敗的危險，毅然做出役期調整的重大決策；換個角度思考，蔡政府或許也應尋覓「有路沿路唱歌，無路蹽溪過嶺」的反向途徑，勇於思索試探兼顧台灣尊嚴利益與緩解兩岸緊張的有效作為，降低兵凶戰危的軍事對抗風險。此外，「欲求和平，需先備戰」，這句羅馬古諺充分說明國防軍事的必要性。居安思危，兩岸未來無論是和平或戰爭，國防軍事既是談判的籌碼，更是台海安全後盾。知彼知己，知友知敵，知可以戰與不可以戰，才能為台灣和全民爭取戰略迴旋空間與最大勝利。

Introduction to Theory and History, 9th ed., Boston: Pearson Education, Inc., pp. 21-24.

參考文獻

王在希，2019，〈東北易幟模式與兩岸的和平統一〉，http://www.huangpu.org.
　　cn/zt/huangpuluntan/hpltgt/201907/t20190729_12187894.html，查閱時間：2019
　　年 7 月 29 日。

中央社，2022，〈習近平：台灣問題是中美關係第一條不可逾越的紅線〉，
　　https://www.cna.com.tw/news/aopl/202211140360.aspx，查閱時間：2022 年 11
　　月 15 日。

中國外交部官網轉載，《反分裂國家法》，2005 年 3 月 14 日。

屈彥辰，2022，〈中共二十大甫落幕，學者：2035 目標可能實現統一〉，https://
　　n.yam.com/Article/20221024256799，查閱時間：2022 年 10 月 24 日。

章念馳，2022，〈以最低代價實現完全統一〉，《台海研究》，4，19-20。

倪永杰，2021，〈武統或和統的第三條路〉，《中時新聞網》，2021 年 1 月 22 日。
　　網址 https://www.chinatimes.com/opinion/20210122004500-262105?chdtv。vu

孫秉中，2022，〈淺談解放軍武力攻台〉，https://www.facebook.com/
　　taipeiforumfoundation/，查閱時間：2022 年 11 月 3 日。

喬良，2020，〈台灣問題攸關國運不可輕率急進〉，http://www.uscnpm.com/
　　model_item.html?action=view&table=article&id=21580，查閱時間：2020 年 5
　　月 4 日。

習近平，2022，〈台灣問題與新時代中國統一事業〉，http://cpc.people.com.cn/
　　BIG5/n1/2022/0811/c64387-32499836.html，查閱時間：2022 年 8 月 10 日。

陳政錄，2023，〈陸兩會報告推進統一進程 張五岳：北京不會冒進〉， https://
　　money.udn.com/money/story/5603/7010433?from=ednappsharing，查閱時間：
　　2023 年 3 月 5 日。

揭仲，「國軍對抗共軍犯台的能力與挑戰」，《台北論壇安全講座》新聞稿，

2022 年 3 月 30 日。

蔡雨婷，2022，〈最新中共軍力報告書出爐 國防部列解放軍可能的 8 種對台行動〉，https://newtalk.tw/news/view/2022-08-31/810041，查閱時間：2022 年 8 月 31 日。

Anonymous, 2023, "Clues to a Conflict," The Economist, pp. 41-42.

Anonymous, 2023, "Taiwan is a vital island that is under serious threat," The Economist.

Anonymous, 2021, "The Most Dangerous Place on Earth," The Economist. London Vol. 439, Iss. 9243, p. 7.

Anonymous, 2023, "Taiwan is a vital island that is under serious threat," The Economist. Website at https://www.economist.com/special-report/2023/03/06/taiwan-is-a-vital-island-that-is-under-serious-threat.

Anynymous, "Operation Overload," *The Economist*, November 11th, 2023, pp. 11-12.

Blackwill. Robert. & Philip Zelikow, 2021, "The United States, China, and Taiwan: A Strategy to Prevent War, " Council on Foreign Relations Special Report No. 90, pp. 30-40.

Blinken, Antony. 2023, "Secretary Antony J. Blinken Virtual Conversation on 'Russia's War on Ukraine: One Year Later' with Jeffrey Goldberg of The Atlantic." Website at https://www.state.gov/secretary-antony-j-blinken-virtual-conversation-on-russias-war-on-ukraine-one-year-later-with-jeffrey-goldberg-of-the-atlantic/.

Blumenthal, Dan. & Fred Kagan, 2023, "China has three roads to Taiwan: The US must block them all," The Hill.

Brown. David, 2022, "China and Taiwan: A Really Simple Guide," BBC.

Boyd, Henry. et al., 2022, Taiwan, Cross-Strait Stability and European Security, IISS, pp. 26-35.

Burns. William, 2022, "Aspen Security Forum Fireside Chat," U.S. CIA. Website at https://www.cia.gov/static/f839b5517bcb1d75e654c7526ea5c66f/Aspen-Security-Forum-Fireside-Chat-Final.pdf.

Clausewitz, Carl von., 1984, On War, Edited & Translated by Michael Howard & Peter Paret, NJ: Princeton University Press, pp. 69 & 120.

Cossa. Ralph, 2022, "US-Taiwan Deterrence and Defense Dialogue: Responding to Increased Chinese Aggressiveness," Issues & Insights, Vol. 22, Pacific Forum.

Enav, Peter. 2017, "Taiwan Under the Gun: An Urgent Call to Action," Taiwan Sentinel. Website at https://sentinel.tw/taiwan-gun-urgent-call-action/.

Ferguson, Niall, 2021, "A Taiwan Crisis May mark the End of the American Empire," Bloomberg. Website at https://www.bloomberg.com/opinion/articles/2021-03-21/niall-ferguson-a-taiwan-crisis-may-end-the-american-empire#xj4y7vzkg.

Freedman. Lawrence, 2013, Strategy: A History, Oxford: Oxford University Press. pp. 19-21.

Glaser. Bonnie, 2023, "No, Xi Jinping is Not About to Attack Taiwan," The New York Times. Website at https://www.nytimes.com/2023/10/29/opinion/china-taiwan-us-war.html.

Global Fire Power, "2023 Military Strength Ranking," GFP Annual Ranking, Website at https://www.globalfirepower.com/countries-listing.php.

Goldstein, Lyle. 2022, "Stop Counting Warships, China's Special-Operations forces are Taiwan's real problem," Business Insider, Website at https://www.businessinsider.com/chinas-special-operations-forces-are-taiwan-real-problem-not-warships-2021-12.

Gray, Colin S., 2013, Perspectives on Strategy, Oxford: Oxford University Press.

Haass. Richard, and David Sacks, 2020, "American Support for Taiwan Must Be

Unambiguous," Foreign Affairs. Website at https:// www.foreignaffairs.com/ articles/united-states/american-support-taiwan-must-be-unambiguous.

Holmes, James. 2022, "How China Would Wage War Against The 'Great Wall in Reverse,'" 19FORTYFIVE. Website at https://www.19fortyfive.com/2022/04/how-china-would-wage-war-against-the-great-wall-in-reverse/.

Kuo. Lily, & Vic Chang, 2023, "Taiwan needs more Top Guns as chance of conflict with China grows," *The Washington Post*. Website at https://www.proquest.com/ docview/2780583149/fulltext/4AD33B626FE94398PQ/1?accountid=173708.

Madjar, Kayleigh. 2022, "Taiwan can learn from Zelenskiy: Academic," Taipei Times, p. 3. Website at: https://www.taipeitimes.com/News/taiwan/ archives/2022/03/23/2003775305.

Mastro. Oriana, 2021, "The Taiwan Temptation," *Foreign Affairs, The Best of 2021*, pp. 64-66.

Nathan. Andrew, 2022, "Beijing is Still Playing the Long Game on Taiwan," *Foreign Affairs*. Website at https://www.foreignaffairs.com/articles/china/2022-06-23/ beijing-still-playing-long-game-taiwan.

Nye. Joseph, Jr. & David Welch, 2013, *Understanding Global Conflict and Cooperation: An Introduction to Theory and History*, 9th ed., Boston: Pearson Education, Inc., pp. 21-24.

Pomfret, John. 2001, "In Its Own Neighborhood, China Emerges as a Leader," *The Washington Post*. Website at https://www.washingtonpost.com/ archive/politics/2001/10/18/in-its-own-neighborhood-china-emerges-as-a-leader/12362037-14cd-4f08-bbca-486e7f1878b5/.

Santoro, David. & Ralph Cossa, eds., 2023, The World After Taiwan's Fall, *Issues and Insights*, Vol. 23, SR 2.

Varley, Kevin, 2022, "Taiwan Tensions raise Risks in one of Busiest Shipping Lanes," Website at https://www.bloomberg.com/news/articles/2022-08-02/taiwan-tensions-raise-risks-in-one-of-busiest-shipping-lanes.

Shelling, Thomas. 1962, "Foreword," in Roberta Wohlstetter, *Pearl Harbor: Warning and Decision*, CA: Stanford University Press, p. Viii.

Stares, Paul., & John Vessey, 2023, *Preventive Priorities Survey 2023*, Council on Foreign Relations.

The White House, National Security Strategy, October 12, 2022. 另見 U.S. DoD, 2022 National Defense Strategy, October 27, 2022.

Stephen Walt, "Are Surprise Attacks a Thing of the Past?" *Foreign Policy*, March 8, 2012. Website at https://foreignpolicy.com/2012/03/08/are-surprise-attacks-a-thing-of-the-past/. 另見 U.S. Department of Defense, Military and Security Developments Involving the People's Republic of China, *Annual Report to Congress*, November 29, 2022, pp. 125.

US DoD, *Military and Security Developments involving the People's Republic of China, 2020. Annual Report to Congress*, September 1, 2020, p. 112.

U.S. Department of Defense, Military and Security Developments Involving the People's Republic of China, *Annual Report to Congress*, November 29, 2022, pp. 126-127.

Ullman, Harlan., 2022, "Why China will not Invade Taiwan," *The Hill*, https://thehill.com/opinion/international/3601841-why-china-will-not-invade-taiwan/

Yip, Hilton. 2022, "Taiwan Can't Rely on Daddy America to Solve Its Problems," *Foreign Policy*. Website at https://foreignpolicy.com/2022/08/17/taiwan-america-china-pelosi-visit-reliance/.

地緣政治與台灣半導體矽盾

邱志昌

（亞非區域發展暨治理學會首席經濟學家）

摘 要

本文為全球地緣政治與半導體產業發展研究。數位化革命、美中強權經濟與政治競逐，已成為全球焦點。2001 年台灣台積電公司成為美中競逐下的盾牌。2018 年 12 月 1 日，美國主動拘提、中國華為集團副董事長孟晚舟，開啟美中科技戰爭。2020 年 Fed 無限量 QE 貨幣政策，在 2021 年 3 月起釀成全球通膨；當年 11 月終於造成全球經濟史上最大泡沫。為平息通膨，2022 年 3 月 Fed 反向大幅調高利率，至 2023 年底未歇，2023 年底起全球經濟出現衰退風險。

「矽盾」指的是晶圓代工產業 7 奈米製程，主要有晶片與光學設備「曝光機」兩項技術。台灣台積電與荷蘭艾斯摩爾公司，是這兩項技術的翹楚。美國傾全力結合所有盟國，禁止這兩項技術流入中國。中國當然反撲、自我積極研究追趕。本文結論為：在地緣政治下，半導體晶片競速生產，違背廠商生產與銷售之比較利益最大化生產理論，不利於經濟效率。最後將導致供需失衡，美國與台灣的「矽盾」功能，將在數年後邊際效用遞減！

關鍵字：半導體、台積電、矽盾、地緣政治

壹、前言

「地緣政治」意指，如何以一國既有，與其它國家相對位置，及其天然國際地理位置獨特性，與相對各鄰國及全球各強權國家間，長或短期塑造之階段性的國際關係、戰略價值和商業利益。過去通常以地理位置為主要考量，但也夾帶與周邊國家歷史恩怨、血統民族特性及生產資源等。最終這些利害得失，多以綜合國力，落實在國力比較上。「政治地理學」最早可追溯到 1897 年，德國學者佛烈德利赫‧拉采爾所提「國家有機體論」。後瑞典學者魯道夫 ‧ 契倫繼續發展為「地緣政治學」，以「地理」詮釋「政治」現象，稱之為「地緣政治學」。

貳、美中經濟競逐是當前世界地緣政治核心！

一、美國認為：所有產業皆將朝「數位化」邁進，未來經濟生產要素從土地、人力、資金等，加上個人隱私資料、國家安全資料、人類生活習慣資料、進階通訊技術與高階晶片製造等。

二、中國走向「政治專制、國家資本、社會主義經濟」。2017 年是中國幾千年來最驕傲，也是美國決定要讓中國國力降速的「關鍵時刻」。

三、「北美自由貿易區」（North American Free Trade Agreement，以下簡稱 NAFTA），不敵「一帶一路」國際睦鄰經濟擴張效益。川普有序擱置「全球化」（Globalization），轉入「區域化」（Localization）、美國優先；鋪天蓋地、釜底抽薪，系統性反擊中國經濟侵略。

四、從日常生活產業到以通訊技術為主高科技，及數位化技術。美國結合夥伴，尤其是台灣、韓國與日本，從根全面封鎖中國科技發展，安排亞太經濟架構協定與「台灣旅行法」等是證明。

　　五、美國要從根本瓦解中國現在與未來經濟、政治、軍事武力發展潛力，並仿國家資本主義，制定晶片法案，高額補貼在美國生產高階晶片廠商。

　　經「文化大革命」經濟發展失敗後，中國共產黨在 1978 年 12 月 18 日，「十一屆三中全會」決議採「對內改革，對外開放」、「社會主義經濟改革」，以提供廉價生產要素，吸引國際資金進入，共同開發經濟。在歷經 1989 年「天安門事件」，及 1997 年「亞洲金融風暴」考驗，中國漸形成以生產製造為主的「世界工廠」。2001 年美國引領中國，進入世界貿易組織，中國與世界開發國家經貿、政治往來趨於緊密。受益中國「世界工廠」者有台灣、日本、韓國與歐盟、美國等。當時「地緣政治」效應透過「比較利益」互蒙其利，中國國力就在美國建立的自由貿易體系中苗壯。2012 年到 2018 年間，中國年 GDP 正式超越日本，成為全球第二大經濟體；2013 年 9 月習近平訪問哈薩克時，提出建立「絲綢之路經濟帶」，同年 10 月訪印尼倡議「海上絲綢之路」，兩者架構中國國際經濟合作「一帶一路」。2015 年 2 月 1 日，中共中央政治局常委會正式成立「一帶一路」工作小組，組長為副總理張高麗，副組長為王滬寧等人。2016 年「國際貨幣基金」（International Money Fund，以下簡稱 IMF）宣布次年將人民幣正式納入 IMF「特別提款權」（Special Drawing Right，以下簡稱 SDR）組成的五種核心貨幣之中。此後全球最主要貨幣依序：美元、歐元、人民幣、日圓、英鎊，中國經濟實力正式被認定進入世界前五大。經這些蛻變，中國「大國崛起」、「超英趕美」聲浪響徹雲霄。2018 年 2 月 25 日，中共中央委員會提出修憲案，內容有六點重要「寫入」，最重要第一點：廢除中華人民共和國主席與副主席不得超過兩屆規定；第三點寫入：中華民族偉大復興。前者觸動美國政治神經，至此美國終於理解：中國不可能透過市場經濟，走向政治民主化。

　　時美國總統川普，2017 年選後訪中國，回美不久與白宮幕僚商議：中國修憲通過後，美警覺另一個替代蘇聯的政治專制，再度崛起的強國 - 中國，已「兵臨城下」。2018 年 3 月 29 日，川普在白宮簽署「中國經濟侵略備忘錄」，炸開美國「修昔底德」心態。川普發動美中貿易戰，也中斷半世紀以來「全球化」貿易模式。美國改變全球化「起手勢」，就是對中國發動「關稅戰爭」，開啟美中「地緣政治」摩擦；美中經貿、政治、軍事關係由友好走向對立。2020 年 3 月後對立局勢轉為敵視，各國在美強烈要求下，至 2023 年底已到不得不選邊站地步。

　　美對全球政治經濟領導意識形態改變，迅速落實在經貿組織上。從世界貿易組織「回和談判」受阻，盛行雙邊或多邊「自由貿易協定」（Free Trade Agreement，以下簡稱 FTA），雖美中兩國在「亞洲經濟合作會議」（Asia-Pacific Economic Cooperation，以下簡稱 APEC）中，已具合作關係。但歐巴馬總統另起爐灶，先以「跨太平洋夥伴關係協議」（The Trans-Pacific Partnership，以下簡稱 TPP）為美與太平洋兩岸各國貿易往來之區域自由貿易組織。此一倡議呼應，希拉蕊 2013 年擔任美國務卿，與 2014 年習近平在北京會見歐巴馬，皆提「太平洋之大，可容納兩個大國」之承諾。

　　美政權易手於川普後，社會反中情勢高漲，川普在選戰中，即操作「反中訴求」；2017 年 11 月 8 日訪中國後，於 2018 年 3 月 22 日，簽署「中國經濟侵略備忘錄」。川普並根據美國「301 條款」調查結果，對中國採懲罰性貿易關稅。白宮認為，美國長期努力與中國「全面經濟對話」失敗，雙方無法取得共識；並認定從 2001 年中國加入世界貿易組織後，扭曲貿易市場機制，美中貿易逆差不斷惡化。美根據 1974 年通過的貿易法案判定，中國涉及侵犯美國智慧財產權，與強迫美企業技術移轉，因此簽署反制法令；再根據該備忘錄，進行各種該有報復行動，對中國輸入美國產品

單方課稅，開啟雙方對立的「潘朵拉盒子」。

在 2018 年 3 月 16 日，川普簽署一份在 2016 年由美國參眾兩院提出，2017 年 1 與 5 月獲得國會通過的「台灣旅行法」（Taiwan Travel Act）。根據該法，美政府允許所有層級美國官員，前往台灣與政府官員會面；並允許台灣官員進入美國，與美官員在國務院內閣機構活動。「台灣旅行法」摧毀美中關係最敏感「一個中國」原則；中共解放軍機反制，開始飛越台海中線。2019 年 3 月 31 日中共兩架軍機殲 11 戰鬥機飛越台海中線，這是自 2011 年睽違 8 年，共機首度飛越台海中線，飛入台灣西南防空識別區。之後軍機飛越台海中線，幾成每日常態；且隨美國參、眾兩議院成員訪台，情況越加頻繁。2022 年 2 月 24 日，俄羅斯以演習為名，從白俄羅斯揮軍進入烏克蘭，發動烏克蘭戰爭。2022 年 12 月 26 日，中共 71 架軍機出動，47 架次侵入台灣西南防空區域，創 1949 年兩岸分治以來最高紀錄，台海成為全球最危險區域。「烏克蘭戰爭」與「台海軍演」兩大地緣政治衝突，使美中軍事關係對立惡化。

參、「孟晚舟事件」，開啟美中科技戰爭！

美國認為對手強勁，中國極權專制已非貿易戰能奏效，再以「孟晚舟事件」開啟科技戰，更動手籌組亞洲排中自由貿易組織，聯合亞洲各國對抗中國。

由提攜、開放，到後悔、對立、敵對過程，近十多年以來由美國主導的國際變遷，可見證美中關係質變過程。2005 年 5 月 28 日，汶萊、智利、紐西蘭、新加坡四方協議，發起成立「跨太平洋戰略性經濟夥伴協定」（Trans-Pacific Strategic Economic Partnership Agreement，以下簡稱 TPSEP），其後美國、澳洲、馬來西亞與越南陸續加入。2011 年 11 月 4

日 APEC 高峰會後，美國重申要將整個太平洋地區，組成一個自由經濟貿易體，此即為「跨太平洋夥伴協定」（Trans-Pacific Partnership，以下簡稱 TPP）濫觴。但 2016 年美民主與共和黨兩黨總統候選人，多認為 TPP 不能為美國人創造就業機會，因它包含中國；2011 年 11 月該組織改名為：「跨太平洋夥伴全面進步協定」（Comprehensive and Progressive Agreement for Trans-Pacific Partnership，以下簡稱 CPTPP）。2017 年 1 月 23 日，川普簽署行政命令，宣布美國退出 TPP；而中國卻在 2021 年 9 月 16 日向紐西蘭遞出申請書，正式申請加入 CPTPP。

2021 年 11 月 15 日，美貿易部長吉挪・雷蒙多訪日，代表拜登向日本首相表示，美國不會重返 CPTPP。雷蒙多說，拜登想在其任內建立只有民主夥伴參與的「印太地區貿易體系」，規模要勝過 CPTPP。美在國際經貿組織發展上，排中意圖明顯，美不願意融入中國。川普在 2017 年 10 月宣布退出 CPTPP，而拜登總統於 2022 年 5 月 23 日再訪日本，宣告建立「印太經濟架構」（Indo-Pacific Economic Framework，以下簡稱 IPEF），以 IPEF 為美國亞洲盟邦，降低這些國家對中國市場依賴。美要以 IPEF 對抗以中國為主的「區域全面經濟夥伴協定」（Regional Comprehensive Economic Partnership，以下簡稱 RCEP）；美國要扶植印度，替代中國成為「世界工廠」。

至此，當初 1949 年二次大戰結束，由美國親手創立的「世界自由貿易組織」（World Trade Organization，以下簡稱 WTO）自由貿易精神，在 2017 年末無形瓦解；李嘉圖的「比較利益」自由貿易，轉變為國家競賽「經濟門羅主義」。外交、軍事與經貿往來，從比較利益轉向以防患對手補貼、傾銷、奪取高階技術；全球產業鏈「全球化」（Globalization）轉變為「區域化」（Localization）。2018 年 12 月 1 日，中國華為科技集團副總裁孟晚舟搭機飛美途中，在加拿大溫哥華機場過境，被加拿大司法人員以華為

曾協助伊朗建立通訊設施，違反美國國家安全禁令為由，在飛機上予以逮捕；限令居留，戴上電子手銬引渡美國。自此美中兩國從貿易關稅對立，升級為通訊科技、高階半導體製造技術戰爭。美開始對中國發出科技制裁令，且為發揮其最大影響力，積極立法規範，凡運用美國廠商與政府、現代化電子技術核心之國家，多需遵守美國命令，禁止銷售中國，2023 年 9 月禁令擴及到 AI 人工智慧晶片與技術，先後有美國蘋果（Apple）及輝達（Nvidia）公司受限。

根據日本記者太田東彥著作，卓惠娟譯「半導體地緣政治學」一書所言，美在 2020 年 5 月 15 日，川普總統啟動「決定性」作戰策略，凡使用美國設備，或軟體製造半導體，皆禁止供應相關產品給中國華為。全球最大半導體晶片製造商台灣台積電，開始受負面影響；華為旗下「海思半導體」公司，是為台積電中國主要客戶。「海思半導體」公司為華為集團晶片設計公司，2004 年 4 月成立，總部在深圳，是中國最大無晶圓廠晶片設計公司；主要生產無線通訊、手機系統晶片，晶片供應來源為台積電。就在 2020 年第一季，川普禁令出手之際，海思產品出貨量適巧正式超越美高通（Qualcomm），成為中國最大智慧型手機「處理器」（Central Processing Unit，以下簡稱 CPU）廠商。川普簽署該命令生效前，華為與海思未雨綢繆，在 2020 下半年與 2021 年，不斷下大訂單購買晶片囤積，造就當時台灣半導體供應鏈火紅的「轉單效應」；營收與利潤大幅成長，帶動公司股價大幅上揚。台積電 2023 年 1 月資本額 2,593 億新臺幣，1994 年 9 月 5 日上市，每股淨值 105.59 元／股。2001 年 1 月股價 108 元 / 股，2021 年 1 月 17 日躍升為 679 元／股。

肆、台積電成為地緣政治「矽盾」

一、2020 年美國 Fed 無限量 QE 貨幣政策，翌年釀成經濟史最大泡沫，加上地緣政治風險，2022 年全球陷入通膨，2023 年歐美經濟開始露出疲態。

二、「矽盾」一詞緣於 2001 年澳洲記者雷格・艾迪生（Craig Addison）。台灣面對中國、韓國緊鄰北韓，是全球產業地緣政治衝突熱點，需半導體技術保護。

三、2020 年 5 月 11 日，美正式強力要求台積電融入美國政治軍事保護傘。

2019 年底中國武漢爆發特殊肺炎傳染病，之後全球 COVID-19 疫情蔓延，美「聯邦準備理事會」（Federal Reserve System，以下簡稱 Fed）為預防疫情擊毀經濟，造成經濟金融重傷；在 2020 年 3 月 28 日，宣告執行零利率「無限量貨幣寬鬆政策」（Quantitative Easing，以下簡稱 QE）。全球金融市場資金橫溢，消費者購買需求旺盛，廠商利潤大增；多數企業積極擴廠，房產價格飛揚，股市交投熱絡。台灣股票集中市場單日成交量從 1,400 多億新臺幣，增加到 2021 年中，最大單日交金額 6,600 多億新臺幣。川普對中國輸出科技產品禁令，非但沒引起台股科技類股價下跌；還因中國搶晶片囤積，對台灣半導體供應鏈需求大增。資金效應與中國廠商為因應接踵而至的制裁，對台灣廠商囤積式下單，形成台灣半導體股價的「藤原效應」（Fujiwhara Effect）。

Fama-French「三因子模型」（Three factors model）假說提及，正常股價其市價淨值比合理範圍，隨獲利能力高低區分為：2 到 4 倍，乃至 4 到 6 倍，最高為 6 到 8 倍；台積電當時市價淨值比偏高。Fed 無限量 QE 不僅造成全球股市、房地產價格泡沫化，也使企業瘋狂擴廠情緒增高。因 QE

造成低利率成本，企業將災難中 COVID-19 疫情持續地消費增溫，Fed 的無限量 QE 不敢鬆手，放手擴廠釀造「非理性繁榮」視為理所當然。廠商認定這是長期成長現象，因此不斷擴增產能，下游廠商也因產品價格預期持續上揚，堆積囤貨、重複下單，不到一年即引發通貨膨脹。自 2021 年 3 月起，美 CPI 與 PCE 物價年增率指數開始攀升，超越 Fed 所設 2% 年增率目標；之後每個月不斷上揚，直到 2022 年的 7 月，CPI 指數年增率才從 8.9% 往下降。Fed 原認為這只是 QE 刺激經濟成長副作用，是短期現象；直到 2021 年底，警覺到通膨確實到來，開始對所有經濟活動者提出警告，2022 年 3 月終於反手，以連續緊縮貨幣升息政策壓抑。

　　Fed 在 2022 一年，以四次加息三碼，一次加息兩碼方式，欲遏止通貨膨脹。然而屋漏偏逢連夜雨，就在 Fed 想動手執行緊縮政策前，2022 年 2 月 24 日俄羅斯軍隊從白俄羅斯揮軍進入烏克蘭，要求烏克蘭從親歐盟與「北大西洋公約組織」返回俄羅斯共和國陣營。這場戰爭引發歐洲能源與糧食危機，Fed 緊縮意圖更強。而當 FOMC 利率水準由 0% 到 0.25% 升高到 2023 年 10 月的 5.5% 至 5.75% 之間，景氣循環由 2022 年 3 月降溫，全球景氣衰退；美「採購經理人指數」（Institute of Supply Management Manufacturing Index，以下簡稱 ISM），與其它國家「製造業採購經理人指數」（Purchase Manager Index，以下簡稱 PMI），皆由 50% 以上之擴張，收縮至 50% 以下。

　　2022 年底起，全球 3C 產品與低階半導體皆出現庫存，與客戶取消訂單，或減少下單。各國消費者支出受高通膨影響，購買力遞減；2023 年起歐洲與美國經濟浮現長期衰退風險。2020 年 Fed 無限量 QE 政策，種下經濟泡沫化種子，而半導體廠商在美白宮要求下，被要求納入美國家安全網中擴廠，加上中國也傾全力發展。未來將出現生產過剩、供過於求、價格下降，不利於長期營利；屆時半導體地緣政治矽盾，保護力道將邊際效益

遞減。

　　在川普宣告禁令前，台灣自由時報在 2020 年 5 月 11 日，引述「華爾街日報」報稱，美國政府將要求台積電到美國設廠。當時被該公司否認：評估中，尚未具體計畫。該報還引用「華爾街日報」報導：台積電經營效率舉世無雙，需「就近支援」美國科技廠商；但台灣電子業者議論，台積電所需工程師皆要吃苦耐勞，美工程師怎可能「隨時待命」（On Call）？顯見美對中在 2020 年 3 月 COVID-19 疫情，中國疫情輸出後，更篤定未來美高科技產業，需與中國全面脫勾，且嚴禁技術轉移。至此美國為抵禦中國經濟侵略，繼續對中國進行科技禁令制裁；美對中國之敵視也顧慮到，全球最重要科技產品，製造地就在台灣與韓國、日本；這三國多是緊鄰中國與北韓，在「地緣政治」上有軍事衝突高風險。前者台海風雲，後兩者北緯 38 度線，隨時有軍事衝突，會引發供應鏈斷裂；美決定將三國之半導體晶片製造，以國家補貼引航到美國本土。

　　根據台灣自由時報報導，2019 年 11 月時，英國金融郵報就曾報導，早在 2018 年美發動對中貿易戰爭時就以安全為由，初次要求台灣政府將台積電與台灣半導體設備供應鏈、攸關國防安全的 7 奈米以上製程，移轉到美國生產。台灣半導體產業、半導體設備、製造、封裝與測試等供應鏈，早已成美中科技戰爭主角。台灣半導體供應鏈，就在 2020 年 5 月 22 日，成為美中角力、自由與國家資本主義「地緣政治」攻防的「矽盾」。

　　「矽盾」（Silicon Shield）一詞在 2001 年，首度被澳洲記者雷格・艾迪生（Craig Addison）引用。「矽盾：台灣抵抗中國攻擊的保障」一書中提及，若中國正式動手以武力解決台灣問題，這將會切斷全球最重要半導體供應鏈，全球資訊產業會受重創，後果會使美與歐洲國家出兵干預。雷格・艾迪生以 1990 年 8 月 2 日伊拉克入侵科威特，說明半導體的戰略重要性與石油不相上下；尤其數位化時代中，晶片產業更具價值。台積電

董事長劉德音說：全球各國在目前經濟發展、產業升級、價值提升、科技進化中，多需有不斷進階半導體晶片，全球開發國家絕不容許台海發生戰爭。半導體晶片在現代經濟發展的重要性，宛如石油能源；且在數位化革命地位更超越原油，是當前核心戰略物資。以 2020 年全球半導體晶片市占率比較，台積電產量占 60%，為全球最大晶片代工製造廠；第二名為韓國三星電子，市占率 13%。

　　中國已是全球第二大經濟體，有龐大吸引國際企業之消費人口。在台灣「統獨政黨政治」「鐘擺效應」中，2016 至 2024 年主張「台灣意識」的民進黨，獲取執政權。2015 年 10 月台灣總統大選之際，日本眾議院議員說：蔡英文當選後，兩岸關係不會「天搖地動」。但實際上，後來兩岸關係因沒有政治共識，關係降到冰點。而北韓也常為政治目的進行飛彈試射，將韓國與日本捲入「地緣政治」風險中。

　　矽盾根本觀念起源於「石油危機」，1973 年以色列在猶太人贖罪日，對阿拉伯國家發動第四次戰爭；「石油輸出國組織」（以下簡稱 OPEC）領袖沙烏地阿拉伯，在 1973 年 10 月宣布對支持以色列的加拿大、英國、美國與日本、荷蘭等國執行石油禁運。此次戰爭中所祭出的能源禁運，是二次大戰後，阿拉伯國家聯合對以色列、歐洲與美國的「戰略與能源物資」制裁。後來此一制裁擴及葡萄牙與南非等國；原本禁令長達一年，在 1974 年 3 月結束。這一段期間，原油價格由每桶 3 美元，上揚到 12 美元／桶，對全球產業經濟造成負面影響。這種以石油為武器，迫使歐美此後對中東政策更謹慎。此後，全球經濟金融市場若受政治情勢影響，多用「地緣政治風險」一詞概括陳述。

　　想像若中國與北韓對台灣與韓國進行武力攻擊，則全球 3C 生活步調大亂，且將中斷產業「數位化」發展，尤其當今眾所矚目的電動車產業。根據「半導體地緣政治學」一書所述，2021 年 4 月 9 日，美國總統拜登在

白宮召集「半導體執行長高峰會議」，邀集 12 家半導體買方與 7 家半導體製造廠共商對策。拜登所邀集汽車製造商有福特、通用，及前身是克萊斯勒的泰蘭蒂斯等；而半導體廠商中，境外廠商有台積電與三星。

　　台積電的「美國存託憑證」（American Deposited Receipt，簡稱 ADR）是美股費城半導體指數中的一檔成分股，「費城半導體股價指數」（Philadelphia Semiconductor Index）指數成分股 30 檔全球半導體科技公司，如柯林（Lam Research）、賽靈思（Xilinx）、德州儀器（TI）、歐洲意法半導體（ST Micro Electronics）、美光（Micron）、英飛凌（Infinenon）、超微（AMD）、台積電 ADR、應材（Applied Material）、Maxim、博通（Broadcom）、國家半導體（National Semiconductor）、英特爾（Intel）、艾斯摩爾控股公司（ASML Holding N.V）、格羅方德（Global Foundries）等多是組成股。30 檔成分股中，以 2023 年 2 月 3 日的收盤價檢視，股價最低者為英特爾 30.32 美元／股；股價最高者為艾斯摩爾 679.62 美元／股。顯見半導體產業競賽中，放棄晶圓代工的英特爾，其股價受負面影響；而幾乎已獨霸全球「曝光機」（Mask Aligner），精密光學設備生產廠荷蘭艾斯摩爾公司股價最高。費城半導體指數權重最高者為博通，約為 9.5%；台積電 ADR 占權重 4.5%。

伍、「矽盾」核心是晶片 7 奈米以上高階製程

　　一、「矽盾」：7 奈米是晶片產業高階製程里程碑，為產品數位化必要技術。其關鍵技術在高階「曝光機」，荷蘭飛利浦集團艾斯摩爾公司（Advanced Semiconductor Material Lithography，以下簡稱 AMSL）全球市占率 80% 廠商，配合美國禁令，是這場科技戰爭之關鍵。2023 年經多次穿梭外交，荷蘭政府同意，停售高階曝光機給中國。

　　二、中國想以第三代半導體製程，突破美「矽盾」圍堵。在美、中、歐全球各國傾全國財力發展半導體下，長期以往該產業會有生產過剩之虞。

　　未來「物聯網」（以下簡稱 IoT，Internet of Things）產業，是以運算裝置、數位機器與機械連結，將分散的資料拉在一起，整合物與物的數位資訊。在此發展下，產業實體面運用，將改變人群與社會連結；無論 AI 人工智慧、邊緣運算（Edge Computing）、汽車互聯網、第五代通訊，皆需運算處理速度更快速、長時間、低耗能的處理器。為此全球晶片產業，2019 年半導體發展路徑圖，已提升到 7 奈米以上為主要技術。目前全球三大晶片製造商中，以美國英特爾技術發展殿後，它還卡在 10 奈米技術與良率提升瓶頸；這也是 2018 年，全球「中央處理器」（Central Processing Unit，以下簡稱 CPU）大缺貨原因。

　　除英特爾還陷入 10 奈米瓶頸，而美羅德方格也無限期延長 7 奈米製程；韓國三星因「極紫外曝光機」（Extreme Ultraviolet Lithography，以下簡稱 EUV 或 EUVL）頻出狀況，只有台灣台積電與艾斯摩爾合作順利，產品良率最穩定。美為防範中國廠商取得這項技術，聯合日本「威力科創公司」（Tokyo Electron Ltd.）及荷蘭「艾斯摩爾公司」組成「三國晶片抗中聯盟」，成為美國地緣政治下再一個「矽盾」。2022 年 12 月 15 日，美商務部將中國 36 家晶片製造商列入「實體清單」（Entity List），其中包含蘋果智慧型手機內裝中國「長江儲存」（Yangtze Memory Technology Corp，以下簡稱 YMTC）公司晶片，這些晶片皆與中國軍方彈道飛彈製造有關。「實體清單」是美國商務部工業安全局所編列的貿易黑名單。被列入名單者，大多為美國境外的個人、企業體或政府，它們需向商務部申請許可，才能夠購買美廠專利與技術。1997 年起，美商務部首次使用該項規範，為美國維護國家安全、外交與經濟武器。

　　無論是電動車、互聯網，及人工智慧 AI，乃至所有數位化產業，7 奈米以上製程皆是重要技術基礎。美國政府在 2020 年後重新回頭，檢視自己高科技技術產業，發現半導體晶片製造不能讓亞洲這三國，日本、韓國與台灣，處在地緣政治風險中。美以一連串強勢「株連式」國家級法案，強化與主導這最重要技術。隨後以補貼誘因及溯源法案，2021 年介入主導，欲將半導體晶片、IC 產業的供應鏈，從全球分工重新回到美國，建構最多的半導體廠。2021 年「美國晶片法案」，啟動英特爾、三星與台積電在先進製程競爭白熱化；電動車產業發展也帶動「化合物半導體」發展研究。電動車晶片以自動駕駛功能為目標，需先進的半導體晶片配合；台積電具備 7 奈米、3 奈米，乃至 2 奈米的製程。

　　光檢視美國單一方面戰略，是無法透視美中兩強，在半導體地緣政治鬥爭的可能輸贏；需再從中國半導體產業發展評估。中國在此壓力下如何扭轉局面？這是雙方賽局輸贏關鍵。據台灣財訊傳媒與韓國中央日報報導，中國 IC 設計技術也正提升中，如生產「互補式金屬氧化物半導體」（Complementary Metal-Oxide-Semiconductor，以下簡稱 CMOS）的中國韋爾半導體公司，在 2021 年首次入列第一季全球 IC 設計營收前十大，是中國 1,600 多家之翹楚。北京政府以 10 兆人民幣資金，配合人才戰術，想以彎道超車，突破美、韓、台、日聯手圍堵其數位化經濟發展；中國也很清楚知道，它必須迅速殺出重圍，否則其數位化經濟發展將停滯。

陸、結論：半導體晶片競速生產，將導致供需失衡，「矽盾」功能邊際遞減！

　　經濟發展最高原則為「比較利益」，是全球化最重要支柱；所有經濟體活動最佳行為準則是，廠商在有限生產成本之下，追求利潤最大；投資

者在有限投資成本下，追求獲利最大。若這些經濟運行機能被地緣政治扭曲，終將肇始全球出現貿易經濟衰退。

在美全面封殺中國半導體產業下，中國危機意識覺醒，中國也以幾兆人民幣傾全力發展此一產業；但並非美國禁令多適用各國，且也並非多為各歐美先進半導體相關廠商所願。經濟學廠商行為準則是，以最低成本，追求最大利潤；美國發展半導體產業之激勵，將刺激該產業大量擴產；尤其是政治與軍事上需要被保護的亞洲國家，在美政府及國會不斷對這些國家施加政治壓力與補貼利誘同時，台灣的台積電與韓國的三星，政府多有「黃金股權」；就美國政府而言，以地緣政治風險發動「矽盾」赴美國擴廠，但這不吻合廠商利潤最大化原則。

台積電創辦人張忠謀說，台積電在美生產成本高過台灣 50%，這將造成資源扭曲，而此舉也刺激中國全力擴大半導體投資規模。最後將形成全球半導體供應鏈，供給超過需求；各國將經濟問題政治化，當 Localization 效應達最大，供給過剩情勢將顯現出來。美為贏得持續全球科技、產業與經濟領導地位，以半導體為武器對抗中國，其結果可能變相將全球半導體產業推向生產過剩漩渦。而台灣也不能任由半導體產業獨大，釀出「荷蘭病」（Dutch disease），產業發展失衡。

2022 年 12 月 16 日，台積電已在美亞利桑納州設高階製程，也已在日本熊本動土；未來將再赴德國薩克森矽谷。美政府對台灣半導體產業由稱讚、呵護，到要求赴該國設廠；美軍將領常強調，台灣需添加採購軍備，才足以防禦解放軍挑釁。這些動輒數十億美元增添軍備採購，會使台灣成為火藥庫，也使有限資源無法為產業發展所用。當前歐美亞洲各國倡言，台海武力衝突是全球地緣政治衝突熱點。國際傳媒常引用專家觀點預言，中國將在 2024 到 2027 年間揮軍台灣。

繼 2023 年 10 月 7 日哈瑪斯突襲以色列後，俄羅斯與中國聯手對歐美

的對立再升高，2024 年 1 月 13 日台灣將舉行總統與國會選舉，又得面對中國各項威嚇。而 2024 年 11 月美國會議員與總統選舉更是全球政治焦點。美在 2023 年中連續以行政命令，禁止各國 AI 半導體晶片銷售中國；更禁止半導體高階生產設備出售給中國。2021 年起，美國不時勒令華裔美籍科學家迅速離開含有中資之美國半導體廠商。美商務部與白宮、國務院的中國政策，與參眾議院的同類決議，及美國社會反中氛圍，對全球高科技發展影響深刻。

2022 年台海武力衝突尚未發生，台積電與台灣股市 ETF 之市場價值，已被「矽盾」左右。2022 年初之後，台股加權股價指數在歐美殷殷關切中，並未給台股更強信心，反而節節敗退至需要國安基金進場護盤。歐美刻意在台灣半導體如日當中之際，高舉對台灣的保護傘，將台積電捲入地緣政治風險中。本文認為，若經濟生產、銷售與消費行為，不依市場供需機能；而國際貿易也不按「比較利益原則」，完全以政治競逐為依歸，則全球經濟將隨政治指揮棒舞動，不利全球經濟、科技與未來文明發展。

2023 年第三季，台積電日本熊本廠順利建廠完成，開始從事晶片製造生產，將就地供應日本 SONY 等電子業。而美國亞歷桑納州建廠，尚與當地工會團體溝通協調，進度落後；2023 年 12 月，董事長劉德音宣布，將於 2024 年退休，傳聞肇因於美國建廠不順。

參考文獻

中文文獻

沈宗瑞、高少凡、許湘濤、陳淑鈴譯，David, Held, Anthony McGrew, David Goldblatt, Jonathan Perraton，《全球化的趨勢與衝擊》，台北：韋伯。

卓慧娟譯，太田泰彥著，2022，《半導體地緣經濟學》，台北：野人。

邱志昌，2022，〈【邱志昌專欄】美中半導體纏鬥「方興未艾」、美出重手、雙方陷入「囚犯困境」！！！！〉，https://news.cnyes.com/news/id/5020281，查閱時間：2022 年 11 月 28 日。

邱志昌，2022，〈【邱志昌專欄】從黑田東彥完結全球低利率為鏡、想台灣企業對「反全球化」布局模式！〉，https://news.cnyes.com/news/id/4919593，查閱日期：2022 年 12 月 28 日。

邱志昌，2022，〈【邱志昌專欄】習近平再極權無人敢攖其鋒？台積為美對中代理戰壯烈成仁？〉，https://news.cnyes.com/news/id/4991944，查閱時間：2022 年 10 月 30 日。

張建中，2021，〈劉德音：世界都需要台灣高科技支持 不希望有戰爭〉，https://www.cna.com.tw/news/firstnews/202105030023.aspx，查閱時間：2023 年 10 月 27 日。

新華社，2023，〈中華人民共和國已與 145 個國家、32 個國際組織簽署 200 多份共建一帶一路合作文件〉，https://www.gov.cn/xinwen/2021-12/16/content_5661337.htm，查閱時間：2021 年 12 月 17 日。

維基百科，2023，〈矽盾〉，https://zh.wikipedia.org/zh-tw/%E7%9F%BD%E7%9B%BE，查閱時間：2023 年 10 月 27 日。

維基百科，2023，〈荷蘭病〉，https://zh.wikipedia.org/zh-tw/%E8%8D%B7%E5%85%B0%E7%97%85，查閱時間：2023 年 10 月 27 日。

英文文獻

Fama, Eugene F.; French, Kenneth R. The Cross-Section of Expected Stock Return. Journal of Finance. 1992, 47 (2): 427-465.

Griffin, John M. Are the Fama and French Factors Global or Country Specific? The Review of Financial Studies. 2002, 15 (3): 783-803.

The Dutch Disease (November 26, 1977). *The Economist*, pp. 82-83.

The Principle of Comparative and Absolute Advantage theories. Virtual Zambia. 2009/03/03.

地緣政治與南海變局

美中戰略競爭下的南海地緣政治變遷

劉復國

（政治大學國際關係研究中心兼任研究員）

摘　要

自從菲律賓對中國提出的南海問題國際仲裁案裁決確定後，中國表示不接受、不承認，持續運用其國際政治實力否定仲裁裁決，並升高其在南海的海上執法行動，以強化主權所有的立場，形成國際法與現實國際政治的難題。美軍多次在南海執行航行自由行動挑戰中國在南海的主權過度聲索，甚至公開評論、並間接介入中國與東協協商中的南海行為準則談判。對於中國不符合當代國際法的主權聲索行動，以及對鄰國所採取的強勢威懾行為，美國重申挑戰中國的政策立場。

南海的主權爭端問題也由聲索國間的爭奪逐漸擴大成大國之間的競逐核心議題。隨著中美互動戰略競爭激化，美國對中國的軍事、外交與法律戰更加激烈與公開化。此外，美國繼續擴大南海仲裁案裁決的效應，同時也鼓勵東南亞國家公開支持仲裁裁決結果，透過不同途徑挑戰中國在南海的法律地位。中國則堅定透過各種途徑鞏固南海的據點，美中不同層次的競爭，促使南海地緣政治產生重大變遷，牽動著區域安全的穩定性。

關鍵字：地緣政治、南海仲裁、航行自由、南海行為準則、印太戰略

　　自從 2010 年美國時任國務卿希拉蕊（Hillary Clinton）在越南參加東協區域論壇（ASEAN Regional Forum）時，公開宣稱南海航行自由是關乎美國國家利益，自此，雖然美國不對南海聲索國主權主張採取任何立場，但美國政策上正式介入南海，改變長年來不介入南海爭端的政策（Clinton 2010），[1] 也自此讓南海的情勢正式提升為中美大國競爭的核心議題。之後，不管是菲律賓對中國提出的南海問題國際仲裁案，或是美軍多次在南海執行航行自由行動挑戰中國在南海的主權過度聲索，甚至公開評論並間接介入中國與東協協商中的南海行為準則談判。在在顯示美國在面對中國快速崛起成為挑戰美國世界領導地位的強國時，對於認定中國不符合當代國際法的主權聲索行動，以及對鄰國所採取的強勢威懾行為，美國就會重申挑戰中國的立場。南海的主權爭端問題也由聲索國間的爭奪逐漸擴大成大國之間的競逐核心議題。

　　在美國歐巴馬總統（Barack Obama）時期，為了面對中國日益強勁的挑戰，美國政府形塑出亞太再平衡戰略，南海即成為其扼制中國擴張地緣戰略的核心焦點。期間，中美之間軍事與外交上的直接較量，或者藉由東協聲索國與中國的糾紛，自此，美國間接介入協助其挑戰中國已成為南海問題中的「新常態」。從 2013 年協助菲律賓透過法律途徑挑戰中國在南海的主權聲索過程中，南海的紛爭中又增加了「法律戰」，在中美進入全面競爭的時期，法律戰儼然成為美國借力使力支持南海聲索國挑戰中國聲索的外交運作。

　　中國在面對南海仲裁案時，從 2014 年起展開大規模填海造陸建島工程，在面對當前國際法以及國際政治對南海主權聲索上的不利情境下，轉

1　"The United States, like every nation, has a national interest in freedom of navigation, open access to Asia's maritime commons, and respect for international law in the South China Sea. We share these interests not only with ASEAN members or ASEAN Regional Forum participants, but with other maritime nations and the broader international community."

變成鞏固戰略據點的思維，將原占據的七個岩礁、低潮高地（永暑礁、渚碧礁、華陽礁、東門礁、南薰礁、赤瓜礁、美濟礁）擴大成具有戰略性意義的人工島礁（每日頭條 2018）。自 2017 年中國在南海完成建島工程後，中國逐漸在軍事化人工島礁的建構中，南海情勢翻轉，中國掌握重要的戰略據點。鑑於 2016 年南海仲裁案的過程與結果不利於中國，北京方面採取不參與、不接受、不承認、不執行的態度回應仲裁案，政策上，甚至公開指出「仲裁的結果就如一張廢紙」（戴秉國 2016）。果然，菲律賓在中國強勢的外交與軍事壓力下，完全無法看到履行仲裁案裁決結果的事實，此時印證了國際政治上強權的實力可以影響國際法的執行。也因為現實的國際政治反映出國際法的無奈，自 2016 年以來，美國聯合西方盟友不斷呼籲中國應該遵守國際法規則，強調以規則為基礎的國際秩序（rules-based international order）不容受到挑戰。美國試圖運用各種國際壓力、軍事與法律途徑，要求北京遵守國際法，確實履行南海仲裁案的裁決結果。

中美升高戰略競爭態勢後，南海更成為雙方爭奪戰略利益的核心區域。本文試圖從南海仲裁案之後中美在南海的全方位攻防，深入分析地緣政治的變化，加劇中美在南海的爭奪，已使南海的緊張情勢升高，以及對區域的影響與各國政策的調整。為理解整體地緣政治變遷，將分從印太區域、南海形勢、中美的互動三個層面深入分析。

壹、南海仲裁案後的南海新情勢

南海問題仲裁庭於 2016 年 7 月 12 日公布裁決結果，其中依據菲律賓所提三大仲裁議題範圍：第一，中國在南海九段線內所主張的「歷史性權利」超出《聯合國海洋法公約》規定的權利範圍，與該公約不符；第二，中國依據南海若干岩礁、低潮高地和水下地物（submerged features）所主

張的領海、專屬經濟區、大陸礁層等海洋權利違反《聯合國海洋法公約》；第三，中國在南海行使權利的行為非法干涉菲律賓基於《聯合國海洋法公約》所享有的各項權利和自由。仲裁庭依據 1982 年聯合國海洋法公約均裁決中國的主張以及在南海所採取的行動不符合公約規範，不具有合法性。依據國際法規範，國際仲裁後將由相關當事方依據裁決進行外交談判，設定雙方的具體執行方式與做法。然而，由於中國從頭到尾並未同意加入仲裁，也不接受、不承認最後裁決，當然也表態不執行。中國政府在仲裁案裁決公布之前，為預先防範菲律賓以及相關國家可能立即採取侵犯主權行動，遂以強大的軍事力量部署備戰狀態和拉高外交影響力，公開警示未經中國政府同意而變更南海情勢，將是直接挑戰中國。

當時菲律賓總統杜特蒂（Rodrigo Duterte）才剛就任，其政策導向一改其前任親美仇中做法，而傾向務實的親和中國路線，他明白宣示中菲全面性的關係中，南海問題僅是其中一部分，不應受南海問題影響到雙方廣泛的關係。自 2012 年起，菲律賓在南海的政策立場成為決定南海風波的關鍵性因素，尤其在小艾奎諾（Benigno S. Aquino III）總統時期，堅決反應民意而直接挑戰中國在南海的擴張經營做法，雖然在其國內贏得民意支持，但是中菲關係跌入谷底，雙方關係持續緊繃。向中國提出國際仲裁的要求時，更是拉高中菲對立的起點。當時的南海形勢基本上圍繞在中菲對抗的緊張節奏中，也衝擊到中國與東協的關係。

在美國歐巴馬總統任內（2009-2017），亞太再平衡戰略中呈現出積極拉攏東協國家，並將菲律賓和越南置於南海問題中對抗中國的前線角色。美國不僅積極介入南海仲裁案，美國律師團更是在幕後下指導棋，從而確立對中國在南海問題上進行法律戰的主調；並拉高外交與軍事對峙的做法，這些都明顯反應出亞太再平衡戰略的重要部署。為強化對中國的戰略壓抑，美國積極與菲律賓和東協國家聯合在南海進行軍事演習，且透過在南

海進行航行自由行動（Freedom of Navigation Operations, FONOPs），直接挑戰中國在南海所占有島礁主權過度聲索的合法性。[2] 同時，並以履行國際法義務為本，拉高向中國進行法律戰的態勢。在法律戰的進行下，儼然中國成為不遵守國際法義務，破壞國際秩序的國家。

受到南海仲裁案啟動後的形勢大變影響，中國也在仲裁案進行期間於2014年起，感受到在南沙群島一帶嚴重欠缺戰略據點的遺憾，同時也因適用 UNCLOS 規範將導致喪失對若干島礁的主張權利，決定對南海諸島礁進行大規模填海造陸工程，希望將其建造成大型人工島礁，加強部署戰略據點，以企能夠扭轉在南海競爭主權權利上的不利態勢。例如：位在菲律賓專屬經濟區內的美濟礁，原是所謂的低潮高地，如果遵守國際仲裁裁決，則中國將無法具有擁有美濟礁的合法權利。出乎世人的意料之外，在2017-2018年間，中國基本上完成了建島工程，之後更增強其軍事化建設，七大島礁中的三個：永暑礁、渚碧礁、美濟礁，不僅建造出遠大於太平島的面積，而且也有全功能的機場跑道和海港設施，成為兼具各項軍事功能與運補物資的南沙戰略據點。之後，在七個人工島礁建設完成後，中國搭配著解放軍海軍、海警部隊和海上民兵組織，擴大在南海九段線內進行執法、監控保護主權權利，這期間屢屢爆發出中越、中馬、中印尼、和中菲之間的海事糾紛與外交抗議事件。

實際上，中國一方面鞏固其南海的掌控實力，另方面加強各種維權的努力，也就是近年來深受周邊國家注意的灰色地帶戰略的運用。中國政府為了提升在南海島礁與海域維權的力度，派遣漁船、海上民兵與中國海警船隻，透過強力維權的做法，阻斷周邊國家在南海範圍內進行探勘能源和

2　自1979年以來，美國政府每年均針對其認為不符合《聯合國海洋法公約》的國家之海洋權利過度主張與國內立法，進而影響到航行自由的國家實踐進行挑戰。派遣軍艦具體挑戰相關國家，每年並定期公佈美軍進行航行自由的案例，凸顯相關國家不符合國際法的主張；美軍挑戰的主要項目有：群島水域內水化、過度直線基線與過度群島基線使用等問題。

漁捕活動，因為在實境中周邊各國直接採納仲裁裁決的結果而侵犯中國主權主張，將會造成既定事實；中國加強維權可間接否定掉南海仲裁案所裁決對中國不利的國際法律意義。應對中國的灰色地帶戰略，已經成為美國為首的盟友集團國家聚焦的海事安全重點，也是對應中國的重大挑戰。

此外，中國為了面對仲裁後國際輿論的不利情勢，也為緩和美國的外交壓力，中國轉而積極推進與東協國家間的南海行為準則（Code of Conduct in the South China Sea）磋商進度。在策略上，只要中國與東協國家開啟南海行為準則磋商，便向域外國家展現南海問題可由區域內國家自行磋商尋求解答，同時兼有排拒域外國家介入南海的政治態勢。原先中國政府於 2018 年由李克強總理宣示將在三年內完成外交磋商，談妥南海行為準則的三讀程序；但不巧遇上新冠肺炎疫情蔓延，使定期外交磋商停滯，無法限期內完成。2022 年柬埔寨總理洪森擔任東協輪值主席時，曾經信誓旦旦要推進南海行為準則磋商進度，向前大步推進，雖然分別在柬埔寨暹粒和金邊重新啟動面對面的磋商會議機制，但整體過程重新啟動後，仍有待持續協商具體內容（Sokhavuth 2022）。2023 年印尼接手輪值主席國後，也將南海行為準則列為重點的年度議程，中國新任外長秦剛於 2023 年 2 月訪問印尼與其外長馬蘇迪（Retno Marsudi）確認積極合作推進 COC 磋商進程，會談之後，中國與東協已於 3 月 8-10 日在雅加達繼續磋商進程（Purba 2023）。馬蘇迪表示印尼和東協都希望見到有效的、實質的，和可操作的 COC，顯見印尼自從 2022 年擔任 G20 輪值主席國所提升的全球外交大戲上，也賦予印尼重大任務，自然期望在 2023 年能夠就 COC 磋商有所進展。2023 年 7 月間的東協外長會議上宣告 COC 談判達成具體進展：單一文本二讀通過、採納促進早日完成 COC 的指導原則。

不過，疫情發生前，中美之間的戰略競爭升級，國際情勢已然大幅變化，地緣政治因素使得原先區域環境產生新變化，再經歷疫情延誤與政治

性拖延，東協國家對於南海行為準則的期待似乎略不如前，也多聞相關國家並不急著一定要朝原先設定的步驟快速推進，中國與東協檯面上的政治人物雖皆充分表達相互合作向前推進的高度意願，但實際上雙邊外交磋商是否針對重大權益問題能夠迅速找到妥協點？恐怕是接下來的真正挑戰。

貳、美國印太戰略下的南海與中國的政策回應

當前南海的情勢受到中美戰略競爭影響更加直接與深遠，美國拜登總統上任後積極強化印太戰略格局挑戰中國的勢力擴張。拜登的做法是加強鞏固區域內的盟友關係，換言之，鞏固抗中聯盟。南海局勢受到中美關係互動的變化而影響，也受到中美不同政策的運用而有所變動，再加上，東協國家中對於中美的政策抱持不同與模糊的立場，個別國家的國家利益有所不同，也使南海的未來情勢難以預料。

在拜登政府 2022 年頒布的印太戰略中，特別標示美國將會與盟友一同確保整個印太地區的海域和空域，各國都能依據國際法權利應該享受航行自由和航空自由，同時並特別強調會在海洋範疇內支持以規則為基礎的途徑，包括在南海和東海（The White House 2022）。由於受到中國拒絕南海仲裁案裁決的影響，美國憂慮其負面效應恐衝擊國際法制在國際社會中的適用度，故而在印太戰略中明白標示南海當前的挑戰，並將其盟友完全納入戰略架構中，一起維護現存的國際法制和國際秩序。南海本身的地理關鍵位置以及戰略重要性不容忽視，早已是中美大國競爭的焦點之一，然更因中國的挑戰仲裁案和可能因而改變國際社會遊戲規則的衝擊，美國印太戰略也將南海標定為戰略核心。

從美國界定印太戰略的本質說法上便能清楚理解，印太戰略的目的就是要號召起印太區域所有相關國家界定國際秩序的本質，而美國全球的夥

伴和盟友都在印太地區有著極深的利益相關性。分析美國印太戰略針對美中競爭部分，南海成為抗中的縮影，美國不容許中國在南海違反既有的國際規範和秩序，進而改變遊戲規則，創造新規範。主要是因為牽涉到更廣泛、更重大的戰略利益，南海正是若干戰略利益的匯集處：第一、南海遏制海洋航線攸關的生命線，區域內重要經濟體均仰賴穿越南海的海線交通；第二、美中競爭格局下，美國在區域內的盟友首當其衝，因此，美國必須要極力拉攏並協助其抗中，展現其仍具有領導的氣勢，以及對盟友的支撐力度（Pompeo 2020）；第三、中國正透過建造人工島礁，以及將其軍事化的建設，充分鞏固其在南海的戰略據點，未來極有可能壟斷南海的戰略利益，衝擊美國及其盟友重大利益；第四、為鞏固其戰略利益，中國加大運用灰色地帶戰略，充分掌握南海的主控權，排拒其他聲索國在南海九段線內海域活動，美國憂慮其優勢地位已經逐漸流失。

美國用航行自由行動挑戰，抗議中國在南海的擴張以及不合法的權利聲索，並期望將南海抗中的作法擴散成為印太區域內所有美國盟友的一致認知，從而強化印太戰略存在的認知面；並且要確保南海海域的航行自由，不會受到中國壟斷。此外，聯合其他區域盟友進行聯合軍演，向中國傳達強烈抗議。美國總統拜登推出印太戰略，將原先四方安全對話機制（Quadrilateral Security Dialogue, QSD 或 QUAD）建制化，透過定期的部長諮商和高峰會會談，強化相互合作機制的建構，形成對中國的戰略壓力。同時，美國更結合澳洲與英國形成美英澳三國安全機制（AUKUS），協助澳洲建設核動力潛艦，不僅拉高戰略防禦的條件，也充分準備一旦南海或台海有事，澳洲可以就近立即出動軍力。此外，美國深化與盟國聯手參與南海的軍事演習，有定期性雙邊和多邊聯合軍演，例如：美國與印尼軍方合作的年度性「超級嘉魯達之盾」（Super Garuda Shield）聯合軍演，在 2022 年另邀集其他 12 個國家派出總兵力 5,000 名，作為對維護自由開

放印太地區決心的展現（*Antara News 2022*）。此外，美國與菲律賓年度性的「肩並肩」（Balikatan）聯合軍演，預計規模擴大到有史以來的 16,000 名軍人參與（*Philippine Daily Inquirer* 2023；彭馨儀 2023）。且如果外交協商順利完成軍隊准入協議，2023 年舉行肩並肩軍演時，日本和澳洲或許會一起參加壯大聲勢。而為聚焦防範中國在南海的擴張與強勢執法，同時兼顧台海發生緊張情勢時的備援計畫，軍演地點將包括呂宋島北部卡加延省海域和鄰近南海的巴拉旺群島。

　　從軍演強度與密度增加，以及選定的形式和位置來看，美國就是要利用與盟邦的聯合軍演營造出對抗中國與防範中國的聲勢，加強盟邦之間軍事體系的交流合作形成聯盟體系，以因應危機時刻之所需。

　　反觀中國在南海的建島工程一直持續進行，2022 年 3 月經美國軍方公開資訊表示，中國在南沙群島的三大人工島礁（永暑礁、渚碧礁、美濟礁）已經完成了全部軍事化部署，包括：雷達、反艦和防空導彈、戰鬥機和其他軍事設施，中國將具有在陸地以外延伸的攻擊力量（BBC News 2022）。因為島礁軍事化建設順利完成，中國人民解放軍在南海除了三大島礁之外，其他四個人工島礁也配置不同形式的軍事設施，在南沙群島形成完整的防禦以及戰略據點，大幅增加中國在南海的軍事投射能量與戰略縱深。有了足夠的軍事準備，這也是為什麼近年來中國在南海的強力執法以及運用灰色地帶戰略更加積極，並試圖驅離周邊國家船艦進入九段線內南海海域捕魚和能源探勘，以及相關維權各種行動的基礎條件。這也包括阻止菲律賓漁船進入區域內作業和對其所占島礁進行軍事運補，2023 年 2 月在仁愛礁附近，中國又了阻斷菲律賓試圖向長年擱淺的「馬德雷山號（Sierra Madre）」進行運補，期間因為中國向菲艦發射雷射激光，再次引發雙邊的外交事件。不過，此次事件後，除了菲律賓總統小馬可仕（Ferdinand Marcos, Jr.）公開的強硬講話外，菲國也發現仁愛礁除了所謂

坐灘的登陸艦外，整個海域都被中國海警船艦牢牢掌控住。尤其是自 2023 年初以來，面對菲律賓政策轉向美國的傾向，改變了先前中菲關係的良好互動，不再遵守先前雙方的徵詢默契，中國便逐步強化掌控仁愛礁的海上實力與具體作法，接連幾波封阻菲律賓海巡船隻的運補（聯合報 2023；Gomez & Calupitan 2023），這也充分反應出中國強化海上執法與維權的工作強度。

為了回應美國為首的印太戰略架構，中國除了南海實境中的軍事部署之外，更加大力度進行雙邊外交，拉攏東協和東協個別國家，透過雙邊外交推進其他合作以緩和雙邊在南海出現的緊張情勢。在疫情之後，最明顯的有越南總書記阮富仲 2022 年 10 月訪中，緩和雙邊的緊張情勢；菲律賓小馬可仕總統於 2023 年 1 月訪中，與習近平進行雙邊會談。此外，習近平藉參加 20 國高峰會（G20 Summit）於場外與拜登進行雙邊高峰會，且於出席亞太經濟合作領袖會議（APEC Leaders' Meeting）機會，安排舉行雙邊會談會見 11 國領袖，強化與菲律賓、越南、新加坡、印尼的雙邊關係。配合著甫於 2022 年 1 月生效的區域全面經濟夥伴協定（Regional Comprehensive Economic Partnership, RCEP），中國加強運用經貿互動的力量示好，也對東南亞國家打出「榴槤外交」，大量進口榴槤，深化農產品市場合作，意圖透過市場力量緩和中國與東南亞國家間的緊張關係，作為回應美國為首的印太戰略「包圍圈」。

參、東南亞國家回應南海新形勢

依據實際的國際司法程序，仲裁裁決後應該由相關當事方進行外交談判，依據裁決的內容磋商必要的執行措施與做法。不過，因為裁決的具體內容顯然已經侵犯到中國國家主權權利，中國政府為守住這道防線不輕易

接受，政策上將會持續不接受、不承認立場，不會執行仲裁裁決。固然如此，國際上法學專家大多數的看法皆認為，裁決已經實質上衝擊中國的海洋聲索主張，儘管中國政府拒絕本案，也提出反駁意見與主張，但是仲裁裁決仍具有相當的國際司法權威性，以及對於國際法律高度的解釋性，裁決的法律效力是存在的（Schofield 2020）。依據一般西方國家的詮釋，中國主張的在九段線內享受歷史性權利受到仲裁庭否決，主要是因不符合UNCLOS所規範的海洋區域權利，由於UNCLOS簽約當時主要考量是要建置一個全面性的海洋規範，因此，UNCLOS的法律效力可取代特別海域中先前存在的權利與協定，而這些已存在的權利與UNCLOS是不相容的法理規範。仲裁庭於是以保障根本的國際法架構完整性，為求以規則為基礎的全球海洋秩序（Schofield 2020）。

　　菲律賓作為當事國其對仲裁裁決的立場最受到關注，由於杜特蒂總統採取親中政策路線，在面對中國政策上刻意淡化仲裁裁決，內部因素不斷挑戰其對南海政策的立場，杜特蒂在任期間，歷來較少直接評論仲裁裁決。政治上，顯然是採取內外平衡、遊走中美之間，當內部壓力升高時，他便會利用時機釋放一些支持的訊息，呼應反對其的政治勢力，尤其是親美政治勢力和軍方；以及採取在中美之間的平衡政策，在與中國互動時，儘量不直接對中國點出執行仲裁裁決的必要性。其實，在聯合國大會開會前，2020年9月16日英國駐聯合國常任代表以英法德三國名義聯合向聯合國遞交了一份針對中國在南海的法律問題之口頭照會，其中特別點明在南海主張歷史性權利並不符合UNCLOS規範，尤其是南海仲裁庭已經於2016年7月12日公布裁決時確認了此點，等於是再一次明確否定中國主張的南海海洋權利。英法德三國主張所有南海的海洋聲索均應依據UNCLOS規範提出，並以和平方式解決爭端（Note Verbale 2020）。

　　受到西方主要國家挑明南海仲裁重要性的鼓舞，杜特蒂利用2020年9

月 23 日在聯合國大會發言機會，一反過去的作法，明白點出仲裁裁決的重要性，與菲律賓的法律立場。特別是強調菲律賓確認依據 UNCLOS 規範和仲裁裁決下對南海的承諾。而更重要的是他明白指出：仲裁裁決現在已經是國際法的一部分，已經不容妥協、不容任何政府去稀釋、減低或廢棄其效力（Musico 2020）。或許這段公開發言，應驗了杜特蒂剛上台時所言在其任內會對仲裁裁決明確表態。菲律賓歡迎世界上越來越多國家支持南海仲裁案裁決的結果。2021 年南海仲裁裁決公布五週年時，菲國外交部長洛欽（Teodoro Locsin Jr.）發表聲明，除重申杜特蒂總統之前在聯合國大會發言的要點外，也強調仲裁裁決已經是最後「定讞」，無可更改其效力，中國主張的九段線以及其歷史性權利均不符合 UNCLOS（Locsin 2021）。2022 年 6 月 30 日菲律賓新任總統小馬可仕上任，在 7 月 5 日舉行第一次內閣會議之後的新聞記者會上，他表示中菲之間有多重面向需要努力，更加強化雙邊合作，不需要專門聚焦在「西菲律賓海（即部分的南海）」問題上，換言之，其主要政策應該是會依循杜特蒂的親中路線，強調深化中菲關係（Elemia 2022）。在南海仲裁裁決六週年時，小馬可仕公開援引仲裁裁決，強調要捍衛菲國國家主權，不同於杜特蒂的迴避態度，立即受到菲國內部反中政治勢力以及各界普遍的讚許（*Asia Times* 2022）。政治評論者一般都認為菲國新政府正在進行政治算計，如何在中美之間取得平衡，獲得最佳利益，這些政策取向都將是變動南海情勢的關鍵因素之一。

　　延續 2020 年前任國務卿龐佩歐提出的美國南海政策立場說，和現任國務卿布林肯 2021 年揭示的南海政策立場，2022 年美國援例再於 7 月 12 日由國務卿發布聲明，公開確認仲裁裁決的法律效力是無可取代，並依據今年稍早美國政府的《海洋界限》第 150 號，明確駁斥中國政府針對仲裁裁決所做出的法律駁斥論述，認為這些法律的論述都不符合當前適用的國際法，特別是指 UNCLOS，（"…these rearticulated maritime claims remain plainly inconsistent with international law.”）（Blinken 2022）。

此外，在布林肯揭示的聲明中，特別因應菲律賓新任總統小馬可仕上台，意圖拉攏小馬可仕在中美之間的南海政策平衡立場，並主張依據美菲 1951 簽訂的美菲共同防禦條約（1951 U.S.-Philippines Mutual Defense Treaty），一旦菲律賓武裝部隊、公用船艦和飛機受到攻擊，美國會立即啟動條約義務協防。布林肯也在聲明中明確向北京喊話，要求中國確實遵守國際法義務，停止其在南海的挑釁行為，美國將透過與盟友的合作，包括與東協，一起確保在南海建立以規則為基礎的國際秩序。

延續美國推動的法律戰，南海其他聲索國雖然並未直接對於仲裁案表態，但卻利用其他國際機制的法律途徑，間接支持仲裁案裁決而否定中國九段線的政治法律意義。2019 年 12 月馬來西亞向聯合國大陸礁層界限委員會（Commission on the Limits of the Continental Shelf, CLCS）提交其大陸礁層向外延伸到 350 海里的申請，此一申請案提交之後，中國立即向聯合國提出外交照會抗議，重新點燃南海法律戰新一波的法律戰火。接續有越南、菲律賓、印尼等紛紛提出外交照會，針對中國回應的外交照會中之南海主權主張，依據個別國家對南海不同的權利主張提出抗議（宋燕輝 2020）。在面對各國向 CLCS 提交延伸大陸礁層文件中，凸顯的一項現實意義就是：依據仲裁裁決南沙群島已經沒有九段線，也沒有任何一個島礁具有主張大陸礁層與專屬經濟海域的法定島嶼地位。之後，甚至連英國、法國和德國也聯名一起發出外交照會針對中國的南海主張，特別是在南海的歷史性權利主張、直線基線的適用，以及人工島礁等均已在南海仲裁案中獲得裁決確認不符合 UNCLOS 規範。英國、德國和法國認為，南海所有的海事爭端，皆應該依據 UNCLOS 及其提供的爭端解決方式與程序和平解決（Note Verbale 2020）。

肆、中美戰略競爭下的南海情勢展望

在中美益趨激化的戰略競爭下，直接牽動著南海發展的態勢，以及地緣政治的變遷，南海的領土主權爭端曾經是域內六個聲索國間的糾葛，但現在中美競爭大格局下，光靠區域國家自己規範與協商，尤其是美國直接與間接的涉入，影響東協國家的立場，恐已難完全解決問題。目前在疫情緩解之後，中國與東協國家已經應允積極推進促成南海行為準則磋商的完成，而且這目標已經由 2022 年東協輪值主席國柬埔寨公開宣示，之後，2023 年輪值主席國印尼也信誓旦旦要在一年內加速推進雙方磋商進度，在1 月間中國外長秦剛在會見馬蘇迪時，承諾希望能夠打破南海行為準則談判 20 年來的僵局，並能有所進展（俞璟瑤 2023）。在外交上，積極推進COC 談判已經在中國與東協間獲得相當的共識，也將會是接下來一段時期內有關南海問題的重要外交活動。2023 年在印尼主導和中國積極意願下，已經分別於 5 月在印尼和 8 月在菲律賓積極推進 COC 談判進度（亞歷山大舒瓦洛夫 2023）。

事實上，在 COC 原先談判進度陷入停滯階段時，南海聲索國反而持續藉機擴大占領範圍，意即在南海新規範確定之前情勢混沌，周邊國家趁機擴大在南海的占領優勢。為了防備中國擴大戰略優勢威脅區域安全，越南、菲律賓除了提升軍備之外，皆對於現有占領的島礁進行填海造陸，擴大島礁面積；此外，最新的發展態勢則是中國更進一步開始朝向占領南沙群島的無人島礁，並慢慢進行填海造陸。根據媒體報導，南沙群島中的楊信沙洲（Lankiam Cay）、安達礁（Eldad Reef）、牛軛礁（Whitson Reef）及鐵線礁（Sandy Cay）等處已經出現新的填海造陸（Heljiman 2022）。雖然中國外交部否認其報導，但種種跡象顯示中國的超前部署，預料中國掀起的新一波占領無人島礁動作，接續進行填海造陸工程，恐將擴大其他聲

索國的仿效，是否會衝擊到進行中的 COC 談判？也將是後續重要的觀察焦點。

圖 1：南沙群島圖

資料來源：廣東省地名委員會編，廣東省地圖出版社出版《南海諸島地名資料匯
　　　　編》，1987。中國南海諸島網 www.Unanhai.com。

　　在戰略層面上，將隨著中美互動戰略競爭激化，美國對中國的軍事、外交與法律戰將會更加激烈與明朗。軍事上，美國持續進行航行自由行動，並聯合區域內外國家舉行聯合軍演，以及聯合巡航，向中國傳達重要訊號，

壓抑中國在南海的擴張作為。外交上，美國繼續強化與東協國家合作，同時聯合日本、澳洲、印度、英國、加拿大等域外國家一起涉入南海，以維護國際法制度為名，避免中國破壞現有的國際法體制，挑戰中國進一步壟斷南海的戰略利益。而法律戰上，美國將繼續擴大南海仲裁案裁決的效應，同時也鼓勵東南亞南海聲索國公開支持仲裁裁決結果，以及適用聯合國海洋制度大陸礁層延伸，透過不同途徑挑戰中國在南海的法律地位。

　　觀察自仲裁案結束後的南海情勢，以及中國的具體政策作為，中國將持續鞏固其在南海的戰略據點，繼續完善建島工程，並堅持維護主權。擴大灰色地帶戰略運用，廣泛部署海上民兵和海警部隊嚴密監控並掌握南海海域與島礁，阻斷周邊國家進入南海海域利用與開發資源，以免造成既定事實。在完成第一階段人造島礁軍事化工程之後，中國將會繼續在若干具有戰略位置的無人島礁進行填海造陸工程，擴大實際擁有南海諸島礁的事實，形成南海的戰略網絡據點。

伍、結語

　　鑑於南海情勢牽動著地緣政治的變遷，中美兩強無法忽視南海的戰略重要性，自從南海仲裁案依據國際法步驟做出了裁決，代表了國際法判定南海相關權益的定調，雖然仲裁庭多以當前的聯合國海洋法公約為依據，無法兼顧歷史性的來由，導致國際政治上的矛盾：國際法制與國家利益的不同利基點。再加上中美戰略競爭趨向白熱化，南海自然成為競逐的地緣政治焦點。由於南海問題太過複雜，不僅牽涉聲索國不同的聲索主權權利、歷史脈絡與國家利益的衝突，各聲索國更有內部政治的民族主義糾葛，以及中美戰略競爭所引發的利益衝突問題；其實，南海仲裁案本身就是中美戰略競爭本質延伸的起點。因此，領土主權爭端幾乎無法以外交方式和平

磋商解決，在當前國際環境下，在爭端區域內主權權利主張的相互重疊，區域衝突緊繃的氛圍難以化解，也無法一勞永逸地解決紛爭。

可以預期南海的爭端將會在中美競爭下，持續維持在高度緊繃的狀態下。南海的地緣政治格局已經大幅變遷，美中競爭牽動所有南海的爭端問題，美國更聯合其他各國積極涉入協助聲索國對抗中國的勢力擴張。然而聲索國間也在近期的對峙中，逐漸升高在南海島礁的擴大主張占領，各自擴大填海造陸做法外，也進向無人礁岩的占用與奪取。南海行為準則談判仍然依照原先劇本徐步前進中，但卻不知何時才能達成共識，是否參與國家能夠克服歧異共建穩定秩序，屆時聲索國間在南海擴島的激烈競爭是否才能歇止，仍是未來觀察重點。

不過，也因大國的直接涉入南海對抗，實際上，反而較能夠管控爆發軍事衝突的可能性。南海的整體情勢將會由中美之間競爭的程度決定走向，相關國家的領土主權爭端將無法解決，唯一的出路是尋求合作的空間，降低緊張、避免衝突發生。

南海的地緣政治重要性在中美戰略競爭下，已然由東亞區域性戰略的層次被提升到印太區域戰略層次上，並反映出中美在南海的積極部署對抗，直接關乎美中各自長遠的戰略利益，從中也可觀察出中美透過南海議題的挑戰投射到全球安全與政治的層次。中美在南海的得失，勢將影響到其在全球的領導地位，在新一輪的中美溝通協商完成前，南海緊張態勢將會持續緊繃。

參考文獻

聯合報，2023，〈中菲仁愛礁衝突 陸外交部要求菲國拖走「坐灘」軍艦〉，
https://udn.com/news/story/7331/7523153，10 月 23 日。

BBC News 中文，2022，〈中國在南海擴建島礁「完成軍事部署向海外延申戰
力」〉，https://www.bbc.com/zhongwen/trad/world-60846980，3 月 23 日。

每日頭條，2018，〈中國偉大工程系列，南海 7 個島礁成功升級為島，具有重大
戰略意義〉，https://kknews.cc/military/6zqp953.html，2018 年 11 月 13 日。

宋燕輝，2020，〈宋燕輝觀點：美國加入南海法律戰〉，https://www.storm.mg/
article/2753199?mode=whole，06 月 15 日。

亞歷山大舒瓦洛夫，2023，〈中國和東盟正努力把不斷增強的信任轉化為 " 南海
行為準則 "〉，https://big5.sputniknews.cn/20230821/1052675108.html，2023
年 8 月 22 日。

俞璟瑤，2023，〈主權爭議升高 東協與中「南海行為準則」談判將登場〉，
https://news.tvbs.com.tw/world/2060866，2023 年 03 月 07 日。

彭馨儀，2023，〈美菲最大聯合軍演 4 月登場 防台海南海有事〉，https://
tw.news.yahoo.com/%E7%BE%8E%E8%8F%B2%E6%9C%80%E5%A4
%A7%E8%81%AF%E5%90%88%E8%BB%8D%E6%BC%944%E6%9C
%88%E7%99%BB%E5%A0%B4-%E9%98%B2%E5%8F%B0%E6%B5%
B7%E5%8D%97%E6%B5%B7%E6%9C%89%E4%BA%8B-065015989.
html?guccounter=1&guce_referrer=aHR0cHM6Ly93d3cuZ29vZ2xlLmNvbS8&g
uce_referrer_sig=AQAAAEoqu4gvNGDj76oW8Jahfwp1I7eRpaswRGgt7pr5qIW
eVtjwaInUV7eJEvIQDDur2tYqTRFP01M6vaVvAQ6b8ESgsJFHndxzv7ACvvnY
Nixnq05wzXbLVfLrjfZQa3KwAUWTkwekcEkWhDyYqsNCDOOGTxT_3T_6xJ
eBZUscSM8D，2023 年 2 月 6 日。

央視網，2016，〈戴秉國：南海仲裁結果廢紙一張〉，http://m.news.cctv.
com/2016/07/06/ARTIil4fsR9A35YnytqBxNCw160706.shtml，2016年7月6日。
http://m.news.cctv.com/2016/07/06/ARTIil4fsR9A35YnytqBxNCw160706.shtml

"The 37th Meeting of the ASEAN-China Joint Working Group on the Implementation
of the Declaration of the Conduct of Parties in the South China Sea (JWG-DOC)
in Phnom Penh, Cambodia," ASEAN Cambodia 2022, https://asean2022.mfaic.
gov.kh/posts/2022-10-07-News-The-37th-Meeting-of-the-ASEAN-China-Joint-
Working-Group-on-the-Implementation-of-the-Declaration-of--11-41-08.

Blinken, Antony J. "Sixth Anniversary of the Philippines-China South China Sea
Arbitral Tribunal Ruling," Press Statement, July 11, 2022. https://www.state.
gov/sixth-anniversary-of-the-philippines-china-south-china-sea-arbitral-tribunal-
ruling/.

"Cambodia cooled 'hot ASEAN stone' before handing it to Indonesia," The Nation,
November 14, 2022. https://www.nationthailand.com/world/asean/40022040.

Clinton, Hillary Rodham, Secretary of State, National Convention Center, Hanoi,
Vietnam, July 23, 2010. US Department of State, https://2009-2017.state.gov/
secretary/20092013clinton/rm/2010/07/145095.htm.

Elemia, Camille. "Marcos seeks to normalize ties with Beijing amid South China Sea
tensions," Benar News, July 5, 2022. https://www.benarnews.org/english/news/
philippine/normalize-ties-07052022124737.html.

Gomez, Jim and Joeal Calupitan, "Dozens of Chinese ships chase Philippine vessels as
US renews warning it will defend its treaty ally," AP News, November 11, 2023.
https://apnews.com/article/south-china-sea-disputed-second-thomas-shoal-f702d9
b9b84f9019083fb4d530fdf970.

Heijmans, Philip J. "China Accused of Building on Unoccupied Reefs in South China

Sea," BNN Bloomberg, December 20, 2022. https://www.bnnbloomberg.ca/china-accused-of-building-on-unoccupied-reefs-in-south-china-sea-1.1861721.

"Indonesia invites Thailand to join 2023 Super Garuda Shield exercise," *Antara News*, 16th October 2022. https://en.antaranews.com/news/255229/indonesia-invites-thailand-to-join-2023-super-garuda-shield-exercise.

"Marcos flexing muscles in the South China Sea," *Asia Times*, July 13, 2022. https://asiatimes.com/2022/07/marcos-flexing-muscles-in-the-south-china-sea/.

Musico, Jelly. "Duterte affirms arbitral ruling on SCS before UN General Assembly," Philippines News Agency, September 23, 2020. https://www.pna.gov.ph/articles/1116296.

"Next 'Balikatan military exercise set in Marcos home province," *Philippine Daily Inquirer*, January 26, 2023. https://asianews.network/next-balikatan-military-exercise-set-in-marcos-home-province/.

Pompeo, Michael R. "U.S. Position on Maritime Claims in the South China Sea," Press Statement, US Secretary of State, July 13, 2020. https://2017-2021.state.gov/u-s-position-on-maritime-claims-in-the-south-china-sea/index.html.

Purba, Kornelius. "Anticipating nice surprise from China's foreign minister on South China Sea Code of Conduct," *The Jakarta Post,* March 6, 2023. https://asianews.network/anticipating-nice-surprise-from-chinas-foreign-minister-on-south-china-sea-code-of-conduct/.

Schofield, Clive. "Conflicting Maritime Visions of the South China Sea," in "Spotlight: The SCS Arbitration Award: Four Years On," ASEAN Focus, Issue 2/2020, June 2020. p. 17. https://www.iseas.edu.sg/wp-content/uploads/2020/05/ASEANFocus-June-2020.pdf.

Sokhavuth, Tin. "Bid to complete South China Sea Code of Conduct this year," *Khmer*

Times, January 6, 2022. https://www.khmertimeskh.com/501001474/bid-to-complete-south-china-sea-code-of-conduct-this-year/.

Locsin, Jr., Teodoro L. Statement of Secretary of Foreign Affairs, On the 5th Anniversary of the Issuance of the Award on the South China Sea Arbitration," Department of Foreign Affairs, the Philippines, July 12, 2021. https://dfa.gov.ph/dfa-news/statements-and-advisoriesupdate/29134-statement-of-foreign-affairs-secretary-teodoro-l-locsin-jr-on-the-5th-anniversary-of-the-issuance-of-the-award-on-the-south-china-sea-arbitration-2.

"The 37th Meeting of the ASEAN-China Joint Working Group on the Implementation of the Declaration of the Conduct of Parties in the South China Sea (JWG-DOC) in Phnom Penh, Cambodia," ASEAN Cambodia 2022, https://asean2022.mfaic.gov.kh/posts/2022-10-07-News-The-37th-Meeting-of-the-ASEAN-China-Joint-Working-Group-on-the-Implementation-of-the-Declaration-of--11-41-08.

"The Indo-Pacific Strategy of the United States," The Whitehouse, February 2022. https://www.whitehouse.gov/wp-content/uploads/2022/02/U.S.-Indo-Pacific-Strategy.pdf.

"The United Kingdom, Germany, and France on the South China Sea: Note Verbale UK NV No. 162/20," September 16, 2020. https://www.un.org/depts/los/clcs_new/submissions_files/mys_12_12_2019/2020_09_16_GBR_NV_UN_001.pdf.

"U.S. Position on Maritime Claims in the South China Sea," Press Statement, Michael R. Pompeo, US Secretary of State, July 13, 2020. https://2017-2021.state.gov/u-s-position-on-maritime-claims-in-the-south-china-sea/index.html.

南海地緣政治演變與挑戰

王冠雄

（台灣師範大學政治學研究所教授）

摘　要

　　就國際關係中地緣政治的觀點來看，南海爭端的核心基本在於島礁主權、資源與亞太霸權位置的爭奪。但是若就國際法論爭端的本質，則可以見到兩個重點：一是在於對島礁主權主張的衝突，二是對於擁有或占領島礁之後，必會主張周邊海域範圍，進而發生主張重疊並產生對資源主權權利的爭奪。就在此種國際關係與國際法的交互作用之下，南海周邊國家陷入持續循環的衝突中，更值得吾人留意的是，南海爭端解決受到區域外國家的涉入所影響，並使得爭端更進一步複雜化。不過環南海爭端方採取了相對彈性的避險策略，亦即抱持「經濟依中、安全靠美」的做法，這在應對南海地緣政治的挑戰上，相當程度地避免了衝突的發生。

關鍵字：地緣政治、南海爭端、避險策略、聯合國海洋法公約、印太戰略

壹、前言：南海的地理範圍

　　依據國際水文組織（International Hydrographic Organization, IHO）的定義，（IHO, 1953）南海的大致走向為東北至西南，其南部邊界在南緯 3 度，位於印尼南蘇門達臘和加里曼丹之間，北邊至中國大陸，東北至台灣本島，東至菲律賓群島，且包含呂宋海峽西半側，西南至越南與馬來半島，通過巴士海峽、蘇祿海和馬六甲海峽連接太平洋和印度洋。整個南海幾乎被大陸、半島和島嶼所包圍，值得注意的是就南海的海域範圍而言，並不包括暹邏灣；麻六甲海峽部分僅及該海峽東南處最狹窄處由新加坡、印尼和馬來西亞三國所圍出的海域；以及最北的海域界限約位於台灣新竹與福建平潭之間的連線。南海為世界第三大陸緣海，僅次於珊瑚海和阿拉伯海，面積約 356 萬平方公里，約等於渤海、黃海和東海總面積的 3 倍。南海平均水深約為 1,212 米，最深處為中部的深海平原，達到 5,567 米左右。（中文百科）

　　就南海海域的地理位置而言，透過巴士海峽接西太平洋，北邊海域是戰略重點台灣海峽，西邊由麻六甲海峽與印度洋相接，南邊則與眾多島嶼的印尼依靠，完全符合典型地緣政治概念所描述的重點區域。再加上南海海域中豐富的生物與非生物資源，使得南海成為兵家必爭之地。由於南海爭端方在南沙群島占領島礁以及主張海域（包括領海、專屬經濟海域以及大陸礁層）產生嚴重的重疊，使得南海海域的爭端更加複雜。

　　除了前述原因之外，近年來還因為區域外國家力量滲入，使得南海緊張情勢升高，其中最主要者在於美國以「自由航行行動」（FONOPs）做為政策推動的工具，除了藉此工具遏制中國大陸填海造陸後軍事化島礁的作為之外，還在透過「自由航行行動」實際執行 2016 年南海仲裁案的判斷，美中在南海的海軍角力，更進一步複雜化了南海局勢的發展。

　　基本上，就南海爭端的性質而言，其主要基礎有兩點：第一是在於對島礁主權主張的衝突，以及第二對於擁有島礁後主張周邊海域範圍重疊而產生資源主權權利的爭奪。而美國在南海海域中並無如前所列二者的利益衝突，但是南海的地緣政治利益太強，特別是四通八達的航運對於重視地緣政治中航線安全（sea-lane of communication）的美國來說，控制南海航行通暢的重要性將是影響美國維持海上霸權的基礎要件，所以透過國際法律制度的主張，並以之作為涉入南海紛爭的做法將是甚為便利的政策手段，而「自由航行行動」即是此種政策手段的展現。

貳、南海地緣政治重要性

　　環繞並包圍南海的周邊國家有：台灣、菲律賓、馬來西亞、汶萊、印尼、新加坡、泰國、柬埔寨、越南和中國大陸，而在海域方面還包括了台灣海峽、巴士海峽、卡里馬塔海峽（Karimata Strait）和麻六甲海峽等重要的海上通道。沿海地區的有機物產量和營養較豐富，特別是在河口周圍，這在南海海域的情形亦是如此，此乃促使南海成為世界重要漁場的主要原因。雖然南海的面積只有約 350 萬平方公里，占全球海洋面積的 8.6%，但孕育了 3,790 個魚種，占全球海洋現有約 17,200 個魚種的 22%，並分別包含世界珊瑚礁和海山的 7.04% 和 0.93%，高度經濟價值魚類包括鯖魚、鮪魚和類鮪魚等。（Chang, et. al, 2019; Heileman, 2008; Lee, 1978; Pauly and Liang, 2020; Yanagawa, 1997）

　　南海海域的漁業可以分為兩個不同的類別，亦即沿海和深海漁業。深海地區的漁業通常不如沿海水域的漁業多樣化。資源的高度多樣性和任何物種或物種群的低主導地位導致非目標、多物種類型的漁業。沿海中上層魚類在菲律賓中部沿海地區、泰國灣、北部灣、沙撈越、汶萊、台灣、越

南沿海、海南島、明多羅島、巴拉望島和納土納島等地區出現。整體而言，南海周邊國家對於漁業資源的利用多偏向於沿岸的家計型（artisanal）及小型（small-scale）漁業。（Morgan and Valencia, 1983）[1]

如此豐富的漁業資源必然對東南亞人民的生活方式產生了巨大影響，因為它提供了食物來源，也是社會經濟的重要組成部分，亦即漁業活動提供了就業來源。表 1 顯示了 2013 年南海沿岸國的魚類消費情況，該地區每個國家每年的人均水產品消費都高於世界平均水準。其中一些國家，如馬來西亞、新加坡、汶萊、柬埔寨和中國大陸，對於漁產品消費量遠遠高於世界水準。此外，魚類是該地區人民最重要的動物蛋白來源，東南亞人民平均攝入的動物蛋白總量的三分之一以上來自魚類。

作為一種動物性蛋白質，魚類在維持該地區的糧食安全方面發揮著關鍵作用，因為取得容易，而且在成本上更便宜。表 1 還說明了所消費的魚肉蛋白在整體蛋白質消費上的比例。很明顯的，在柬埔寨的飲食中，魚類提供的蛋白質比例最高，占總蛋白質消費的 72.6%；其次是印尼，占51.9%。換言之，普遍說來，南海周邊國家對於漁產品的依賴程度相當高。

漁業也為南海週邊國家的沿海地區人口創造就業機會，例如在 2012-2016 年期間，中國大陸從事漁業和水產養殖業的人數保持在 1,420 萬至 1,460 萬之間（約占世界總數的 25%）。（FAO, 2018）幾乎在同一時期，全球於 2014 年從事漁業和水產養殖業人口的 76% 來自亞洲（不包括東南亞），其次是東南亞（11%），這代表了漁民和養殖人口數達到 817 萬，（Southeast Asian Fisheries Development Center, 2017; Viswanathan, 2011）

1　根據聯合國糧農組織的定義：根據糧食及農業組織的說法，「家計或小型漁業是指以家庭為基礎（而不是商業公司）的傳統漁業，使用相對較少的資本和能源和規模相對較小的漁船、短程捕魚、靠近海岸、以及主要供當地消費，目的可以用於生計或商業。」然而，並沒有一個單一的定義能夠涵括小規模漁業的多樣性和複雜性。見 FAO, "Voluntary Guidelines for Securing Sustainable Small-scale Fisheries in the Context of Food Security and Poverty Eradication (SSF Guidelines)," International Collective in Support of Fishworkers (ICSF), 2015, available at https://www.icsf.net/wp-content/uploads/2015/09/930.ICSF146.pdf.

表 1：南海週邊國家魚及漁產品消費與蛋白質供應（2020 年）

	魚及漁產品消費（kg/year）	魚肉占蛋白質供應之百分比（Fish/Animal Proteins, %）
汶萊	44.4	22.8
柬埔寨	44.9	72.6
中國大陸	40.0	22.8
印尼	45.1	51.9
馬來西亞	54.0	35.5
菲律賓	28.9	30.7
新加坡	46.4	21.2
台灣	29.8	16.4
泰國	27.0	32.6
越南	40.2	32.7
全球	20.5	16.7

資料來源：FAO, *Fishery and Aquaculture Statistics Year Book 2020* (Published on 2023), https://www.fao.org/documents/card/en?details=CC7493EN.

在捕撈能力方面，有 177 萬艘漁船在南海作業。（Teh, 2019）這些數字都在說明漁業對該地區社會經濟發展的重要性。

　　若就南海在地緣政治的重要性而言，南海因為連結太平洋、印度洋，並延伸至波斯灣至歐洲，不僅是海域周邊國家，也是全球的重要通道，目前南海是全球第二大貿易航運流量的海域，估計其海上貿易占全球航運量的三分之一，每年約有價值 3.4 兆美元的運輸業務及商品在此一海域進行。其中，中國大陸將近有約 40% 的貿易總額須要經過南海，美國則有近 6% 的全球貿易總額經由該海域的海上貿易路線完成。

　　另外，中國、日本、韓國與台灣等主要石油進口國亦有 90% 的原油運輸須通過該區域。再加上該海域蘊藏豐富的漁業資源、海底蘊藏大量天然氣、石油甚至是稀土金屬，因此在經濟利益上也受到周邊國家的重視。由於勘探不足加上複雜的領土爭端，並不易確定南海的石油和天然氣儲量，

目前發現的大多數油田都集中在無爭議的海域，亦即靠近沿海國的海岸。根據美國能源署（Energy Information Administration, EIA）的估計，南海大約有 110 億桶石油儲量和 190 萬億立方英尺的天然氣儲量。

參、東南亞國家的南海地緣政治考量

如同前述中國大陸與美國在此一海域的競爭，在論及東南亞國家之南海地緣政治考量時，亦有必要瞭解這兩個國家的基本態度。

以中國大陸來說，其將南海視為固有的傳統海域，但對東南亞各國而言，則是連結印度洋和太平洋的重要航道，同時也是當今中國大陸對外商貿輸出的重要命脈，因此東南亞沿海國家占了地利之便。除此之外，南海在今日的重要性則會有更多的意義在於海上交通線、能源進口與非傳統安全問題的考量，也因為如此，南海成為國際社會權力競逐的舞台和目標。

中國大陸在南海的行動，特別是填海造陸作為，更是成為美國介入南海事務的藉口。以南海島礁擴建為例，中國大陸在南海占領島礁上的建設作為卻引起南海爭端方的不滿，不僅出現了讓人擔憂的武器競賽，也在區域安全的考慮上增加了相關國家間的衝突機會，尤以南海島礁主權與航行自由權最為受到關切。雖然各南海聲索方都有擴建島礁的行為，但唯獨中國大陸受到美國的嚴厲批評。顯見美國的反應乃是針對中國大陸，其深層意涵在於透過南海爭議以及海洋法律之操作，以達控制海上通道的目的。基於穩定發展的考量，中國大陸需要一個能夠持續發展的經濟體量，因為這是推動其他發展的基礎，特別是武器的研發。但是東南亞的南海爭端方謹慎處理美中衝突，抱持著「經濟依中、安全靠美」的避險策略（hedging strategy）。（錢尹鑫，2017）

就區域外強權的表現來看，除了美國之外，印度也在追趕中，未來將

會有更多來自印度的影響因素。日本雖然仍然受到國內政治和經濟因素的牽制，但是其長期介入東南亞事務的歷史，以及對南海安全事務的關注，仍然不能忽略其能力。澳洲則是透過「四方安全對話」（Quadrilateral Security Dialogue, Quad）的機制，展現其對東南亞、南海與印太安全的關切。

一、印尼

印尼對於南海爭端的立場或許會有變化，就南沙島礁主權爭奪來說，印尼並非南海爭端方的一員，但是印尼抱持的態度是：若中國大陸九段線主張不會涉及海域的利用，特別是資源開發問題的話，那就不會與印尼在那吐納群島主張的專屬經濟海域發生重疊，則印尼不會是爭端的一方。2020 年 1 月 1 日，印尼外交部發表聲明，強調印尼專屬經濟海域奠基於《海洋法公約》，係為「根據法律所劃定之明確邊界」，並表示「中國聲稱他們的漁民長久以來就在印尼專屬經濟海域活動，毫無法律根據，且從未受到《海洋法公約》之認可」。（Septiari, 2020）此外，印尼官方亦以 2016 年《南海仲裁案》之判斷為基礎，指出中國大陸對於南海之主張沒有合法根據。（Heavens, 2020）因此，印尼官方公開表示，不接受中國大陸不符合《海洋法公約》的「九段線」主張。

對於印尼來說，東南亞和東協構成了印尼對外關係的主要關注領域。因此，東南亞的穩定、安全和繁榮是印尼的核心戰略利益。印尼持續主張維持一個獨立的東南亞，這能夠在區域外大國的影響力競爭中保持其自主性。印尼認為「區域問題區域解決」（regional solutions to regional problems），並申明東南亞的安全不可能透過區域國家之間或區域國家與區域外大國之間的軍事聯盟和集體防禦安排來真正實現。相反的，印尼認

為，只有通過區域國家之間的合作安全體系（例如東協）以及東協與其區域夥伴之間的合作安全體系（例如東協加三和東協區域論壇等），方為實現這種區域合作的基礎。

不過，隨著美中競爭的影響加大，印尼追求區域秩序和合作的外在影響力更加複雜。首先是中國大陸的經濟成長甚為突出，即使受到新冠肺炎的影響，中國大陸的經濟能力仍然受到國際社會高度的關切，明顯地，無論由經濟表現或軍事實力來評論，中國大陸已經成為具有影響力的行為體。

即使如此，美國仍然是主要的強權國家。印尼像許多其他地區的國家一樣，認識到這種變化對該地區的潛在影響。這表現在印尼對若干問題的關注上，首先是涉及中國大陸的崛起，特別是中國大陸將如何利用其地位和影響力來追求其在南海的國家利益和目標。然而，對於包括印尼在內的東南亞國家來說，中國大陸的崛起並不必然單由軍事威脅的角度來思考，可能會有更多地由中國大陸未來可能影響該地區安全架構的角度來考慮。雖然中國大陸一直表現出對和平崛起的承諾，並為該地區的穩定和安全發揮作用，但圍繞中國大陸崛起後的不確定性仍然是該地區國家的戰略挑戰。換言之，印尼對中國大陸將如何利用其經濟和軍事力量仍然感到焦慮。

其次，美國在此區域的影響力仍然具體存在，然而由於中國大陸的崛起，美國在該地區的作用和影響明顯受到挑戰，無論是在軍事能力方面，還是在中國大陸龐大的經濟規模對地區國家的激勵方面。因此，美國面臨著保持和確保其政治優勢、經濟利益和軍事優勢的必要性，吾人可以透過拜登政府於 2022 年 2 月 11 日發布的「美國印太戰略」（Indo-Pacific Strategy of the United States）見到美國對印太地區區域與盟友的承諾。（The White House, 2022）

再者，隨著中美關係的高度變異性，中美關係在未來將如何發展尚難

確定。雖然並不樂意見到兩個大國之間在南海的戰略競爭，但持續出現的小規模海上衝突或對峙，卻讓人擔憂美國和中國大陸在印度洋和南海這兩個戰略大洋的海上通道、最高地位和主導權方面的戰略競爭。

二、馬來西亞

在冷戰後的幾年裡，直到今天，東協為國家間的穩定和與大國的關係提供了基礎。儘管東協有眾所周知的弱點，特別是繁瑣的「共識決」決策程式和不願意對國家內部事務衝突採取立場和干預，不過東協仍然扮演了維繫合作的基本架構，也是馬來西亞外交政策的重心。

在過去的實踐中，馬來西亞對中國大陸和美國都做出了各種姿態，顯然是為了應對不斷變化的地緣政治。該地區一些最棘手的問題涉及南海的發展。這些動態涉及兩類參與者：對其領土、島嶼和地物提出權利主張的國家，以及對維護海上交通線和航行自由有高度利益的區域外國家。

東協作為一個區域性的國際組織，試圖透過 2002 年《南海各方行為宣言》（DOC）與中國大陸建立接觸和溝通的基礎，該宣言強調了基於1982 年《聯合國海洋法公約》所公認的國際法準則。儘管成立了與中國大陸的聯合工作組，也舉行了幾次會議，但在解決東協國家和中國大陸之間的問題方面沒有取得多少進展。近幾年來推動的「南海行為準則」談判似乎也進入深水區而有延遲。對馬來西亞來說，中國大陸的「九段線」主張成為其關注的重點，甚至是挑戰的對象。

2009 年 5 月 6 日，馬來西亞和越南共同向聯合國大陸礁層界限委員會（Commission on the Limits of the Continental Shelf, CLCS）提交對兩國之間南海中部的重疊大陸礁層區域提出聯合主張。（UN DOALOS, 2009a）這當然引起了中國大陸的立即反應，中國大陸向聯合國秘書長提交了一份

照會，反對馬、越兩國主張的區域，並指出該區域屬於中國大陸主張的「九段線」範圍。（UN DOALOS, 2009b）馬來西亞另一引人注意的作為是於 2019 年 12 月時再向聯合國大陸礁層界限委員會提出劃界案，要求委員會允許馬來西亞將其位於南海北部海域的大陸礁層延伸至其領海基線 200 海里外，以確保其在南海的主權權利。並要求澄清東南亞地區一些國家宣稱擁有爭議的水域中，超過 200 海里專屬經濟區的大陸礁層界限。（UN DOALOS, 2019）

　　估計馬來西亞提出外部大陸礁層劃界案申請的目的，除了有助於馬國確立在該區域內可能存在的石油與天然氣等資源的主權權利之外，（Zhou, 2019）還可以間接否定中國大陸之「九段線」主張，同時支持 2016 年《南海仲裁案》的判斷，亦即南沙群島內之海上地物僅能主張 12 海里領海。（Nguyen, 2019）同時，也不能排除馬來西亞有意藉此做法強調其立場，俾利馬來西亞在《南海行為準則單一文本草案》的後續談判中能夠有增加籌碼的效果。

三、菲律賓

　　菲律賓位於南海、印尼、菲律賓海和太平洋的交匯處，由七千多個島嶼組成。它構成了海洋東南亞面向太平洋的外緣，在其現代歷史的大部分時間裡，它一直是太平洋和亞洲其他地區之間的門戶。在地理上，因為接近中國和日本，這也為菲律賓提供了重要的貿易和商業海上航線。

　　而就菲律賓群島北方和台灣之間的巴士海峽而言，其地理位置是連接南海北部與太平洋的通道，巴士海峽具有水深和地形複雜的優點，利於潛艦水下進出，不過也存在海面常年激浪、水下洋流較強、海底背景噪音複雜等缺點，極為不利於水面與空中偵潛。巴士海峽是美國第一島鏈圍堵戰

略的最大「破口」，也是重要的戰略遏制點（choke point）。（王志鵬，2021）然而由中國大陸的立場來看，巴士海峽是阻擋駐關島和駐日美軍進入南海的隘口。進一步而言，中國大陸若欲突穿美國安排已久的第一島鏈，則具備穿越巴士海峽的能力將是首要之務，巴士海峽具有水深夠深的優勢，東出海峽就能到達太平洋的深處，因此巴士海峽不僅是海面部隊的重要海道，近年來熟悉與利用海下空間也成為相關國家的活動重點。

就過去的歷史觀察，第二次世界大戰期間，日本曾經利用南沙群島作為其進攻菲律賓的跳板，這段歷史使得菲律賓相信掌握南沙群島對於其國家安全絕對具有戰略上的意義，因此掌控菲律賓西側的島嶼（包括南沙群島和黃岩島）當然是其國家安全政策的一個重要部分，也是菲律賓以地緣政治視角觀察南海的重要性時所必然出現的思考。然而菲律賓群島西側海岸與南沙群島之間的海底地形並不利於菲律賓，因為存在著一道很深的海溝，將菲律賓本島與南沙群島分隔開，使得二者在海洋地質上並不具備自然延伸的特性，菲律賓政府當然無法以國際海洋法中的「自然延伸原則」（Natural Prolongation Principle）作為主張的基礎。

此外，菲律賓也善於利用國際法作為支持其政策的工具。菲律賓於2013 年 1 月 22 日發動的南海仲裁案，可以視為是具有重大影響力的法律行動，也具體地將南海爭端推向法律化發展的方向，雖然相關爭端方已經各自主張其所依賴的法律基礎。2016 年 7 月 12 日，南海仲裁庭公布了對於南海仲裁案的判斷，（PCA, 2016）仲裁庭幾乎全盤認同了菲律賓方面提出的訴求，認為中國在「九段線」內主張資源權利沒有法律依據，並裁定南沙群島的所有高潮時高於水面的島礁（包括太平島）在法律上均為無法產生專屬經濟海域或者大陸礁層的「岩礁」（rocks）。仲裁庭認為，中國大陸歷史上在南海海域的航行和捕魚活動反映的是對公海自由而非歷史性權利的行使，並且沒有證據表明中國歷史上對南海海域行使排他性的控

制，或者阻止了其他國家對資源的開發。因此，仲裁庭結論是，在菲律賓與中國大陸之間，中國大陸並無在《聯合國海洋法公約》規定的權利範圍之外，主張對「九段線」之內海域的資源享有歷史性權利的法律基礎。

　　無論如何，菲律賓的戰略位置是中美大國競爭的引爆點，在地緣政治的觀點上，任何一方均不願放棄。縱觀菲律賓的地理位置，它有可能改變兩國之間的力量平衡。對美國而言，與菲律賓的密切接觸將使其能夠有效壓制中國大陸在南海的勢力建構，並可限制其向外擴大影響力。然而，對於中國而言，與菲律賓建立更牢固的關係將使其能夠擺脫美國的限制。在此情形下，菲律賓的地理位置所具有的地緣戰略比重將會提升其在區域內的發言地位，但是也會在相當的程度上成為需要尋求保護或「搭便車」的政策選擇。若以此作為觀察架構，不難發現前總統杜特蒂正是善於操作此一政策槓桿的高手。但就新任的小馬可仕來說，則顯示出向美國傾斜的立場。

四、越南

　　在東南亞國家中，與中國大陸糾纏南海爭端議題最堅決也是反應最激烈者要屬越南。會有這種現象與越南和中國之間的歷史糾結當然具有高度的連結，但是由於越南的地理優勢，也使得越南具有處理與中國大陸和美國關係的自信心。

　　越南占據了南沙群島中將近 30 個島礁，並且擁有最靠近南海海上主要航道的海岸線，占據著控制南海最有利地緣戰略地位。在所有東南亞國家中，越南與中國打交道的經驗最豐富，這就是為什麼美國、日本和印度等國家希望能夠和越南進行結盟的原因。此外，由於越南在東南亞的地理位置以及其綿長的海岸線，使得中國大陸和美國將越南視為具有重大地緣

政治利益的地區。其中特別重要的是港灣的優良地理位置和海岸線帶來的國家安全思考。

　　位於越南北部的東京灣（越南稱北部灣）位於南海西北部分沿陸封閉式海灣，為中國大陸與越南的海上分界，其重要性在於該海域控制著中國大陸廣東、廣西與海南與東南亞各國海上交通道路，對中國的東南亞政策具有極其重要的意義，無論在區域內的經濟活動或是海上交通均有相當高的貢獻。此外，東京灣的海洋資源豐富，主要有魚類、石油等資源，是中國大陸的石油開採場地和主要漁場之一，當然這也會形成中越之間海上糾紛的重要原因。

　　其次是金蘭灣，這也是越南展現地緣政治重要性的另一個港灣，由於其優秀的地理位置，在越戰期間曾經被美軍利用為海軍艦艇基地。

　　金蘭灣在地緣戰略上緊貼南海西部，在戰時可以具有補給樞紐的功能，有助於加油、維修船隻和停泊航空母艦，目前還是越南向俄羅斯購買的六艘基洛級潛艇的停泊港。由此可知，金蘭灣在海上交通線的意義上極為重要，特別是發生或可能發生軍事衝突時，金蘭灣均可扮演重要的角色。

　　不過，雖然越南是南海爭端方當中相當激進反中的一員，甚至持續有傳聞表示越南準備提出類似於菲律賓所提出的仲裁做法，但是越南也持續強調「四不國防政策」，亦即不加入軍事同盟、不與任何國家結盟來對抗其他國家、不允許外國在越南境內設立軍事基地或利用越南領土對抗其他國家、在國際關係中不使用武力或以武力相威脅。（越通社，2022）迄今為止，這些原則一直指導著越南與美國和中國的互動。除非安全環境發生劇烈變化，否則越南不太可能放棄這些原則。因此，可以預見越南應該會持續利用其在南海的地緣政治優勢，在中美兩強權的競爭過程中謀取更多的國家利益。

肆、結論

　　地緣政治對一個國家的發展極為重要，吾人亦可由一個國家對於其所具有的地緣政治優劣看出該國的發展狀態和可能性。就國際關係中地緣政治的觀點來看，吾人可以理解南海爭端的核心，其基本原因是資源、能源與亞太霸權位置的爭奪；但是若就國際法論爭端的本質，基本有兩個重點，一是在於對島礁主權主張的衝突，二是對於擁有或占領島礁之後，必會主張周邊海域範圍，進而發生重疊並產生資源主權權利的爭奪。就在此種國際關係與國際法的交互作用之下，南海爭端的解決將不會是短期內可以看到的成果，相對的，由於南海地緣政治所產生的利益也會影響到區域外國家，這些國家進而涉入南海議題會是將南海爭端複雜化的一個推力。

　　因此無論就美日印澳四國所欲強化的 Quad 合作或是更大架構的美國印太戰略，抑或是中國大陸的一帶一路戰略，南海均會是地理上的中心點，也會是各方戰略必爭的核心。在此情形下爭端將會持續，只是相關方或許會盡力節制傳統的軍事衝突使其不致發生，但是法律、航路、經濟等層面地位的爭奪將不可免。不過值得注意的是環南海爭端方所採取的行動，若是激進地利用衝突作為政策工具，則更多的糾紛將會出現；但若採取相對的溫和方式，則衝突應會在可控的範圍內。基本上，環南海爭端方採取了相當彈性的避險策略，亦即抱持「經濟依中、安全靠美」的做法，這在應對南海地緣政治的挑戰上，應會有避免衝突發生的效果。

資料來源：Energy Information Administration, USA, "South China Sea", https://www.eia.gov/international/analysis/regions-of-interest/South_China_Sea.

參考文獻

中文文獻

中文百科，中國四大海域，https://www.newton.com.tw/wiki/%E4%B8%AD%E5%9C%8B%E5%9B%9B%E5%A4%A7%E6%B5%B7%E5%9F%9F/14444698.

王志鵬，2021，〈大規模共機擾台　前潛艦作戰長 11 點解析：巴士海峽美中必爭〉，https://forum.ettoday.net/news/1909846，查閱時間：2021 年 1 月 30 日。

越通社，2022，〈越南堅定不移奉行和平與自衛的國防政策〉，https://zh.vietnamplus.vn/%E8%B6%8A%E5%8D%97%E5%9D%9A%E5%AE%9A%E4%B8%8D%E7%A7%BB%E5%A5%89%E8%A1%8C%E5%92%8C%E5%B9%B3%E4%B8%8E%E8%87%AA%E5%8D%AB%E7%9A%84%E5%9B%BD%E9%98%B2%E6%94%BF%E7%AD%96/167550.vnp.，查閱時間：2022 年 6 月 22 日，

錢尹鑫，2017，〈中國大陸在南海的戰略視野與未來趨向之研析〉，《海軍學術雙月刊》，51（5），26-39。

英文文獻

Chang, Shui-Kai, et. al., "A Step forward to the Joint Management of the South China Sea Fisheries Resources: Joint Works on Catches, Management Measures and Conservation Issues," (2019) *Marine Policy*, https://doi.org/10.1016/j.marpol.2019.103716.

EIA (Energy Information Administration), South China Sea, https://www.eia.gov/international/analysis/regions-of-interest/South_China_Sea.

FAO, *The State of World Fisheries and Aquaculture 2018: Meeting the sustainable development goals* (FAO, 2018), p. 30, available at http://www.fao.org/3/i9540en/

I9540EN.pdf.

Heavens, Louise, "Indonesia Rejects China's Claims over South China Sea", *Reuters*, 1 January 2020, https://ca.reuters.com/article/topNews/idUSKBN1Z01RE.

Heileman, S., "South China Sea: LME #36", in K. Sherman and G. Hempel, eds., The UNEP Large Marine Ecosystem Report: A Perspective on Changing Conditions in LMEs of the World's Regional Seas, UNEP Regional Seas, Report and Studies No. 182, (UNEP, 2008).

IHO, Marine Gazetteer Placedetails, Limits of oceans and seas, 3rd edition, 1953, https://marineregions.org/gazetteer.php?p=details&id=4332.

Lee Yong Leng, *Southeast Asia and the Law of the Sea: Some Preliminary Observations on the Political Geography of Southeast Asian Seas* (Singapore University Press, 1978), pp. 31-32.

Morgan, Joseph and Mark Valencia, eds, Atlas for Marine Policy in Southeast Asian Seas, (University of California Press, 1983), p. 36.

Nguyen Hong Thao, "Malaysia's New Game in the South China Sea", *The Diplomat*, 21 December 2019, https://thediplomat.com/2019/12/malaysias-new-game-in-the-south-china-sea.

Pauly, Daniel and Cui Liang, "The Fisheries of the South China Sea: Major Trends since 1950," (2020) *Marine Policy*, https://doi.org/10.1016/j.marpol.2019.103584.

PCA (Permanent Court of Arbitration), The South China Sea Arbitration (The Republic of Philippines v. The People's Republic of China), 22 July 2016, https://pcacases.com/web/sendAttach/2086.

Septiari, Dian, "Nothing to Discuss: Indonesia Says 'No Legal Basis' for China's Claim on the Natunas", *The Jakarta Post*, 1 January 2020, https://www.thejakartapost.com/news/2020/01/01/nothing-to-discuss-indonesia-says-no-legalbasis-for-chinas-claim-on-the-natunas.html.

Southeast Asian Fisheries Development Center, *Southeast Asian State of Fisheries and Aquaculture 2017* (Southeast Asian Fisheries Development Center, 2017), p. 15;

Teh, Louise, et al., "Status, Trends, and the Future of Fisheries in the East and South China Seas," (2019) 27-1 Fisheries Centre Research Reports 13.

The White House, *Indo-Pacific Strategy of the United States*, at https://www. whitehouse.gov/wp-content/uploads/2022/02/U.S.-Indo-Pacific-Strategy.pdf. Downloaded: 2022/04/22.

UN DOALOS (UN Division for Ocean Affairs and the Law of the Sea) 2009a, Office of Legal Affairs, https://www.un.org/depts/los/clcs_new/submissions_files/ mysvnm33_09/mys_vnm2009excutivesummary.pdf.

UN DOALOS (UN Division for Ocean Affairs and the Law of the Sea) 2009b, Office of Legal Affairs, https://www.un.org/depts/los/clcs_new/submissions_files/ mysvnm33_09/chn_2009re_mys_vnm.pdf.

UN DOALOS (UN Division for Ocean Affairs and the Law of the Sea), Office of Legal Affairs, "Submissions to the Commission: Partial Submission by Malaysia in the South China Sea", 12 December 2019, https://www.un.org/Depts/los/clcs_new/ submissions_files/submission_mys_12_12_2019.html.

Viswanathan, K. Kuperan, "Enhancing governance in Fisheries Management in Southeast Asia Towards 2020: Issues and Perspectives," The ASEAN-SEAFDEC Conference on Sustainable Fisheries for Food Security towards 2020 "Fish for the People 2020: Adaptation to a Changing Environment", January 2011, available at https://www.researchgate.net/profile/KKuperan_ Viswanathan/publication/216306639_Enhancing_governance_in_Fisheries_ Management_in_Southeast_Asia_Towards_2020_Issues_and_Perspectives/

links/0bf7c66629116d03cb088867/Enhancing-governance-in-Fisheries-Management-in-Southeast-Asia-Towards-2020-Issues-and-Perspectives.pdf.

Yanagawa, H., "Small Pelagic Fisheries in the South China Sea," in Asia-Pacific Fishery Commission, Small Pelagic Resources and Their Fisheries in the Asia-Pacific Region, *Proceedings of the First Session of the APFIC Working Party on Marine Fisheries*, Bangkok, Thailand, 13-16 May 1997, pp. 365-380.

Zhou, Laura, "Beijing Urges UN Commission Not to Consider Malaysian Claim in South China Sea", *South China Morning Post*, 17 December 2019, https://www.scmp.com/news/china/diplomacy/article/3042333/beijing-urges-un-commission-not-consider-malaysian-claim-south.

南海爭端國際法檢視：
從法律戰到海軍戰爭法

孫國祥

（南華大學國際事務與企業學系教授）

摘　要

　　南海爭端引發的混合威脅，不僅引發和平時期對海洋法的詮釋之爭，並在南海浮現介於和平與戰爭的「灰色地帶」，進一步引發在南海浮現的新興技術為基礎的海軍戰爭法的探討。本文即在探討南海爭端的國際法檢視，參照的焦點為南海仲裁案裁決。基於法律戰概念，本文探討南海仲裁在和平解決菲中爭端中的角色、南海仲裁對國際法尤其是海洋法發展的影響。此外，本文探討了南海仲裁是否以及在多大程度上影響了海洋社群利益的保護。其後探討仲裁中時間要素的考慮。最後，技術發展推動海上衝突出現前所未有的情形，南海爭議不僅影響和平時期的海洋國際法，深刻影響戰爭時期的海軍戰爭法。

關鍵字：南海、法律戰、仲裁、海洋社群、海軍戰爭法

壹、前言

在法律戰的基礎上，本文討論南海仲裁案的國際法意涵。儘管仲裁庭在其案情裁決中強調雙方有義務「和平解決他們的爭端，並善意遵守公約和本裁決」，[1] 但中國拒絕接受南海仲裁裁決。2016 年 7 月 12 日，中華人民共和國外交部明確表示，「（關於案情）的裁決無效，不具有約束力。中國既不接受也不承認」。[2] 北京在 2016 年 7 月 13 日的《中國堅持通過談判解決中國與菲律賓在南海的有關爭議》也強調，「中國不接受也不承認這些裁決。中方反對並且永遠不會接受基於這些裁決的任何聲索或行動。」[3] 然而，根據《聯合國海洋法公約》（United Nations Convention on the Law of the Sea, UNCLOS；以下簡稱《公約》）附件七第 296 條第 1 款和第 11 條，裁決是終局裁決，對雙方具有約束力。[4]

即令中國持續否認南海仲裁裁決的約束性質，但此並非意味裁決沒有任何價值。麥克道曼（TL McDorman）指出，「國際司法裁決的有效性（或影響）並不總是由爭端國或相關國家的直接反應來評估」。[5] 南海仲裁案的

---

1 PCA Case No 2013–19. The South China Sea Arbitration Award (Merits) (hereinafter 'the South China Sea Arbitration Award (Merits)'), 12 July 2016, [1200].

2 中華人民共和國外交部，中華人民共和國外交部關於應菲律賓共和國請求建立的南海仲裁案仲裁庭所作裁決的聲明，2016 年 7 月 12 日。<https://www.mfa.gov.cn/nanhai/chn/snhwtlcwj/201607/t20160712_8521047.htm>. 重新出版於 Chinese Society of International Law (CSIL), The South China Sea Arbitration: A Critical Study (Foreign Languages Press, 2018) 561. 此一立場得到了中國外交部長王毅的確認，他表示：「其裁決明顯擴權、越權，不可能產生任何法律效力。」中國外長王毅就所謂南海仲裁庭裁決結果發表談話，2016 年 7 月 12 日，<https://www.mfa.gov.cn/nanhai/chn/wjbxw/201607/t20160712_8524569.htm>. 對於其他中國的聲明，參見 <https://www.mfa.gov.cn/nanhai/chn/>. 中國國際法學會採取了同樣的立場，指出「仲裁庭顯然對菲律賓的呈件沒有管轄權，其裁決在事實上和法律上都是毫無根據的，因此是無效的。」: CSIL, 517.

3 中華人民共和國中央人民政府，中國堅持通過談判解決中國與菲律賓在南海的有關爭議，2016 年 7 月 13 日。<http://www.gov.cn/zhengce/2016-07/13/content_5090812.htm>. 重新出版於 CSIL, 567.

4 The South China Sea Arbitration Award (Merits), [1180]. 亦可參見 TL McDorman, 'The South China Sea Arbitration: Selected Legal Notes' (2017) 21 Asian Yearbook of International Law 1, 6；AC Robles, Jr, The South China Sea Arbitration: Understanding the Awards and Debating with China (Sussex Academic Press, 2019) 247. 不遵守仲裁裁決也將違背誠信原則，因為司法裁決必須由訴訟各方真誠地執行。R Kolb, Good Faith in International Law (Hart Publishing, 2017) 240. 亦可參見 Art 2(2) of the UN Charter.

5 TL McDorman, 'The South China Sea Tribunal Awards: A Dispute Resolution Perspective' (2018) 3 Asia-

價值必須從多個視角檢驗。本文探討南海爭端的國際法檢視，聚焦於南海仲裁裁決的角色和法律意涵，重點關注以下問題：南海仲裁對和平解決菲律賓與中國之間的爭端扮演什麼角色？南海仲裁裁決對國際法的發展有何意涵？南海仲裁裁決對保護社群的海洋利益有何意涵？時間要素的考慮對國際法相關規則的解釋或適用有何影響？以及技術的進步如何影響未來海戰法的發展？

在前言之後，本文探討法律戰的起源與定義，尤其是國際法的重要性；然後討論南海仲裁在和平解決菲中爭端中的角色、南海仲裁對國際法尤其是海洋法發展的影響。此外，本文探討了南海仲裁是否以及在多大程度上影響了海洋社群利益的保護。其後探討仲裁中時間要素的考慮。最後，在結論之前，必須了解海洋衝突已經出現前所未有的情形，南海爭議不僅影響和平時期的海洋國際法，還應探討戰爭時期的海洋戰爭法。

貳、法律戰的起源與定義

雖然法律作為戰爭武器的概念在鄧拉普（Charles Dunlap, Jr.）2001 年 11 月的文章中首次稱之為「法律戰」（lawfare），但此既為概念又為術語早於鄧拉普將它們聯繫起來即已使用。一般而言，將法律作為戰爭武器的做法可以追溯到「國際法之父」格勞秀斯（Hugo Grotius）。在 1600 年代前十年，包括格勞秀斯的荷蘭在內的歐洲國家，為爭奪航海貿易路線的控制權而激烈競爭。[6] 葡萄牙試圖經由部署自身的海軍將荷屬東印度公司（Dutch East India Company, DEIC）排除在印度洋之外，以保護其利潤豐

Pacific Journal of Ocean Law and Policy 134, 143. 亦可參見 ibid, 145.

6　Hugo Grotius, The Freedom of the Sea vii (1608) (introductory note by James Brown Scott, 1916).

厚的香料貿易。[7] 荷屬東印度公司聘請格勞秀斯設計理論，據此「可以正當地對葡萄牙人發動攻勢，並從葡萄牙獲取戰利品」，理由是葡萄牙人「錯誤地試圖排斥荷蘭人。」[8]

為了回應荷屬東印度公司的委託，格勞秀斯寫了他的經典著作《海洋自由論》（Mare Liberum），首次於 1609 年出版，他在書中提出，根據《萬國公法》（Law of Nations），「海洋屬於所有人」，而且所有國家都可以自由使用海洋進行海上貿易。[9] 到了 1700 年代，「大多數國家」都採納了格勞秀斯「海洋自由的思想」。[10] 因此，「格勞秀斯利用法律來實現荷蘭軍事力量無法實現的目標，從而在現代國際法中鞏固了海洋自由的概念。」[11]

格勞秀斯的成功之所以如此引人注目，部分原因是此較許多社會經濟和技術因素早了大約四百年，而這些因素正在使法律成為 21 世紀衝突中更加強大和普遍的武器。這些因素在 1990 年代中期開始凸顯出來。因此，在鄧拉普的文章發表之前的五年裡，許多國際法和政策官員和分析家提到了法律作為戰爭武器日益強大的力量，在許多意義上預見到了他的論點—儘管沒有使用「法律戰」一詞，此並不令人驚訝。舉例而言，1996 年，中華人民共和國國家主席江澤民向一群中國國際法專家建議，中國「必須善於利用國際法作為武器。」[12]

7　R.P. Anand, Maritime Practice in South-East Asia Until 1600 A.D. and the Modern Law of the Sea, 30 International & Comparative Law Quarterly. 440, 442 (1981).

8　Ibid., 442.

9　Grotius, 28.

10　Glenn M. Sulmasy & Chris Tribolet, The United Nations Convention on the Law of the Sea, in National Security Law in the News (2012).

11　John W. Bellflower, The Influence of Law on Command of Space, 65 Air Force L. Rev. 107, 112 n.27 (2010), <http://www.afjag.af.mil/shared/media/document/AFD-100510-068.pdf>.

12　Dong Wang, China's Unequal Treaties: Narrating National History 128 (2005) (quoted in Jonathan G. Odom, A China in the Bull Shop? Comparing the Rhetoric of a Rising China with the Reality of the International Law of the Sea, 17 Ocean & Coastal Law Journal 201, 223 (2012)).

　　1999 年，兩 名 中 共 解 放 軍 上 校 撰 寫《 超 限 戰 》（ Unrestricted
Warfare）一書，並由中國軍方出版，書中反覆提到了以法律為武器的概念，
有時將其稱為「法律戰」（legal warfare）。[13] 該書列舉了「非軍事戰爭的
案例」，其中包括「制定主要有利於某個國家的國際法」。[14] 列表還包括「在
國際舞臺上使用國內貿易法」，該書聲稱「這種做法的破壞力與軍事行動
相當」。[15]

　　鄧拉普在 2001 年 11 月發表的開創性文章中首次使用了「法律戰」一
詞，其部分內容是對前一年芮福金（David Rivkin）和凱西（Lee Casey）
一篇具有影響力文章的明確回應。在他們的文章中，芮福金和凱西斷言，
包括美國的盟友和對手都「選擇使用」國際法「作為一種手段來制約，或
者至少是駕馭美國的權力。」[16] 芮福金和凱西指出的案例包括當時新興的
國際刑事法院（International Criminal Court, ICC），它有能力起訴美國官
員違反國際法的行為，然「其含義模糊不清，而在應用上卻非常不穩定」。[17]
「如果允許 1990 年代的國際法趨勢成熟」，芮福金和凱西警告，「國際
法可能得以證明是針對美國最有力的武器之一。」[18]

　　芮福金和凱西斷言，「好消息是，國際法…可以作為積極的力量發揮
功用，能夠促進更加穩定的國際環境，並推動我們的國家利益。」[19] 為了
實現此目標，他們敦促美國「積極致力於塑造國際法」，就像荷蘭人利用
格勞秀斯宣導海洋自由那樣。[20] 芮福金和凱西指出，「作為世界上最傑出

13　喬良和王湘穗，《超限戰：對全球化時代戰爭與戰法的想定》，北京：解放軍文藝出版社，1999 年。
　　<http://www.c4i.org/ unrestricted.pdf >.

14　同上註。第二部分。

15　同上註。

16　David B. Rivkin, Jr. & Lee A. Casey, The Rocky Shoals of International Law, National Interest 35, 35 (Winter
　　2000/2001).

17　Ibid., 38.

18　Ibid., 36.

19　Ibid., 36.

20　Ibid., 41.

的大國」，美國「在塑造國際法方面既有最大的機會，也有最迫切的需要。」[21] 他們建議，如果美國將國際法納入「美國的治國之術」（American statecraft），「有意識地協調外交政策和國際法的必要性」，並「從整體上，而不是從一個問題上處理國際法所帶來的當前問題」，[22] 就能最有效地抓住這個機會。

與法律作為戰爭武器的概念相反，「法律戰」一詞似乎是在 1975 年首次出現在卡爾森（John Carlson）和約曼斯（Neville Yeomans）一篇相關的論文之中。[23] 卡爾森和約曼斯對西方法律體系變得過於敵對表示關切，他們寫道：「法律戰取代了戰爭，決鬥是用語言而不是用劍。」[24] 對卡爾森和約曼斯而言，法律戰顯然是一個混合詞，也就是說，這個詞的形式和意義是由「法律」和「戰爭」這兩個不同的詞混合而成。卡爾森和約曼斯創造的「法律戰」一詞，似乎在很大程度上或完全沒有受到國際法和政策領域界注意到，直到鄧拉普在 2001 年將其與法律作為戰爭武器的概念結合起來，使「法律戰」一詞在國際法和政策領域廣泛傳播。[25]

在他的文章中，鄧拉普認為，「法律戰」，即使用法律作為戰爭武器，是 21 世紀戰鬥的最新特徵。[26] 他還提出了第二個略有不同的定義，稱「法律戰描述了一種戰爭方法，在此方法中，法律被用作實現軍事目標的手段。」[27] 在隨後的文章中，鄧拉普採用了第三個也是略有不同的定義，他

---

21 Ibid., 36.

22 Ibid., 36, 41.

23 John Carlson and Neville Yeomans, Whither Goeth the Law—Humanity or Barbarity, in The Way Out—Radical Alternatives in Australia (1975). <http://www.laceweb.org.au/whi.htm>.

24 Ibid.

25 Charles J. Dunlap, Jr., Colonel, USAF, Law and Military Interventions: Preserving Humanitarian Values in 21st Conflicts (paper prepared for the Humanitarian Challenges in Military Intervention Conference, Carr Ctr. for Human Rights Policy, Kennedy School of Government, Harvard University, Washington, D.C., Nov. 29, 2001), <http://people.duke.edu/~pfeaver/dunlap.pdf>.

26 Ibid.

27 Ibid.

將法律戰定義為「使用或濫用法律作為傳統軍事手段的替代品，以實現戰鬥目標的戰略。」[28]

　　必須指出的是，所有這三種法律戰的定義都是價值中立的。按照如此的界定，法律戰本質上既非好，亦非壞，但與大多數其他武器一樣，可以「由交戰雙方中的任何一方運用」，[29] 並「根據運用者的心態，用於好或壞的目的。」[30] 正如鄧拉普在他的文章中所解釋：「法律戰…主要集中在法律能夠產生與常規戰爭手段所追求的相同或類似效果的情況下。」[31] 鄧拉普說，法律戰「只是另一種武器，比方說，是透過將法律書籍打成劍而產生。」[32]

　　與他後來對法律戰一詞的價值中立定義不同，鄧拉普描述了法律戰的影響，至少從美國國家安全的角度來看主要屬於惡性。舉例而言，他寫道：「有令人不安的證據表明，法治正被劫持為另一種戰鬥方式（法律戰），從而損害了人道主義價值觀和法律本身。」[33] 他還說，「美國的敵人」「不再能夠嚴肅對抗，遑論在軍事上擊敗美國了…從而訴諸一種可以被稱為『法律戰』的戰略。」[34]

　　然而，在隨後的文章中，鄧拉普提供了許多法律戰對美國國家安全產生有益影響的案例。他指出，許多這樣的「『法律武器』的使用…避免了訴諸物理暴力的需要」，同時比傳統的軍事手段同樣有效或更有效。[35] 鄧拉普舉例說明，「建立法治」[36] 以確保人民不受叛亂分子的侵害，以及「利

---

28 Dunlap, 18.
29 Dunlap, 18.
30 Dunlap, 122.
31 Dunlap, 122.
32 Dunlap, 122.
33 Dunlap, 38.
34 Dunlap, 38.
35 Dunlap, 17.
36 Dunlap, 124.

用司法程序來解構恐怖主義融資。」[37] 作為後者之例，他提到美國國務院正式指定巴基斯坦塔利班（Taliban）為「外國恐怖組織」，此「具有將提供給他們的物質支援定為犯罪的效果」。[38] 鄧拉普指出，雖然攻擊恐怖組織的資金「可能被一些人稱為『金融戰』而不是『法律戰』，但某種程度而言「它仍然取決於司法文書和方法。」[39]

鄧拉普還將有針對性的貿易制裁列為「美國採取的可稱為『法律戰』的行動」的例子，並指出這種「司法『武器』所產生的效果與它們的動能類似物完全沒有區別。」[40] 舉例而言，在 2003 年美國入侵伊拉克期間，「伊拉克空軍發現自己被一種法律手段─制裁─所束縛，就像被傳統空戰的任何結果所束縛一樣。」[41]「透過阻止購買新飛機和現有機隊的備件，伊拉克空軍被削弱了」，鄧拉普說，「沒有一架飛機能夠對抗聯軍的空中艦隊。」[42]

本文主要是關於法律作為戰爭武器的使用（而不是，例如，關於法律戰一詞的不斷演變的使用）。本文為「法律戰」此概念和術語賦予了中立的內涵，因為作者認為，用中立的術語來描述將法律作為戰爭武器的使用，同時能夠將一些（而不是所有）法律戰的使用稱為「非法法律戰」（illicit lawfare），是有明顯的價值。為此概念賦予中立的內涵也符合中國的術語「法律戰」（falu zhan），它是中華人民共和國戰略理論的主要組成部分，並被用於中國相對先進的關於使用法律作為南海爭端戰爭武器的文獻之中。

---

37 Dunlap, 18.
38 Dunlap, 125.
39 Dunlap, 124.
40 Dunlap, 123.
41 Ibid.
42 Ibid., 123-24.

參、南海仲裁裁決的國際法意涵

一、南海仲裁（案情）裁決的雙重角色

　　首先需要考慮的問題是南海仲裁在解決菲中爭端中的角色。仲裁庭認為，南海仲裁中爭端的根源在於雙方在南海海域《公約》下對各自權利存在根本不同的理解。仲裁庭表示，「在此情況下，爭端解決程序的目的是澄清雙方各自的權利和義務，從而根據兩國政府明確承認的一般誠信義務以促進雙方未來的關係。」[43] 此處有趣的問題是仲裁庭是否可以以及在多大程度上有助於菲／中及其他的爭端解決。在考慮此問題時，有兩點值得討論：問題範圍的縮小；並為南海地區的國際合作奠定基礎。

（一）問題範圍的縮小

　　由於仲裁庭無法處理領土和海洋劃界爭端，仲裁裁決僅涉及南海爭端的某些法律層面。就此意義而言，裁決的範圍受到限制。[44] 然而，南海仲裁的範圍狹隘是菲國法律戰的一部分。菲指稱，「裁決將是履行法律和司法程序以促進合作方面最重要的功能之一：即縮小問題的範圍」。[45] 因此，菲採取了分階段的做法來推進爭端的解決。

　　仲裁庭裁定，「中國對『九段線』相關部分所涵蓋的南海海域的歷史權利聲索，違反了公約。」[46] 仲裁庭還認為，南沙群島的高潮地物都無法產生專屬經濟區或大陸礁層的法律權利，因為它們是《公約》第 121 條第

---

43 The South China Sea Arbitration Award (Merits), [1198].

44 D Tamada, In the Matter of an Arbitration before an Arbitral Tribunal Constituted under Annex VII to the 1982 United Nations Convention on the Law of the Sea between the Republic of Philippines and the People's Republic of China, Award on Jurisdiction and Admissibility (29 October 2015). (in Japanese) (2016) Kobe Law Journal 66(2)125, 155.

45 Hearing on Jurisdiction and Admissibility, Day 2, Presentation by Oxman, 49.

46 The South China Sea Arbitration Award (Merits), [1203]B(2). 亦可參見 [277]-[278].

3款規定的岩礁。[47]因此，先前聲索有爭議的大部分地區構成公海或菲國的專屬經濟區。此外，仲裁庭還裁定美濟礁和仁愛暗沙位於菲國專屬經濟區和大陸礁層之內。因此，中／菲爭端的主要問題將僅限於某些高潮地物的領土主權和圍繞這些地物的領海。[48]透過中和該地區的許多有爭議的海洋爭端，南海仲裁被認為有助於縮小菲中之間的爭端範圍。[49]因此，誠如白珍鉉（Jin-Hyun Paik）法官的聲明，即「希望裁決透過減少圍繞其長期、激烈爭端的法律不確定性，可以協助當事方在長期內找到建設性的解決方案」。[50]

（二）國際合作的基礎

　　國際法院或法庭裁決的決定角色不僅限於國際義務違反的宣布。在決斷的基礎上，爭議各方（以及在適當情況下，可能與裁決有利益的其他國家）還需要探索相關手段，以有效履行法院或法庭確定的義務。就此而言，似乎有一些空間可以考慮南海仲裁裁決（案情）可以為國際合作奠定基礎，尤其是在漁業和海洋環境保護方面。

　　仲裁庭認知到「黃岩島一直是許多國家漁民的傳統漁場，包括菲、中（包括台灣）和越等。」[51]為了協調多國國民的捕魚活動，將需要國際合作。

---

47 ibid, [1203]B(7).

48 Yen Hoang Tran, 'The South China Sea Arbitral Award: Legal Implications for Fisheries Management and Cooperation in the South China Sea' (2017) 6 Cambridge International Law Journal 87, 90 ; ASP Baviera, 'Arbitration Over, Time for China to Lead Responsibility', <http://appfi.ph/publications/commentaries/865-arbitration-over-time-for-china-to-lead-responsibly>. This paper was reproduced in (2017) 9 Asian Politics and Policy 136.

49 MPT Sison III, 'Universalizing the Law of the Sea in the South China Sea Dispute' (2018) 49 ODIL 157, 167; Hao Duy Phan and Lan Ngoc Nguyen, 'The South China Sea Arbitration: Bindingness, Finality, and Compliance with UNCLOS Dispute Settlement Decisions' (2018) 8 Asian Journal of International Law 36, 50 ; D Rothwell, 'Cause for Optimism in the South China Sea', East Asia Forum, 25 July 2016, <http://www.eastasiaforum.org/2016/07/25/assessing-the-damagethe-south-china-sea-arbitration/>.

50 Jin-Hyun Paik, 'South China Sea Arbitral Awards: Main Findings and Assessment' (2016) 20 Max Planck Yearbook of United Nations Law 367, 407.

51 The South China Sea Arbitration Award (Merits), [805].

就此而言，仲裁庭的認定可以為在黃岩島周圍的領海建立傳統捕魚的國際安排提供基礎。[52] 在這種安排下，建立所有締約方的國民都可以從事捕魚活動的聯合捕魚區可能是選項。[53] 鑑於南海的漁業目前永續性不足，[54] 建立傳統漁業的國際安排有其意義。為了建立如此的安排，需要解決一系列廣泛的問題，諸如：允許進行傳統捕魚的海洋空間的地理範圍；傳統捕魚的定義；允許進行傳統捕魚的國民範圍；海洋生物資源的永續利用；確保合規（compliance）的機制；將傳統捕魚與領土爭端分開。[55] 事實上，除非政治氣候變得更加有利，否則很難就該等問題達成協議。[56]

在海洋環境保護方面，仲裁庭強調了《公約》關於封閉或半封閉海合作的第 123 條和關於環境影響評估的第 206 條中規定的合作義務。第 123 條規定了封閉或半封閉海域周邊國家之間的合作義務，包括「協調履行其在保護和保全海洋環境方面的權利和責任」的義務。為履行此義務，有必要探索確保南海周邊國家之間國際合作的機制。為履行環境影響評估的義務，有必要建立制度安排，以確保有關國家之間就環境影響評估進行溝通。就此而言，還應建立合作機制，共同蒐集和共享資訊，並使環境影響評估的程序標準化。[57] 然而，與傳統漁業一樣，環境合作的進展取決於有關國家的意願。

---

52 S Jayakumar et al, 'Conclusion' in S Jayakumar et al (eds), The South China Sea Arbitration: The Legal Dimension (Edward Elgar, 2018) 277, 285.

53 Ibid.

54 J Mossop, 'Can the South China Sea Tribunal's Conclusions on Traditional Fishing Rights Lead to Cooperative Fishing Arrangements in the Region ?' (2018) 3 Asia-Pacific Journal of Ocean Law and Policy 210, 213.

55 同樣地，（Mossop）列出了以下內容:「權利適用於那些地物；相對於工業化捕魚而言，什麼是傳統捕魚；每個國家將如何在內水和 12 海里以外將如何限制捕魚量以確保永續性；如何執行；協定中沒有任何內容影響主權要求。Ibid, 229.

56 Ibid.

57 Jayakumar et al, 'Conclusion', 287.

二、仲裁裁決的不遵守

　　對南海仲裁而言，必須考慮不遵守仲裁裁決的問題。在現實中，爭議一方當事國質疑仲裁裁決的有效性，並拒絕執行的情況並不罕見。在此情況下，有兩種選擇：將關於不遵守仲裁裁決的爭議提交國際法院（International Court of Justice, ICJ）；在適當的情況下，透過談判以及第三方的斡旋或調解來解決。[58] 因此，除非中國接受國際法院的強制管轄權，或與菲國達成協議，將有關南海仲裁有效性的爭端提交給法院，否則第一種方式（提交國際法院）將無法使用。因此，目前外交手段是解決與不遵守南海仲裁裁決有關問題的唯一選項。[59]

　　不遵守並不直接意味著僵局。就此而言，尤其值得注意的是，美國和中國在 2014 年簽署了兩項不具有法律約束力的諒解備忘錄（Memorandums of Understanding, MOU）：[60]「關於空中和海上相遇安全行為規則的諒解備忘錄」（MOU regarding Rules of Behaviour for Safety of Air and Maritime Encounters）；[61] 以及「關於重大軍事活動通報信心建立措施機制的諒解備忘錄」（MOU on Notification of Major Military Activities Confidence-Building Measures Mechanism）。[62]

　　《海空相遇安全行為規則》（Rules of Behaviour for Safety of Air and

---

58 Tanaka, 120-21.

59 T Davenport, 'Island-Building in the South China Sea: Legality and Limits' (2018) 8 Asian Journal of International Law 76, 90.

60 關於美國和中國之間的諒解備忘錄的詳細分析，參見 J Kraska, 'Maritime Confidence-building Measures for Navigation in the South China Sea' (2017) 32 IJMCL 268.

61 The full title is Memorandum of Understanding Between the Department of Defence of the United States of America and the Ministry of National Defense of the People's Republic of China regarding the Rules of Behaviour for Safety of Air and Maritime Encounters. <https://archive.defense.gov/pubs/141112_MemorandumOfUnderstandingRegardingRules.pdf>.

62 《美利堅合眾國國防部和中華人民共和國國防部關於空中和海上相遇安全行為規則的諒解備忘錄》的全文。<https://dod.defense.gov/Portals/1/Documents/pubs/141112_MemorandumOfUnderstandingOnNotification.pdf>.

Maritime Encounters）附件一要求，一方軍事船隻和軍用飛機在行使國際法賦予的權利，自由和對海洋和空域的合法使用時，應充分考慮到另一方軍事船隻和飛機在國際法下的權利、自由和對海洋和空域的合法使用。[63] 尤有進者，關於行為規則的諒解備忘錄附件二規定了地對地相遇的安全行為。具體而言，附件二第一節指出：在海上相遇的軍艦應遵守 1972 年《國際海上避碰規則公約》（Convention on the International Regulations for Preventing Collisions at Sea, COLREGs）及其所載的避碰規則（Collision Regulations），並真誠地執行由西太平洋海軍研討會（Western Pacific Naval Symposium）制定並通過的海上意外相遇準則（Code for Unplanned Encounters at Sea, CUES）。[64]

與此相關，關於行為準則的諒解備忘錄指出：確保雙方軍艦在空中和海上領域的和平意圖的主要方法是遵守《公約》和《國際海上避碰規則公約》中反映的現有安全規則和標準，並結合積極與及時的溝通以澄清行動。[65] 值得注意的是，中國與美國雙方都承認《公約》和《國際海上避碰規則公約》在各自軍事船隻上的適用。2015 年，中國與美國雙方還就關於行為準則諒解備忘錄達成了的補充協議。[66]

根據關於通報的諒解備忘錄，「雙方尋求藉由定期交流與主要官方出版物和聲明有關的資訊，以促進對彼此安全政策、戰略和意圖更多的理解」。[67] 尤有進者，「雙方意圖自願交換有關各自國家安全政策、戰略和

63　Annex I, Section II(vi).

64　Annex II, Section I.

65　Annex II, Section VI(i).3.

66　全稱是《美利堅合眾國國防部和中華人民共和國國防部關於空中和海上相遇安全行為規則的諒解備忘錄的補充》（Supplement to the Memorandum of Understanding on the Rules of Behaviour for Safety of Air and Maritime Encounters between the Department of Defense of the United States of America and the Ministry of National Defense of the People's Republic of China）。文本 <http://china.usc.edu/sites/default/files/article/attachments/US-CHINA_AIR_ENCOUNTERS_ANNEX_SEP_2015.pdf>.

67　Annex I, Section I.

法律訊息的資訊，…透過提供有關演講，以及主要政府出版物的簡報和資訊」。[68]

　　雖然雙邊諒解備忘錄不限於在南海的互動，但這些文書與南海地區特別相關，因為兩國軍隊之間的大部分危險事件都發生在南海。[69] 諒解備忘錄是否能夠以及在多大程度上真正有助於促進南海航行的信心建立還有待觀察。[70] 無論如何，值得注意的是，中國與美國為解決南海的各種問題採取了一些倡議。

三、南海仲裁案對國際法發展的影響

　　一般而言，國際的法院和法庭具有雙重功能：國際爭端的和平解決和國際法的發展。[71] 顯然，國際的法院和法庭的首要任務是透過適用國際法的現有規則和平解決國際爭端。同時，可以認為國際的法院或法庭對國際法的發展做出了重要貢獻。具體而言，它至少在四方面有助於發展法律。[72] 一是澄清國際法的規則。二是涉及國際法規則的進一步鞏固。三是涉及程序法的闡述。四是司法裁決可能對國際法的發展產生形塑性影響。由於這些功能是相互的關聯，因此區分四種方式並不明確。舉例而言，將國際法規則含義的澄清與司法創造性區分開來可能不太容易，尤其是在應用演變性條約解釋時。無論如何，在南海仲裁案中，前三項功能似乎值得特別討論。

68　Annex I, Section II.

69　Kraska, 269-70.

70　克拉斯卡（Pete Kraska）指出，為了促進其海洋聲索，中國使用了一支由漁船和其他民用船隻以及海警船隻組成的船隊，這些船隻不在美中雙邊諒解備忘錄的範圍之內。因此，克拉斯卡認為，這些諒解備忘錄不太可能加強航行安全或安保。Ibid, 294-95.

71　Paik, 406.

72　Y Tanaka, 'The Impacts of the ITLOS Jurisprudence on the Development of International Law' in International Tribunal for the Law of the Sea, The Contribution of the International Tribunal for the Law of the Sea to the Rule of Law: 1996-2016 (Brill/Nijhoff, 2017), 161.

（一）國際法規則的澄清

至於澄清包括海洋法在內的國際法的規則，有四點值得關注。第一個值得注意的重點是對歷史權利和所有權（title）概念的澄清。如第 3 章第 II.B 節所述，在其關於案情的仲裁裁決中，仲裁庭明確區分了歷史所有權（historic title）和歷史權利（historic rights）的概念，前者是指對陸地或海洋區域的歷史主權，而後者包括還未達到主權聲索的更有限的權利。鑑於《公約》沒有包含歷史所有權或歷史權利的定義，可以說，仲裁庭為澄清這兩個概念做出了貢獻。如前所述，第 298 條第 1 款 a 項 i 中的管轄權例外僅限於涉及歷史所有權的爭端。因此，此種區分也影響到《公約》下強制程序的範圍。

第二個值得注意的點與《公約》第 121 條第 3 款的解釋和適用有關。南海仲裁案案情裁決對該條款的解釋進行了詳細審查。該裁決可以說是第一個對其解釋進行深入研究的國際裁決。尤其重要的是，仲裁庭澄清了《公約》第 121 條第 3 款規定的質量和時間要求。與此相關，特別值得注意的是，仲裁庭對第 121 條第 3 款的解釋側重於對人民的利益，而不是單一國家的利益，以及對人類共同遺產的保護。在適用此條款時，仲裁庭採用了兩階段做法。第一階段審查海洋地物的自然條件。如果地物的物理特徵不能明確表示地物的能力，在第二階段，則依據「歷史上的人類居住地」和「歷史上的自身經濟生活」確定地物的法律地位。

第三點是關於《公約》中環境義務的解釋和適用。透過適用系統性條約解釋，仲裁庭裁定，第 192 條中「保護和保全海洋環境」的一般義務包括「盡職義務」（due diligence obligation），以防止捕撈國際公認的滅絕風險並需要國際保護的物種。這種解釋對於保護海洋生物多樣性方面具有特別重要的意義。此外，仲裁庭將根據第 206 條通報評估結果的義務視為

絕對義務。仲裁庭對《公約》規定的環境義務的解釋似乎可能對保護海洋環境產生積極的影響。[73]

第四點與傳統捕魚權的概念有關。仲裁庭明確指出，傳統捕魚權不是國家的歷史權利，而是私人權利。然後，它將傳統捕魚權同化為人工捕魚。此外，仲裁庭澄清，既定的傳統捕魚權在領海仍受國際法的保護，而這些權利在專屬經濟區已消失。

最後，仲裁庭指明了三項與在司法程序中不加劇爭端的義務相違背的行為。如前所述，仲裁庭對這些問題的解釋在某些方面並非沒有爭議。即便如此，至少可以這樣說，南海仲裁案（案情）裁決為《公約》相關條款的解釋提供了值得借鑑的先例。

（二）國際法現行規則的鞏固

南海仲裁裁決在鞏固現有國際法規則方面的角色，對低潮高地的領土性解釋就是很好的例子。提到 2012 年尼加拉瓜訴哥倫比亞（Nicaragua v Colombia）案，仲裁庭在其案情裁決中裁定，低潮高地不構成法律意義上的國家陸地領土的一部分，而是該國被淹沒陸地的一部分，並屬於領海或大陸礁層的法律制度。[74] 仲裁庭的觀點與國際法院的判例一致。透過認可國際法院在此問題的觀點背書，仲裁庭為鞏固低潮高地作為海床一部分的法律地位做出貢獻。

另一個例子是不加劇爭端的義務。仲裁庭在其關於案情的裁決中，在常設仲裁法院和國際法院關於臨時措施和條約實踐的判例中找到了不加重義務的法律依據。然後宣布，該義務構成「適用於參與爭端解決的國家本

---

73 參見 Z Scanlon and R Beckman, 'Assessing Environmental Impact and the Duty to Cooperate: Environmental Aspects of the Philippines v China Award' (2018) 3 Asia-Pacific Journal of Ocean Law and Policy 5, 30.

74 The South China Sea Arbitration Award (Merits), [309].

身的國際法原則」。[75] 仲裁庭的判詞似乎有助於鞏固不加劇爭端義務作為國際法原則的地位。

（三）程序規則的制定

南海仲裁裁決對管轄權和國際爭端解決程序的問題有所啟示。就此而言，有兩個問題特別值得討論：領土和海洋問題的分離以及專家的利用。

1. 領土和海洋問題的分離

南海仲裁案關於管轄權和可受理性爭議最大的問題是附件七仲裁庭能否對涉及領土和海洋問題的混合爭端行使管轄權。就此而言，三類爭端之間的關係存在爭議：第一類：領土爭端；第二類：海洋劃界爭端；以及第三類：其他海洋爭端，諸如海洋所有權、環境保護爭端等。[76]

在南海仲裁案中，仲裁庭採取了將第三類爭議與第一類和第二類爭議分開的做法。與此相關，仲裁庭一再申明菲律賓的陳述意見書狀並未反映有關主權或海洋劃界的爭端。[77] 仲裁庭的做法可以稱為分離途徑。此處引發了兩個問題。

首先的問題是第三類爭端，即海洋法律權利爭端，是否可以獨立於第一類爭端（即領土的爭端）而存在。海洋地物的法律權利受《公約》第121 條的管轄，而獲得領土的國際法適用於領土爭端。第 121 條的適用和領土取得法的適用是兩個截然不同的問題。第 121 條的適用並不取決於海洋地物的領土主權問題。因此，就理論而言，海洋法律權利爭端有別於領土爭端。似乎同樣的邏輯也適用於海洋環境爭端。《公約》第 192 條規定了海洋環境保護的一般義務，包括生物多樣性。該義務適用於國家，無論

---

75 The South China Sea Arbitration Award (Merits), [1173].

76 Tamada, 149.

77 PCA Case No 2013-19. The South China Sea arbitration (Jurisdiction and Admissibility) (hereinafter 'the South China Sea Arbitration Award (Jurisdiction and Admissibility)'), 29 October 2015, [394]-[412].

所指控的有害活動發生在何處。[78] 環境義務的適用並不取決於對特定海洋地物的主權問題。因此，關於海洋環境保護爭端不同於領土爭端。

其次的問題是第三類爭議是否可以與第二類（即海洋劃界爭端）爭端分開。雖然有關海洋地物法律權利的爭端屬於《公約》第 121 條的範圍之內，但海洋劃界受《公約》第 15、74 和 83 條的管轄。因此，適用於海洋劃界的規則不同於適用於海洋地物法律權利的規則。第 121 條的適用不依賴關於海洋劃界規則的適用。還必須注意兩類爭端的性質差異。海洋劃界爭端僅發生在沿海國海洋空間法律權利重疊的情況之下。因此，海洋劃界主要是透過有關國家之間的協議來實現。相較之下，諸如沖之鳥礁的案例所示，即使海洋空間的法律權利沒有重疊，也可能出現海洋法律權利爭端。海洋地物的法律權利是客觀確定的問題，而不依賴於國家之間的協議。因此，海洋法律權利爭端亦可獨立於海洋劃界爭端而存在。[79]

綜上所述，南海仲裁案（案情）展現了第三類海洋爭議可以與第一類和第二類爭端分開的可能性。在審查根據《公約》規定的法院或法庭對混合爭端的管轄權時，此途徑提供了值得考慮的替代方案。

2. 專家的利用

南海仲裁案的顯著特點是仲裁庭任命專家們就中國在南海的活動和航行安全造成的環境損害提供獨立意見。[80] 《程序規則》第 24 條規定了仲裁庭任命專家的權威。[81] 根據第 24 條第 1 款：在徵求當事方意見後，仲裁庭

---

78 The South China Sea Arbitration Award (Merits), [927]. 亦可參見 The South China Sea Arbitration Award (Jurisdiction and Admissibility), [408].

79 Tamada, 154-55.

80 一般來說，在這個問題上，參見 Y Tanaka, 'The South China Sea Arbitration: Environmental Obligations under the Law of the Sea Convention' (2018) 27 RECIEL 90, 95-96；T Davenport, 'Procedural Issues Arising from China's Non-participation in the South China Sea Arbitration' in Jayakumar et al (eds), 65, 86-95.

81 Art 24 was inspired by Art 29 of the 2013 UNCITAL Arbitration Rules. MM Mbengue, 'The South China Sea Arbitration: Innovations in Marine Environmental Fact-Finding and Due Diligence Obligations' (2016) 110 American Journal of International Law Unbound 285, 287.

可以任命一名或多名獨立專家。該專家可能會被要求以仲裁庭確定的方式報告具體問題。仲裁庭確定的專家職權範圍（terms of reference）的副本應發送給當事方。

　　就此而言，第 24 條規定了確保仲裁庭任命的專家的獨立性和公正性的程序。事實上，第 24 條第 2 款要求任何專家「向仲裁庭和當事方提交對他或她資格的描述，以及他或她的公正性和獨立性的聲明」。根據同一條文，當事方是否對專家的資格、公正性或獨立性有任何異議，應通知仲裁庭，而且仲裁庭應及時決定是否接受任何此類異議。任命決定之後，一方可以對專家的資格、公正性或獨立性提出異議，但前提是當事方告知反對的原因。在此情況下，仲裁庭應立即決定採取某種行動（如果有的話）。

　　尤有進者，《議事規則》第 24 條第 3 款規定，當事方有義務「向專家提供任何相關資訊，或出示他或她可能要求的任何相關文件或物品以供其檢查」。根據同一條款，當事方還有義務「在專家的職權範圍考慮訪問案件相關地點的情況下，為專家提供一切合理便利」。根據《程序規則》第 24 條第 4 款，如果被要求準備專家報告，仲裁庭必須將報告副本傳送給當事方；當事方必須有機會以書面形式表達各自對報告的意見。一方還可以審查專家在其報告中所依賴的任何文件。第 24 條中包含的比較詳細的規則遠遠超出了《國際法院規約》（Statute of the International Court of Justice）第 50 條規定的簡單規則，該條沒有包含確保專家公正性和獨立性的程序。[82]

　　南海仲裁庭在仲裁程序中任命了五位獨立專家，分別是：博耶斯（Grant Boyes）（水文專家）、佛斯（Sebastian CA Ferse）（珊瑚礁生態學家）、芒比（Peter J Mumby）（珊瑚礁生態學家）、沃德（Selina Ward）（珊

---

82 Ibid.《國際法院規約》第 50 條規定：「法院可以隨時委託其選擇的任何個人、團體、局、委員會或其他組織進行調查或提出專家意見。」

瑚生物學家）、辛歐達（Gurpreet S Singhota）（航行安全專家）。[83] 專家們向仲裁庭提交了包括：「佛斯報告」（Ferse Report）：評估南海南沙群島 7 個珊瑚礁建設活動的潛在環境後果（Assessment of the Potential Environmental Consequences of Construction Activities on Seven Reefs in the Spratly Islands in the South China Sea）（2016 年 4 月 26 日）。「辛歐達報告」（Singhota Report）：由荷蘭海牙常設仲裁法院任命的國際航行安全專家的報告（2016 年 4 月 15 日）。[84] 菲律賓還向仲裁庭提交了數份專家報告。[85]

仲裁庭給予專家報告相當的權重，尤其是在海洋環境的保護脈絡。[86] 舉例而言，在審查採收碎礫的不利影響時，獨立專家的報告為仲裁庭提供了重要證據。[87] 仲裁庭在審查中國建設活動對珊瑚礁的影響時，也參考了獨立專家的報告。[88] 尤有進者，對船舶執法行動的評估是否符合《國際海上避碰規則公約》需要專家的知識和經驗。因此，仲裁庭任命的獨立專家在評估中國船舶執法行動的合法性方面扮演了關鍵角色。

---

83 The South China Sea Arbitration Award (Merits), [58], [85], and [90]. 菲律賓批准了對這些專家的任命：Ibid, [58], [86] and [90]. 中國對此事未作評論：Ibid, [58], [87] and [90].

84 兩份報告可在常設仲裁法院的網站上查閱。<https://pca-cpa.org/en/cases/7/>.

85 專家報告包括：Dr Ryan T Bailey, Groundwater Resources Analysis of Itu Aba (9 March 2016) (First Bailey Report) ; Dr Ryan T Bailey, Supplemental Report on Groundwater Resources Analysis of Itu Aba (20 April 2016) (Second Bailey Report); KE Carpenter, Eastern South China Sea Environmental Disturbances and Irresponsible Fishing Practices and their Effects on Coral Reefs and Fisheries (22 March 2014) (First Carpenter Report); KE Carpenter & LM Chou, Environmental Consequences of Land Reclamation Activities on Various Reefs in the South China Sea (14 November 2015) (Second Carpenter Report); Declaration of Professor KE Carpenter (24 April 2016)(Third Carpenter Report) [5]; PP Motavalli, Expert Report on Soil Resources and Potential Self-Sustaining Agricultural Production on Itu Aba (Expert Report, 9 March 2016) (First Motavalli Report); Dr Peter P Motavalli, Second Supplemental Expert Report on Soil Resources and Potential Self-Sustaining Agricultural Production on Itu Aba (2 June 2016) (Second Motavalli Report); JW McManus, Offshore Coral Reef Damage, Overfishing and Paths to Peace in the South China Sea (rev edn, 21 April 2016) (McManus Report) 10-11; C Mora, IR Caldwell, C Birkeland and JW McManus, 'Dredging in the Spratly Islands: Gaining Land but Losing Reefs' (2016) 14 (3) PLoS Biology 1 (31 March 2016), (Mora Report); Professor Clive Schofield, Professor JRV Prescott and Mr Robert van de Poll, An Appraisal of the Geographical Characteristics and Status of Certain Insular Features in the South China Sea (March 2015) (Schofield Report).

86 就此而言，姆賓奇（Mbenge）認為，「最重要的是，仲裁庭賦予科學知識以新的功能，使其成為健全國際司法和確保爭端各方平等的核心工具」：Mbengue, 288.

87 The South China Sea Arbitration Award (Merits), [957]-[958].

88 Ibid, [978]-[983].

在南海仲裁中積極利用專家與國際海洋法庭和國際法院的實踐形成鮮明對比。[89] 根據《公約》第 289 條規定專家的利用規定：「在涉及科學或技術事項的任何爭端中，根據本節行使管轄權的法院或法庭可應一方當事方的請求或自行與當事各方協商，根據附件八第 2 條準備的相關名單中擇優選出不少於兩名科學或技術專家，在法院或法庭開庭一起審理，但無表決權。」

此規定適用於《公約》規定的所有爭端解決機構的案件，即國際法院、國際海洋法法庭（International Tribunal for the Law of the Sea, ITLOS）、附件七仲裁庭和依據附件八規定的特別仲裁庭。[90] 雖然仲裁庭規則第 15 條規定了根據第 289 條任命專家的詳細規則，但國際海洋法庭尚未任命專家。雖然國際法院根據《法院規約》第 50 條有權尋求專家的意見，但它很少使用此權威。[91] 鑑於作為司法機關的國際的法院或法庭不能很好地處理複雜的科學問題，由司法機構任命獨立專家可能是值得考慮的替代方案。[92] 在國際裁決中使用獨立專家方面，南海仲裁裁決（案情）似乎提供了有趣的先例。[93]

四、南海仲裁案對（海洋）社群利益保護的啟示

保護包含國家集團或整個國際社會共享的基本價值觀的共同利益，正

---

89 亦可參見 Davenport, 86-90.

90 T Treves, 'Law and Science in the Interpretation of the Law of the Sea Convention' (2012) 3 Journal of International Dispute Settlement 483, 485.

91 在科孚海峽案（Corfu Channel case）中，法院任命了專家，因為有必要就雙方爭議的某些問題取得專家意見。Corfu Channel (United Kingdom of Great Britain and Northern Ireland v. Albania), Order, [1948] ICJ Rep 124. 在緬因灣案（Gulf of Maine case）中，國際法院應各方的聯合請求，利用《規約》第 50 條規定的權力任命了一名專家。Delimitation of the Maritime Boundary in the Gulf of Maine Area (Canada/ United States of America), Appointment of Expert, [1984] ICJ Rep165. 對於國際法院的專家類別。參見 Tanaka, 183-84.

92 Mbengue, 287-89; Tanaka, 95-96.

93 Davenport, 95.

成為國際法中的關鍵問題，同樣適用於國際海洋法。南海仲裁案中有兩面向值得討論：仲裁庭裁決對海洋權利對所有國家整體影響（erga omnes effect）；以及非直接受害國對違反對締約國義務行為的反應。

（一）仲裁庭關於海洋法律權利裁決的整體影響

首先，有必要探討仲裁庭關於海洋法律權利裁決的法律效力。對此，菲方強調，南海中的海洋法律權利的問題是「不僅對菲律賓，而且對所有與南海接壤的沿海國家，甚至對所有《公約》的締約國而言都是重要的問題。此乃觸及《公約》本身的核心問題」。[94]菲方還強調，法律權利的問題涉及國際社群的整體利益。[95]

附件七仲裁庭在其案情的裁決中認為東門礁、南薰礁、渚碧礁、美濟礁，以及仁愛暗沙為低潮高地，它們不產生領海、專屬經濟區或大陸礁層的法律權利。[96]它還裁定，南沙群島的所有高潮地物因此為《公約》第 121 條第 3 款規定的法定岩礁，不產生專屬經濟區或大陸礁層的法律權利。[97]就此而言，可以提出三點。

首先，海洋地形地物的所有權是客觀確定的問題。事實上，對海洋地物的法律權利不能透過爭議各方之間的協議來改變。海洋法律權利的客觀性質也可以從一些事實中得到證明，即使爭端各方聲索的法律權利沒有重疊，也可能存在對聲索法律權利的爭議。[98]第三國很難就對同一海洋地物的法律權利提出不同的解釋。[99]因此可以說，仲裁庭關於海洋地物法律地

---

94 Hearing on Jurisdiction and Admissibility, Day 1, 7 July 2015, presentation by Del Rosario, 13.

95 Presentation by Oxman, Jurisdictional Hearing Tr (Day 2), 42. 亦可參見 R Wolfrum, 'Identifying Community Interests in International Law: Common Spaces and Beyond' in E Benvenisti and G Nolte (eds), Common Interests Across International Law (Oxford University Press, 2018), 33.

96 The South China Sea Arbitration Award (Merits), [383] and [1203]B(3), (4), (5).

97 Ibid, [646]; [1203]B(6) and (7).

98 The South China Sea Arbitration Award (Jurisdiction and Admissibility), [156].

99 NB O' Sullivan, 'The Case Law' s Handling of Issues Concerning Third States' in AG Oude Elferink,

位的決定具有普遍效力。

其次，南沙群島的高潮地物都沒有產生專屬經濟區或大陸礁層的法律權利。仲裁庭還認為，中國對「九段線」所包圍的南海海域的歷史權利聲索違反了《公約》。[100] 因此，位於沿海國家專屬經濟區之外的南海中部仍然是公海。鑑於所有國家都享有公海自由，包括航行和飛越自由，可能會爭論說，仲裁庭的決定影響了公海航行權利和自由的社群利益。[101]

其三，仲裁庭對南海海洋法律權利的裁決影響「區域」（Area）的空間範圍，此乃人類的共同遺產。鑑於「區域」的活動是為了人類作為整體的利益，「區域」空間範圍的確定直接關係到人類的共同利益。[102] 就此而言，「區域」的範圍取決於沿海國對 200 海里以外大陸礁層提交的劃界案和聯合國大陸礁層界限委員會（Commission on the Limits of the Continental Shelf, CLCS）的建議。[103] 事實上，2009 年 5 月 6 日，馬來西亞和越南聯合向大陸礁層界限委員會提交了關於南海南部 200 海里以外大陸礁層界限的資料。[104]2009 年 5 月 7 日，越南向委員會提交了關於越南北部地區 200 海里以外大陸礁層界限（VNM-N）的資料。[105]2019 年 12 月 12 日，馬來西亞提交其在南海 200 海里外大陸礁層延伸案。此外，菲律賓也準備了涵蓋

T Henriksen and SV Busch (eds), Maritime Boundary Delimitation: The Case Law Is It Consistent and Predictable?(Cambridge University Press, 2018) 273.

100 The South China Sea Arbitration Award (Merits), [1203]B(2).

101 亦可參見 Jayakumar et al, 'Conclusion' in S Jayakumar et al (eds), 277, 284; Tamada, 155.

102 UNCLOS, Art 140(1).

103 Yen Hoang Tran, 'The South China Sea Arbitral Award: Legal Implications for Fisheries Management and Cooperation in the South China Sea' (2017) 6 Cambridge International Law Journal 87, 90. 亦可參見 Supplemental Written Submission of the Philippines, Figure S8.4.

104 參見 <http://www.un.org/Depts/los/clcs_new/submissions_files/submission_mysvnm_33_2009.htm>. 對此回應，中國提交 Note Verbale CML/17/2009，附錄有一張「九段線」地圖，2009 年 5 月 7 日。亦可參見 TL McDorman, 'The South China Sea after 2009: Clarity of Claims and Enhanced Prospects for Regional Cooperation ?' (2010) 24 Ocean Yearbook 507, 508-09.

105 參見 <http://www.un.org/Depts/los/clcs_new/submissions_files/submission_mysvnm_33_2009.htm>. 對此回應，中國提交 Note Verbale CML/18/2009，附錄有一張「九段線」地圖，2009 年 5 月 7 日。

南海／西菲律賓海地區劃界案的提交。[106] 因此，南海中的「區域」的空間
範圍尚未確定。

（二）未直接受害國家對違反環境規範的訴訟地位

1. 公海及「區域」環境保護「對所有締約國整體」之特徵

　　由於健康的海洋環境是所有生命的基礎，海洋環境的保護，包括海洋
生物多樣性，事關國際社群的共同利益。[107] 在此脈絡中的特殊問題是，除
了受害國以外的任何國家，即非直接受害國，[108] 是否可以對另一個國家就
違反《公約》規定的環境義務的行為向國際的法院或法庭提出聲索，以維
護社群利益，即令起訴國沒有直接受到損害。此問題涉及有關遵守「對所
有締約國整體的義務」(obligations erga omnes partes) 爭端的出庭權。

　　根據國際法研究院（Institut de droit international, IDI）2005 年相關決
議第 1 條，「對所有國家整體的義務」（obligation erga omnes）定義為：
鑑於其共同價值觀和對遵守的關切，國家在任何特定情況下對國際社群負
有一般國際法規定的義務，因此，違反該義務使所有國家都能夠採取行動；
或者考慮到所有其他締約國的共同價值觀和對遵守的關切，該條約的締約
國在任何特定情況下對同一條約的所有其他締約國承擔的多邊條約規定的
義務，因此，違反該義務使所有締約國家能夠採取行動。[109]

　　第 1 條 a 款界定了整體適用（erga omnes）的義務，第 1 條 b 款提到

---

106 Supplemental Written Submission of the Philippines, [8.4].

107 此外，可以說，對整個環境的保護可以被視為一種社群利益。就此而言，沃爾夫魯姆（Wolfrum）指
　　出，「1972 年斯德哥爾摩會議之後的發展繼續朝著保護社群利益的方向發展」：R Wolfrum, 'Enforcing
　　Community Interests Through International Dispute Settlement; Reality or Utopia ?' in U Fastenrath et al
　　(eds), From Bilateralism to Community Interest, Essays in Honour of Judge Bruno Simma (Oxford University
　　Press, 2011) 1132, 1135.

108 「非直接受害國」（not directly injured States）術語係用於 K Kawasaki, 'The "Injured State" in the
　　International Law of State Responsibility' (2000) 28 Hitotsubashi Journal of Law and Politics 17, 22.

109 Institut de droit international, Resolution: Obligation Erga Omnes in International Law, Krakow Session 2005,
　　<https://www.idi-iil.org/app/uploads/2017/06/2005_kra_01_en.pdf>.

了締約方整體適用（erga omnes partes）的義務。本文特別聚焦於「對所有締約方整體」的義務，而在一定程度上，關於「對所有締約國整體」義務和「對所有國家整體」的義務論點可能會重疊。此處有趣的問題是，受害國以外的任何國家，即非直接受害國，是否可以在國際的法院或法庭面前援引另一國違反條約規定的「對所有締約國整體」義務的責任，即使該條約中沒有明文規定承認此出庭權的條款。在國際的法院或法庭上捍衛社群利益的主張可稱為「社群利益訴訟」（community interest litigation）。[110] 南海仲裁裁決在此提供了有趣的案例。[111]

菲律賓在其修正後的第 11 號陳述意見書狀中聲稱：中國在黃岩島、仁愛暗沙、華陽礁、永暑礁、南薰礁、赤瓜礁、東門礁和渚碧礁違反了《公約》規定的保護和保全海洋環境的義務…。

在第 11 號意見書中提到的海洋地物中，華陽礁、永暑礁、南薰礁和渚碧礁位於菲律賓海岸 200 海里以外的區域。對這些海洋地物的領土主權仍未確定。因此，菲律賓並未因中國在其管轄區內的活動而遭受物質損失。對此，仲裁庭發表了重要聲明：「由於第十二部分中的環境義務適用於各國，而不論被指控的有害活動發生在何處，（仲裁庭的）管轄權不取決於對任何特定地物的主權問題，不取決於對任何海洋地物地位的事先確定，不取決於中國或菲律賓在該地區享有專屬經濟區的法律權利，也不取決於任何重疊法律權利的事先劃定。」[112]

仲裁庭認為，「（《公約》）第 297 條第 1 款 c 項明確重申，對於涉及『指稱違反海洋環境保護和保全的國際規則和標準』的爭端，可採用強制爭端

---

110 塔姆斯（Tams）使用了「公共利益訴訟」一詞。CJ Tams, 'Individual States as Guardians of Community Interests' in Fastenrach et al (eds), 379, 383.

111 關於這個問題，亦可參見 Y Tanaka, 'Reflections on Locus Standi in Response to a Breach of Obligations Erga Omnes Partes: A Comparative Analysis of the Whaling in the Antarctic and South China Sea Cases' (2018) 17 The Law and Practice of International Courts and Tribunals 527, 545.

112 Ibid, [927]. 亦可參見 The South China Sea Arbitration Award (Jurisdiction and Admissibility), [408].

解決方式。」[113] 仲裁庭因此得出結論，它對審議菲律賓的第 11 號陳述意見書狀有管轄權。此似乎意味，仲裁庭接受了菲律賓的訴訟地位，即使菲律賓沒有發生實質性損害。事實上，哈里森（James Harrison）指出，仲裁庭並沒有要求菲律賓證明其遭受了任何環境損害。[114]

仲裁庭認定中國在 7 個礁石上的島嶼建設工程違反了環境義務，其中包括 4 個珊瑚礁位於距菲國海岸 200 海里以外的區域。與此相關，它還認為中國沒有履行《公約》第 206 條規定的關於環境影響評估和監測的義務。南海仲裁裁決（案情）透過國際裁決對海洋環境保護的社群利益保護提供了先例。然而，附件七仲裁庭對其對《公約》規定的環境義務的法律性質理解解釋甚少。

五、南海仲裁裁決中時間要素的考慮

就廣義而言，國際法中時間要素的影響可分為兩類：對規則解釋或適用的影響；以及對空間的影響。同樣，時間要素在南海仲裁案的影響也可分為兩類。

（一）《公約》條款解釋中的時間要素

南海仲裁裁決的顯著特點之一是仲裁庭在解釋或適用《公約》相關規則時加入了時間要素。對此，可以提出四點。

首先，仲裁庭將時間要素嵌入了對第 192 條的解釋。根據仲裁庭的說法，第 192 條下的「一般義務」涵蓋了維持或改善當前海洋環境狀況意義上的「保全」，及其同時未來免受損害的「保存」。由於海洋環境本質

---

113 The South China Sea Arbitration Award (Merits), [928].

114 James Harrison, Saving the Oceans Through Law: The International Leal Framework for the Protection of the Marine Environment (Oxford University Press, 2017), 25.

是動態性質，海洋的生態和物理條件可能會隨著時間的推移而發生變化。與海洋有關的環境知識和技術也在迅速發展。因此，在解釋和適用有關海洋環境保護的國際法規則時，有必要考慮時間要素。[115] 因此，仲裁庭對第 192 條的解釋具有相關性。鑑於環境損害的不可逆轉性質，事後責任在保護海洋環境方面只能扮演有限的角色。因此，重點應放在預防環境的破壞，[116] 而且預防途徑在環境保護方面尤為重要。仲裁庭的解釋似乎與預防途徑有相似之處，[117] 即使它在其關於案情的裁決中沒有提到此種途徑。

其次，時間要素被納入「現實前景」檢驗。仲裁庭將此一檢驗應用於中國在南海生物資源方面的暫停捕撈，並宣布中國違反了《公約》第 56 條關於菲律賓對其專屬經濟區生物資源的主權權利。根據「現實前景」檢驗，確定一項聲明的合法性的依據是，是否存在「現實前景」，即未來可能因違反聲明行為而採取懲罰的措施。如果一項聲明可能阻止沿海國未來在其專屬經濟區內行使主權權利，該聲明構成管轄權的非法聲索，相當於違反《公約》第 56 條。雖然「前景」涉及未來事件的可能性，但關於「現實前景」是否存在的決定屬於現在。因此，「現實前景」檢驗可以被認為是跨時際的概念。然而，對「現實前景」存在的評估方式和前景的程度需要進一步澄清。

第三，時間要素從兩方面納入傳統漁權的概念中。首先，建立傳統的捕魚權需要「長期的實踐」。就此意義而言，時間的流逝是確立此種權利的先決條件。然而，仲裁庭在其關於案情的裁決中，對此問題保持沉默。

---

115 Y Tanaka, 'Reflections on Time Elements in the International Law of the Environment' (2013) 73 Za ö RV/ Heidelberg Journal of International Law 139, 141；Y Tanaka, The International Law of the Sea, 3rd edn (Cambridge University Press, 2019), 324.

116 參見 Y Tanaka, 'Land-based Marine Pollution' in A Nollkaemper and I Plakokefalos (eds), The Practice of Shared Responsibility (Cambridge University Press, 2017) 294, 309.

117 在仲裁庭上的口頭陳述中，博伊爾（Boyle）認為《海洋法公約》第 192 條和第 194 條要求適用預防途徑。Presentation by Professor Boyle, Merits Hearing Tr (Day 3), 23 and 29-30.

其次，「傳統」的概念並非靜態，而是演進，就某種意義而言，由於技術的發展，傳統捕魚模式可能會隨著時間的推移而演變。雖然仲裁庭將傳統捕魚等同於人工捕魚，但人工捕魚與現代捕魚之間的界限並不總是明確區分。必須審查「傳統」或「人工」捕魚的範圍，同時考慮到技術發展等演變因素。

　　第四，隨著時間的推移，國際爭端可能會升級。因此，各國有義務不加劇這些爭端。由於國際爭端的解決是持續的過程，因此必須在一定的時間框架內設想。就此意義而言，不加劇國際爭端的義務可以被認為包含跨時際因素。該義務本質上是面向未來，因為它的目的是防止未來爭端進一步惡化。在此情況下可能出現的具體問題涉及第 298 條第 1 款 b 項規定的軍事活動例外的適用性。在決定該條款的適用性時，關鍵因素是引起國際爭端的原始行動與原始行動的附屬行動之間的連續性。如果原始行動涉及軍事活動，而加劇爭端的行動是原始行動的附屬行動，則適用第 298 條第 1 款 b 項規定的軍事活動例外。如果加劇爭端的行動與原始行動相分離，則軍事活動例外的適用性取決於加劇爭端的行動的性質。因此，在考慮軍事活動例外的適用時，需要結合原始行動來審查加劇爭端行動的性質。

（二）時間要素對國際空間秩序的影響

　　其次，要考慮時間要素對國際空間秩序的影響。國際法的主要功能涉及國家管轄權的空間分布。國際社群中空間秩序的建立是國際法的重要功能。時間要素或許以三種可能的方式影響國際空間秩序：對領土主權獲得；邊界的確立；海洋空間的法律權利。南海仲裁裁決（案情）中對時間要素的考慮涉及海洋空間的法律權利。然而，在探討此問題之前，為了比較分析的目的，有必要扼要討論前兩種方式。

1. 時間要素對取得領土主權的影響

　　最重要的是，時間要素可能會影響對領土主權的獲得。由於領土是國際法空間秩序的重要組成部分，時間要素對領土主權獲得的影響應該是關鍵的問題。[118] 此處要點涉及在管理領土獲得的國際法中的變化與穩定之間的協調。雖然基於所有權的領土穩定需要維持現狀，但有效者透過考慮國際關係的變化來強調領土治理的現實。由於穩定與變化之間的緊張關係源自於時間的推移，因此時間要素的考慮成為關鍵。

2. 時間要素對邊界建立的影響

　　時間要素或許也影響邊界的建立。由於領土被邊界分隔，[119] 邊界的建立對於穩定國際空間秩序至關重要。在某些情況下，時間要素或許會顯著影響國家之間邊界的建立。海洋邊界可能會受到時間要素的影響。相關海岸是海洋劃界的關鍵要素之一。隨著時間的推移，海岸可能會發生變化。當相關海岸可能會隨著時間發生顯著變化時，就會出現困難。根據移動邊界（mobile boundary）的概念，時間要素，即相關海岸隨時間的推移而發生的未來變化，將被構建到邊界本身之中。移動邊界線似乎是一個有趣的解決方案，非常值得考慮以應對不穩定的海岸線。

3. 時間要素對海洋法律權利的影響

　　由於領土爭端被排除在南海仲裁案仲裁庭的管轄範圍之外，因此本案沒有提出時間要素對領土主權取得的影響問題。同樣的道理，海洋劃界問題也排除在南海仲裁案的仲裁庭的管轄範圍內。因此，關於時間要素對確定邊界的影響問題沒有出現。儘管如此，南海仲裁裁決（案情）確實證明

118　一般而言，在這個問題上，參見 G Distefano, 'Time Factor and Territorial Disputes' in MG Kohen and M Hébité (eds), Research Handbook on Territorial Disputes in International Law (Edward Elgar Publishing, 2018) 397.

119　一般而言，在這個主題上，參見 L Cafl isch, 'Les frontiers, limites et d é limitations internationals: Quelle importance aujourd' hui ?' (2013) 368 RCADI 9.

了時間要素可能以不同的方式影響國際空間秩序，即對海洋空間權利的確定。在本次仲裁中，仲裁庭對此問題採取了兩種截然不同的方式。

時間的流逝可以被認為是歷史權利的核心。然而，仲裁庭在審議中國是否在歷史上對南海領海界限以外的生物和非生物資源擁有權利的問題時，並未審查中國在南海活動的「長期歷史進程」。[120] 取而代之的是，仲裁庭關注的是公海自由和歷史權利的特殊性質。尤有進者，仲裁庭裁定，在中國加入《公約》並生效後，中國可能對「九段線」內的生物和非生物資源享有的任何歷史權利都被《公約》規定的海域界限所取代。[121] 在仲裁庭看來，與《公約》相悖的歷史權利不能基於漫長的歷史進程來捍衛。因此，可以說仲裁庭在其關於案情的裁決中，在確定中國在南海所聲索的歷史權利的合法性時，最大限度地減少了時間要素的角色。

相較之下，仲裁庭將時間要素納入到《公約》第 121 條第 3 款之中。具體而言，時間要素反映在：人類居住地的「非暫時性」（non-transient character）、支持一群人在「不確定的時間段」生活在海洋地物因素的存在、「非一次性或短期」的支持和提供的存在、在「連續一段時間」內為維持人類存活和健康所必需的供應、海洋地物自然條件的「歷史證據」、「歷史上」的人類居住地，以及海洋地物其自身的「歷史」經濟生活。

在上述要素中，自然條件的「歷史證據」、「歷史上的人類居住地」和「歷史上的自身經濟生活」等概念，都有助於凍結過去某個時期海洋地物法律的地位。[122] 在此意義上，仲裁庭對第 121 條第 3 款的解釋本質上是靜態的。時間要素緊扣第 121 條第 3 款規定的條件。藉由嚴格適用此一條款，仲裁庭似乎是為了防止出現一種情況，以微小地物不公平和不公正地

120　The South China Sea Arbitration Award (Merits), [264].

121　Ibid, [262].

122　N Klein, 'Islands and Rocks after the South China Sea Arbitration' (2016) 34 Australian Year Book of International Law 21, 27.

產生對海洋空間的巨大權利，從而相應地縮小人類共同遺產的範圍。

　　總體而言，時間要素對仲裁庭關於南海海洋空間的海洋法律權利的裁決產生了重大影響。一方面，在審查中國對「九段線」所包含的海洋空間的歷史權利聲索時，它最大限度地減少了時間或歷史因素的影響。另一方面，仲裁庭將時間要素納入了第 121 條第 3 款的解釋和適用。如此一來，仲裁庭嚴格地將第 121 條第 3 款適用於南海的海洋地物。儘管存在差異，但兩種做法通常都試圖防止沿海國對公海管轄權的片面擴張。無論如何，對海洋空間的法律權利直接影響到海洋中的國際空間秩序。因此，南海仲裁案為時間要素如何影響國際空間秩序提供了一個有趣的例子。

肆、海洋戰爭法規則的挑戰

　　當代海戰將出現在意想不到的國際體系中。隨著世界政治分裂成多極世界，俄羅斯和中國試圖維護自身界定的國際秩序下，他們有資源投資於開發和部署世界上技術最先進的武器。就其性質而言，這些武器能夠將力量投射到整個海洋和空域，以及全球公域的網路空間和外層空間。軍事技術也正在改變海戰的性質，使其更加分散和致命。因此，美國正在回到離岸平衡（offshore balancing）和有選擇地從海上進行交戰的戰略，以保持在戰略海洋區域的決定性存在，同時避免陸地戰爭的政治和物質成本。

　　資訊是強權競爭的貨幣，而資訊技術是未來海上戰爭的決定性特徵。任何重大的國際衝突都將主要在網路空間的虛擬領域和外層空間、大氣空間和海洋等物理領域內進行。技術將這些領域聯繫在一起，只有海軍部隊方能在這些領域中無縫作業。來自海上的海軍力量最終會影響陸地上的地緣政治事件，但升級的風險和核戰爭的幽靈意味涉及美國、俄羅斯或中國的大國衝突更有可能從海上發生，而不是在陸地上。

國家領土的控制是戰爭的終極目標,然而地面作戰是最繁瑣和最不靈活的軍事力量形式。陸地作戰在攻擊中是最緩慢和最薄弱,在防禦中是最靜態和最脆弱。相較之下,從海床、水中、水面、空域和外太空發動的海軍作戰,本身就是遠征性。海上作戰的速度、敏捷性和靈活性在和平時期的商業運輸中就顯露無遺。同樣地,海軍部隊在本質上是機動、可操縱、多變、可擴展、持久和永續,並且在整個衝突範圍內的力量投射方面通常優於陸地部隊。此外,最先進的海軍部隊在物理領域之間以及在它們與網路空間之間的網路化程度愈來愈高。

新興技術影響著海軍作戰的方方面面,從部隊維護和戰備的基本面向到高端衝突。舉例而言,新的複合材料可以密封軍艦上層建築的裂縫。[123] 配備雷射器的無人機可以識別船體的變形和腐蝕,從而減少艦艇在船廠的時間。[124] 同樣,自主航行船舶(autonomous ships)和潛艇可以降低對大量船員和岸邊維修工人的需求,增強部隊的存在和持久性。[125] 這些系統在作戰中可能會整合人工智慧的特徵,以尋找和攻擊敵軍。

對華盛頓而言,自美西戰爭以來,美國外交政策和國家安全的基石始終是防止敵對、霸權主義的強權在歐洲或亞洲的崛起。致力於削弱航行自由和飛越或控制連接美國和這些地緣政治權力中心的海上通道,實際上構成了生存威脅,因此可能導致對抗和武裝衝突。北京的海洋圈地和控制戰略體現其在東海、南海和台灣海峽的脅迫和擴張,以及其建立從中東到大洋洲的勢力範圍的努力。[126] 關鍵問題是,全球海洋系統是保持自由和開放,

---

123 Michael Fabey, High Maintenance, Jane's Navy International 10-11 (Jan./Feb. 2020).

124 Ibid.

125 Kelley M. Sayler, Congressional Research Service, Emerging Technologies: Background and Issues for Congress 2-10 (Nov. 10, 2020).

126 Christopher Wray, Director, Federal Bureau of Investigation, Threat Posed by the Chinese Government, and the Chinese Communist Party to the Economic and National Security of the United States (online) (July 7, 2020).

還是演變成以中國為中心的世界。[127] 如果和平時期的競爭真的爆發為武裝衝突，海戰法將制定遊戲規則。

一、民船

在武裝衝突中使用民間力量並不新鮮，但新技術使其更有可能成為海戰的重要因素。在海上，交戰方可能利用漁船和商船透過後勤支援海軍部隊，傳遞情報，布放水雷，甚至參與攻擊。新興技術使民用船舶，包括漁船、貨船和油輪，能夠完成更廣泛的進攻性和防禦性海軍任務。此包括作為廣泛分布的目標感測器的平臺和作為導彈發射器。民用航運的運作使戰鬥空間複雜化，並透過擴大作戰機動區域、在「殺傷鏈」中分布和分層的感測器和武器來加強防禦，以及增加進攻的打擊選擇來迷惑敵人的計畫。雖然先進的軍艦十分的昂貴，但商船可以作為廉價力量的倍增器。

民用和海軍力量的蓄意混合引起了關於海戰法、中立法和戰利品法的適用問題。中立國可能會以有利於一方的方式使用他們的商船，例如運送違禁品或為敵方的軍事或公共服務。互相補充的法律領域的重疊使法律和行動規劃變得複雜，使民用船隻和船員處於更大的危險之中，並有可能擴大未來的衝突。

二、無人海上系統

無人系統（unmanned systems, UxS）在海戰中的預期任務和工作，以及在這種衝突中適用於它們的規則是另外探討的重點。許多國家正在開發和試驗無人系統，它們有時被稱為「無人機」（drones），而且包括

---

127 Michael Pillsbury, The Hundred-Year Marathon: China's Secret Strategy to Replace America as the Global Superpower 28 (2015).

無人水面艦艇（unmanned surface vessels, USVs）、各種水下無人潛水器（unmanned underwater vehicles, UUVs）和無人航空系統或無人航空載具（unmanned aerial systems or vehicles, UAS/UAVs）。[128]

無人航空載具可以從陸地、船舶、潛艇，甚至從海底的發射箱發射。這些系統以較低的成本和較小的生命風險，在對手海岸附近的高威脅環境中增強了生存能力和持久性，因此它們正在成為某些枯燥、骯髒或危險任務中載人平臺的首選替代品。無人系統將戰士解放出來進行更重要的行動，同時經由分散式網絡節點提高復原力、連接性和實時感知。[129] 在未來的衝突中，機器人作戰系統將無處不在，無論是陸地、空中、海上和外太空。例如，中國的白皮書設想了「多維度、多領域的無人駕駛作戰『系統中的系統』在戰場上的應用。」[130]

美國、中國和俄羅斯正在開發更大、更複雜的無人海上系統（unmanned maritime systems, UMSs），以取代傳統平臺（戰艦和潛艇）在繁瑣或危險的海上安全和海戰任務中的角色。此趨勢意味傳統平臺可能扮演「母艦」的角色，並對龐大的無人海上系統網絡進行指揮和控制。

轉變為更加分散的部隊，對實現此轉變的海軍而言有關鍵優勢。首先，將感測器和武器分散在更多的平臺上，透過增加需要探測、識別、跟蹤和打擊的敵方單位的數量，使對手的目標定位更加複雜。在武器數量固定的情況下，分散式部隊增加了對手在確定目標方面所面臨的複雜性。其次，廣泛分布的部隊減少了單一平臺遭摧毀的總損失。其三，在武裝衝突中，

---

128 Department of the Navy, Unmanned Campaign Framework 2 (Mar. 16, 2021) [hereinafter Unmanned Campaign Framework].

129 U.S. Department of Defense, Publication No. 14-S-0553, Unmanned Systems Integrated Roadmap: FY2013-2038, at 20 (2014) [hereinafter DoD Integrated Roadmap]; Unmanned Campaign Framework, *supra* note 1, at 10.

130 Elsa B. Kania, Battlefield Singularity: Artificial Intelligence, Military Revolution, and China's Future Military Power 22 (Nov. 2017).

大量部署的無人機、無人水面艦艇和水下無人潛水器促進了那些在戰術上有優勢，但對載人艦艇而言風險太大的任務。指揮官有膽量發揮優勢。其四，廣泛分布的部隊有助於提高艦隊的模組化和可配置性，加速適應性變化。[131] 其五，成本曲線有利於無人系統，它比裝備精良的載人戰艦和潛艇的成本低很多。其六，無人系統更小，更容易隱藏，因此通常更難發現和瞄準。

無人系統的部署需要發展新的作戰概念，提出了關於其法律地位和主權豁免的問題，並需要考慮這些船隻在海上航行的權利和義務，以及海戰法規定的交戰方權利。[132] 無人系統的法律地位受船旗國法律和習慣國際法的管制，並反映在國際海事組織（International Maritime Organization, IMO）的文書中。這些系統在和平時期在海洋和空域享有的航行權利和義務也反映在《公約》和《國際民用航空公約》（Convention on International Civil Aviation，亦稱《芝加哥公約》）中。[133] 進行交戰行動的無人系統必須遵守海戰法，尤其是當該等系統獲得更高水準的自主權時。致命性自體武器系統（lethal autonomous weapons systems, LAWS），在《特定常規武器公約》（Convention on Certain Conventional Weapons）的支持下，國際上已經就其行動如何（或是否）符合武裝衝突法（law of armed conflict, LOAC）進行了討論。

---

131 Kelley Sayler, A World of Proliferated Drones: A Technology Primer 6-7 (2015) [hereinafter CNAS Primer].

132 James Kraska, *Unmanned Naval Systems and International Law*, 5 Journal Ocean Technology 44-68 (2010); James Kraska, *Autonomous and Expendable Marine Instruments in U.S. and International Law*, 26 Ocean Development & International Law 311-55 (1995).

133 United Nations Convention on the Law of the Sea, Dec. 10, 1982, 1833 U.N.T.S. 397 [hereinafter UNCLOS]; Convention on International Civil Aviation, Dec. 7, 1944, 61 Stat. 1180, T.I.A.S. No. 1591, 15 U.N.T.S. 295 [hereinafter Chicago Convention].

三、潛艇戰爭法

水下部隊對戰爭計畫愈來愈重要，因為它們比水面艦艇更有生存能力。與所有海軍部隊一樣，潛艇必須遵守武裝衝突法。交戰方採取戰爭手段或方法的權利不是無限的。武裝衝突法對潛艇的最基本規定是，它們必須能夠區分合法的軍事目標和民用或受保護的船隻。[134] 習慣國際法禁止使用不分青紅皂白的武器，這些武器因其性質而無法區分軍事目標和平民或民用目標。[135]《日內瓦公約第一附加議定書》（Additional Protocol I to the Geneva Conventions）將不分青紅皂白的攻擊定義為：不以特定軍事目標為對象；採用不能針對特定軍事目標的作戰方法或手段；或採用其效果無法限制的作戰方法或手段，並具有不加區別地打擊軍事目標和平民或民用目標的性質。[136]

旨在造成過度傷害或不必要痛苦的武器、材料或作戰方法也被禁止。[137] 一些武器，諸如化學或生物武器，本身就是非法的，而其他武器如果被改變，例如在本來合法的彈藥上塗上毒藥，則可能成為非法的。[138] 此外，合法的武器或武器系統，諸如潛艇，如果是針對或用於非戰鬥人員、平民或其他受保護的人和財產，則可能被非法使用。[139]

---

134 Convention and Customs of War on Land (Hague, II) art. 22, July 29, 1899, 32 Stat. 1803, T.S. 403; Protocol Additional to the Geneva Conventions of 12 August 1949, and relating to the Protection of Victims of International Armed Conflicts, art. 35(1), June 8, 1977, 1125 U.N.T.S. 3 [hereinafter AP I]; San Remo Manual on International Law Applicable to Armed Conflicts at Sea, 38 (Louise Doswald Beck ed., 1995) [hereinafter San Remo Manual].

135 San Remo Manual, *supra* note 22, 42(b); 1 International Committee of Red Cross, Customary International Humanitarian Law r. 71 (Jean-Marie Henckaerts & Louise Doswald-Beck eds., 2005) [hereinafter 1 ICRC Customary Law Study].

136 AP I, art. 51.4; Rome Statute of the International Criminal Court, art. 8.2(b)(xx), July 17, 1998, 2187 U.N.T.S. 90; San Remo Manual, *supra note* 22, 42(b).

137 API, art.35.2; San Remo Manual, 42(a).

138 1 ICRC Customary Law Study, rr. 72-74.

139 U.S. Navy, U.S. Marine Corps, & U.S. Coast Guard, NWP 1-14M/MCTP 11-10B/ COMDTPUB P5800.7A, The Commander's Handbook on the Law of Naval Operations § 9.12 (2017) [hereinafter NWP 1-14M].

　　國際上為規範或禁止在武裝衝突中使用或建造潛艇所做的努力可以追溯到 1899 年的第一次海牙和平會議（First Hague Peace Conference）。儘管在此後的數十年裡不斷進行談判，但仍然只有一項國際協定對潛艇戰爭進行管理的 1936 年的《倫敦議定書》（London Protocol）。[140]

四、深海海底和國際海底區域

　　國際深海海底區域（「區域」）可用於軍事活動。國際海底管理局（International Seabed Authority, ISA）和個別沿海國家對領海以外的海底的外國軍事活動都沒有管轄權。「區域」位於國家管轄範圍以外的地區。各國不得對該區域或其資源主張或行使主權或主權權利。關於國際海底管理局對深海海底的權威，[141]《公約》指出，「該『區域』及其資源是人類的共同遺產」。然而，此職權範圍並不限於將深海海底用於礦物開採以外的活動。[142] 在「區域」內的礦產資源開發只能通過向國際海底管理局申請，並「為了全人類的利益」而進行。[143] 雖然「區域」（像海洋的所有部分）被保留用於「和平目的」，但此規定並不限制和平時期的軍事活動，或為自衛或根據聯合國安全理事會授權進行的交戰海軍行動。[144]

　　沿海國在其專屬經濟區和大陸礁層上享有資源權利和管轄權，不僅包括礦物，還包括所有生物和非生物資源。雖然沿海國對專屬經濟區和大陸礁層上的資源擁有專屬主權權利和管轄權，可能包括專屬經濟區外部界

---

140 Procès-Verbal Relating to the Rules of Submarine Warfare Set Forth in Part IV of the Treaty of London of April 22, 1930, Nov. 6, 1936, 173 L.N.T.S. 353, 3 Bevans 298, *reprinted in* 31 American Journal of International Law Supplement 137 (1937); Dietrich Schindler & Jiří Toman, The Laws of Armed Conflicts 883-84 (1988).

141 United Nations Convention on the Law of the Sea, art. 137, Dec. 10, 1982, 1833 U.N.T.S. 397 [hereinafter UNCLOS].

142 Ibid. art. 136.

143 Ibid. art. 140.

144 Ibid. art. 141.

限以外的外大陸礁層或延伸大陸礁層，但它們無權限制這些地區的軍事活動。

（一）大陸礁層上的人工島嶼、裝置和結構

　　沿海國對其大陸礁層上的人工島擁有主權權利和管轄權。這一規則在2016年的南海仲裁中得到了證明。仲裁庭認為，中國在美濟礁的人工島礁建設是對菲律賓主權權利和對其大陸礁層管轄權的非法侵犯。[145]中國在美濟礁建造人工島礁時，沒有尋求並得到菲律賓的同意。[146]

　　雖然沿海國對其大陸礁層上的人工島擁有專屬主權權利和管轄權，但其對海底結構和設施的管理權更多地限於那些與資源、海洋科學研究或海洋環境保護有關的結構或設施。沿海國對其大陸礁層上的軍事設施和結構不享有這種權利或管轄權。取而代之，沿海國只對那些「為第56條規定的（經濟）目的」或「干擾沿海國對其資源行使權利」的海底設施和結構享有主權權利和管轄權。簡言之，雖然沿海國對在其大陸礁層上建造人工島有完全的權威，[147]但對在其上安放設施和結構的權利則較為有限。這種解釋表明，所有國家都可以在中立國領海以外的任何地方的海底從事軍事行動和活動。

　　然而，《公約》的明文規定並沒有阻止各國聲稱要限制大陸礁層上的軍事活動。舉例而言，印度明確表示，「其他國家不能將其大陸礁層用於軍事目的」。印度宣稱有權對其大陸礁層上的任何武器或軍事裝置進行「核查、檢查、拆除或銷毀」，或「採取其認為必要的其他步驟」以保障其安全。[148]同樣，加拿大指出，《海底核條約》（Seabed Nuclear Treaty）

---

145 South China Sea Arbitration (Phil. v. China), Case No. 2013-19, Award, 1016 (Perm. Ct. Arb. 2016).

146 UNCLOS, arts. 56(1)(b)(i), 60(1), 80.

147 Ibid. arts. 60(1)(b)-(c), 80.

148 The Law of Naval Warfare: A Collection of Agreements with Documents and Commentaries 605 (Natalino

第 1 款「不能被解釋為表明任何國家有權在海底植入或放置第 1 條第 1 款未禁止的任何武器…」[149] 加拿大宣稱，沿海國享有對大陸礁層的「專屬主權權利」，使其有權「核查、檢查或實施清除」在其大陸礁層上的任何武器或相關裝置或設施。[150] 然而，從第 56 條的條文可以看出，《公約》中沒有任何內容可以支持這種主張。

儘管有這些聲明，《公約》表明，外國可以將專屬經濟區內和領海以外的大陸礁層上的海床用於軍事設施和結構，因為其目的不涉及勘探、開發、管理和養護生物或非生物自然資源，也不涉及沿海國同意進行海洋科學研究的權利或履行保護海洋環境的義務。為這些目的以外的目的而設置的裝置和結構不屬於沿海國的管轄範圍。

在南海仲裁案中，中國在美濟礁上建造了人工島，美濟礁是低潮高地（low-tide elevation, LTE），因此是菲律賓大陸礁層的一部分。雖然中國的建設是非法的，但如果它只是在礁石上部署了軍事水下無人潛水器，或在構成人工島的門檻下建立了軍事結構或設施，那麼它的行為就是合法的。然而，在這種情況下，軍事活動仍然必須適當考慮到菲律賓的資源權利，因此，在菲律賓大陸礁層的突起部分，像是美濟礁上依法進行的軍事行動的範圍和程度是有實際限制的。那麼，在一個沿海國家的大陸礁層上進行的外國軍事活動的實際限制是什麼？只有那些規模或影響大到不能「適當顧及」（due regard）沿海國對專屬經濟區和大陸礁層的生物和非生物資源的權利的軍事活動才是不允許的。例如，在沿海國大陸礁層上部署核武器或其他大規模毀滅性武器可能會觸發「適當考慮」標準〔除了違反《海底武器控制條約》（Seabed Arms Control Treaty）之外〕。同樣，對居住在大

Ronzitti ed., 1988).

149　Ibid. at 603.

150　Ibid.

陸礁層上的大型珊瑚群落造成肆意破壞的軍事活動也可能不符合「適當考慮」標準。此外，《公約》第58（3）條中適用於和平時期在專屬經濟區（以及專屬經濟區內的大陸礁層）的外國行動的「適當考慮」條款並不適用於武裝衝突，因為它們被海軍戰爭法中更具體的特別法（lex specialis）制度所取代。雖然允許在大陸礁層和深海海底進行軍事活動，但《海底武器控制條約》及其反映習慣法的地位禁止在領海之外放置大規模毀滅性武器。

（二）武裝衝突中的海底電纜

保護海底電纜網路對民用和軍用通信的重要性怎麼強調都不過分。衛星只能處理通過電纜傳輸的一小部分內容。[151] 儘管全球海纜系統對世界經濟、國家安全和政府通信至關重要，但它很容易受到和平時期的事故、意外和有目的的破壞，並在戰爭時期受到攻擊。可以採取一些措施來加強海纜基礎設施免受攻擊，包括在海纜沿線安裝感測器以探測水下車輛，通過避免海上的阻塞點和增加登陸點的數量（並加強其安全性）來增加海纜的地理多樣性，以及安裝備份和冗餘的海纜系統以提高彈性。[152] 和平時期的對手或武裝衝突期間的交戰方可能會降低、破壞或切斷海底電纜，或利用它們來發動網路攻擊。[153]

五、空中和導彈戰爭法

與所有武器一樣，導彈也受武裝衝突法的約束。[154] 除非受到國際法的

---

151 Doug Tsuruoka, How World War III Could Start: Cut the "Cable," National Interest (online), Jan. 7, 2018.

152 Rishi Sunak, *Undersea Cables: Indispensable, Insecure*, Policy Exchange 34-36 (Dec. 1, 2017) [hereinafter *Undersea Cables: Indispensable, Insecure*].

153 Rob Wittman, *The Greatest Risk to National Security You've Never Heard Of*, Defense News (on- line), Jan 30, 2020.

154 Respect for Human Rights in Armed Conflicts, UNGA Resolution 2444 (XXIII), 19 December 1968, *reprinted in* Dietrich Schindler & Jirí Toman, The Laws of Armed Conflicts 263-64 (1988); Hays Parks, *Submarine-Launched Cruise Missiles and International Law: A Response*, 103 U.S. Naval Institute Proceedings 120, 123

限制，交戰方在法律上被允許使用任何手段來進行敵對行動。然而，衝突各方採用傷害敵人的手段的權利並非是無限的。[155] 武裝衝突法的基礎是通過條約和國際習慣法形成的關鍵原則。在武裝衝突中使用武力必須符合軍事必要性、人道、相稱性、區分性和榮譽或騎士精神。[156] 正如 1868 年《聖彼德堡宣言》（1868 St. Petersburg Declaration）的序言中所反映的那樣，導彈也要遵守禁止不必要的痛苦的規定。[157] 此外，導彈還受制於攻擊中的預防措施規則。《哈佛空戰和導彈戰爭手冊》（Harvard Air and Missile Warfare Manual）指出，「必須採取一切可行的預防措施，使所有有權得到特別保護的人和物免受傷害…。」鑒於導彈的速度和射程，有必要確保在攻擊時遵守可行的預防措施。[158]

　　只要有導引和無導引武器能夠以合理的準確度進行瞄準，它們都是合法的。[159] 瞄準的準確性取決於導彈的技術能力，為打擊提供資訊的情報質量，以及指揮官及其人員應用武裝衝突法原則的真誠努力。雖然有些武器本質上是非法的，如無法檢測的碎片，[160] 但即使是合法的武器也可能以非法的方式使用。像所有的武器一樣，導彈的效果不可能是無差別的，只能用於攻擊軍事目標。符合此測試的砲彈（或導彈），但在針對合法的軍事目標時未能擊中目標，並造成附帶的或間接的平民傷亡，則不是無差別的

(Sept. 1977).

155　Regulations Respecting the Laws and Customs of War on Land, annexed to Convention No. IV Respecting the Laws and Customs of War on Land, art. 22, Oct. 18, 1907, 36 Stat. 2227, T.S. No. 539 [hereinafter 1907 Hague Regulations].

156　Office of the General Counsel, U.S. Department of Defense, Law of War Manual § 2.6.2.1 (rev. ed., Dec. 2016) [hereinafter DoD Law of War Manual]; NWP -14M, § 9.1.2.

157　St. Petersburg Declaration Renouncing the Use, in Time of War, of Explosive Projectiles under 400 Grammes Weight, 1868, 重新印製於 Dietrich Schindler & Jirí Toman, The Laws of Armed Conflicts 102 (1988).

158　HPCR Manual on Air and Missile Warfare, 31 at 16 (2009).

159　NWP 14M, § 9.1.2; United Kingdom, Conflict Department Briefing to UK Mission to the UN, June 25, 2012; UNSC Open Debate on Protection of Civilians Briefing, June 22, 2012; FOI Digest: Ref: 0155-13, Richard Moyes.

160　參見 Protocol on Non-Detectable Fragments, Oct. 10, 1980, 1342 U.N.T.S. 168.

武器。[161] 只有那些無法以合理程度的準確度進行指揮的武器才是非法的。[162]

伍、結語：地緣政治中法律角色的凸顯

本文探討了南海爭端引發的國際法議題，主要參照南海仲裁的四個問題：即南海仲裁在和平解決菲中爭端中的角色；南海仲裁對國際法發展的意涵；司法機構在保護海洋社群利益方面的角色；以及時間要素的考量。尤有進者，南海軍事化的發展，更彰顯當前海戰法的不足。

本文所涵蓋的事項可總結如次。首先，藉由對南海海域空間的法律權利的裁決，可以說仲裁庭有助於縮小南海爭端問題的範圍。藉由減少圍繞爭端的法律不確定性，南海仲裁有可能有助於澄清當事方未來談判中的問題。

其次，南海仲裁裁決有助於澄清、鞏固和闡述相關國際法的規則。白珍鉉法官表示，可以這樣說，南海仲裁裁決對國際法的發展做出了重大貢獻。[163] 當然，仲裁庭的觀點並非沒有爭議。然而，如果國際法院或法庭不同意南海仲裁裁決的解釋，則必須提出對法律的替代解釋。就此意義而言，仲裁裁決可以被認為為國際法的相關規則的解釋或適用提供了不可忽視的先例。

其三，《公約》規定的國際法庭對混合爭端的管轄權仍有待商榷。混合爭端可能涉及三個問題：領土爭端；海洋劃界爭端；以及其他海洋爭端，諸如海洋法律權利爭端與海洋環境爭端等。根據仲裁庭的做法，爭端的第三類不同於第一類和第二類。如此做法使仲裁庭有可能獨立於領土和海洋

---

161 NWP-14M, § 9.1.2.

162 2 Customary International Humanitarian Law 247 (Jean-Marie Henckaerts & Louise Doswald-Beck eds., 2005).

163 Paik, n 18, 407.

劃界爭端來裁決海洋法律權利爭端。在處理混合爭端時，它似乎提供了值得考慮的替代方案。然而，根據仲裁庭的做法，第一類和第二類爭端之間的關係仍然沒有定論。在這方面，必須進一步考慮查戈斯海洋保護區仲裁中提出的輔助檢驗。

其四，在南海仲裁案中，專家報告在評估瀕危物種捕撈的不利影響、中國建設活動對珊瑚礁的影響，以及中國船隻執法行動的危險方式等方面扮演了重要角色。雖然科學數據構成了有關環境保護的國際爭端的關鍵要素，但作為司法機構的國際法院或法庭在評估複雜的科學問題時會遇到挑戰。對船舶操作方式的評估也需要技術和專業知識。為了保證科學評估的客觀性，專家的獨立性和公正性可以被視為至關重要的要求。因此，司法機構使用獨立專家是非常值得考慮的選項。

其五，仲裁庭關於南海法律權利的裁決影響到公海和「區域」的空間範圍，此乃人類的共同遺產。鑑於所有國家在公海都享有海洋自由，可以說公海的空間範圍影響到整個國際社群的共同利益。「區域」的空間範圍也影響到社群利益，因為「區域」及其自然資源是人類的共同遺產。就此意義而言，可以認為這些裁決涉及作為整體國際社群的共同利益。由於海洋空間的法律權利是客觀確定的問題，仲裁庭關於此問題的裁決具有對所有國家的普遍效力。因此，仲裁庭關於海洋地物法律權利裁決的影響，遠遠超出了菲中雙邊爭端的範疇。

其六，菲律賓經修訂的第 11 號陳述意見書狀，關於環境義務的違反，部分涵蓋了距南海周邊海岸線 200 海里以外的海洋空間。儘管菲國沒有因中國在該地的捕魚活動而造成物質損失，但仲裁庭還是接受了菲國的訴訟地位。可以認為，仲裁庭在南海仲裁案中，隱含地承認了非直接受害國對海洋環境保護對違反所有國家普遍義務回應的訴訟地位。南海仲裁案，連同南極捕鯨案和比利時 / 塞內加爾案似乎暗示，國際的法院或法庭將接受

有關遵守對所有國家普遍義務的國際爭端的訴訟地位，只要該國際的法院或法庭可以確立其管轄權。

最後，時間要素在解釋和適用《公約》相關條款和其他國際法規則中扮演了重要角色。在南海仲裁裁決中，時間要素的影響主要體現在數個方面：歷史權利、對《公約》第 121 條第 3 款的解釋、對《公約》第 192 條的解釋、「現實前景」檢驗、傳統捕魚權，以及不加劇的義務。尤其是，在南海法律權利方面，對時間要素的考量成為至關重要。

就此而言，仲裁庭採取了截然不同的做法。一方面，在其案情裁決中，仲裁庭採取了一種做法，在確定中國在南海所聲索的歷史權利的合法性時，將歷史或時間要素的角色降至最低。鑑於有關制定歷史權利的時間要素的規則仍不太明確，仲裁庭的做法是避免有關歷史證據的任何爭議的有用方式。相較之下，仲裁庭將時間要素納入了第 121 條第 3 款的解釋和適用中。總體而言，南海仲裁裁決（案情）表明時間要素或許會影響海洋中的空間秩序。就此意義而言，裁決提供了對國際法中空間與時間之間互動的有趣見解。

綜上所述，可以發現，關於國際空間秩序的關鍵要素、空間、時間和社群利益等問題，在南海仲裁案中被生動地提出。就此意義而言，在考慮國際法中的空間秩序時，這些裁決應作為一個重要的先例。然而，進一步思考，南海衝突中的民間要素（民兵）、無人力量的使用勢必更深刻影響未來國際空間秩序。

地緣政治與俄烏衝突

俄烏衝突的根源與影響

周陽山

（中國文化大學國發所退休教授）

摘　要

　　俄烏戰爭從 2014 年 2 月 24 日爆發以來，對歐洲地緣政治發生了急遽的影響，也導致整體的國際安全情勢與俄烏關係發生根本的變化。本文就俄羅斯與烏克蘭的歷史淵源與戰爭背景進行探索，分析烏克蘭獨立前後的蘇聯背景因素及俄烏關係，民族主義與烏東問題，以及半總統制的實際運作。本文參考重要的戰略專家，包括季辛吉與布里辛斯基等人的意見，並就烏克蘭內部的政治、經濟情勢發展，進一步分析戰爭的可能結果，及其連帶的影響。

關鍵字：俄烏戰爭、地緣政治、拉達、民族主義、烏東地區

壹、導言

2014 年 3 月 16 日，克里米亞自治共和國和塞凡堡舉行公投，逾九成投票者同意脫離烏克蘭、加入俄羅斯。在公投之前的 3 月 5 日，美國前國務卿季辛吉在《華盛頓郵報》撰文，表達他對烏克蘭問題的看法，「人們過多地將烏克蘭問題表述為一種攤牌：烏克蘭是加入東方還是西方？然而，如果烏克蘭要生存與發展，不應該成為一方反對另一方的前哨──而應該成為連結兩方的橋梁」。「西方必須明白，對俄羅斯來說，烏克蘭永遠不可能只是一個外國。俄羅斯的歷史始於基輔羅斯，在數個世紀裡，烏克蘭是俄羅斯的一部分」。「烏克蘭不應該加入北約，而應該追求類似於芬蘭的姿態。保持高度獨立性的同時，在大部分領域與西方合作，但也要小心翼翼避免與俄羅斯出現對抗。」[1]

另一位重要的戰略思想家布里辛斯基（Zbigniew Kazimierz Brzezinski）在《大棋盤─全球戰略大思考》一書中指出[2]，「烏克蘭是一個地緣政治樞紐國家，失去烏克蘭，俄羅斯不再是個歐亞大陸帝國。沒有烏克蘭，俄羅斯還能力圖保住帝國地位，但是將成為基本上是亞洲帝國的樣態，很可能與中亞各國捲入曠日持久的纏鬥。」

1990 年 2 月，時任美國國務卿貝克（James Baker）曾向戈巴契夫承諾，北約絕不會在德國統一後「東移一寸」。但北約卻食言了。[3] 過去 33 年來，

---

1 許多美國戰略專家認為，俄羅斯激烈地反對北約東擴的任何行動，那些被認為是較開明和較傾向西方的俄羅斯人爭辯說，北約東擴將會大大加強俄羅斯國內民族主義和反西方的政治力量。基於此，北約東擴應該僅限於歷史上是西方基督教世界的一部分的國家，並向俄國作出保證，它將不包括塞爾維亞、保加利亞、羅馬尼亞、莫爾多瓦（舊稱摩達維亞）、白俄羅斯和烏克蘭（只要烏克蘭繼續保持統一）。北約東擴只限於西方國家，並強調俄羅斯作為一個獨立的、東正教文明的核心國家，它應對東正教邊界內和沿邊界的秩序負責。

2 布里辛斯基著，林添貴譯，《大棋盤─全球戰略大思考》，（台北：立緒文化，2021），頁 55-56。另參見：王家豪，羅金義《歐亞融合與俄羅斯復興》，（台北：秀威科技，2021）第五章。

3 柯林頓總統在 1999 年決定推動北約第一次東擴，接納波蘭、匈牙利、捷克這三個天主教和新教國家。此時北約從原先的西歐 16 國擴張為 19 國。2004 年北約第二次東擴，一口氣接納了愛沙尼亞、拉脫維亞、立陶宛、羅馬尼亞、保加利亞、斯洛伐克、斯洛文尼亞等七國。其中波海三國係前蘇聯的加盟共和國，

北約已納入中東歐 15 個國家，成為獨霸全球的軍事同盟。2022 年二月，北約正式拒絕了俄羅斯要求停止其繼續東擴的訴求，其結果是，俄烏戰爭在一夕之間爆發了！

為什麼在蘇聯瓦解之後，美國依然堅持要以俄羅斯為敵呢？這是為了維持霸權，必須尋找新的敵人。美國戰略思想家杭廷頓坦承，「尋求認同與重建種族身分的民族根本上就需要敵人，而潛在最危險的敵對關係存在於世界諸大文明斷層線的兩側。」[4] 這條斷層線在歐洲東部，指向著俄羅斯與東正教文明，而其敵對方則是中西歐的天主教和基督新教文明。質言之，這是基督教世界的內部矛盾和文明衝突，而俄羅斯已成眾矢之的。

美國前駐蘇聯大使馬特洛克（Jack Matlock Jr.）指出，「就烏克蘭而言，美國對其國內政治的干涉很深，甚至到了似乎直接挑選總理的地步。美國支持 2014 年的政變，那場政變過程很難說符合法治或民主」。「仍在烏克蘭醞釀的暴力事件也始於親西方的西部地區，而非東部頓巴斯；頓巴斯地區的衝突，更多源自烏克蘭族對俄羅斯族的施暴」。

然而在俄烏戰爭爆發近一年之後，季辛吉卻改口了。2023 年 1 月 17 日，他表示「如今情況已發展到這樣的地步，在這種情況下要烏克蘭保持中立，

愛、拉兩國主要信仰基督新教路德宗，立陶宛則篤信天主教；這三國與俄羅斯的關係一向不睦，而且國內還有不少的俄裔移民。至於後四國則係前蘇聯的衛星國，很想擺脫俄羅斯的羈絆。其中，斯洛文尼亞是天主教國家，剛自南斯拉夫分裂出來；而斯洛伐克則在 1993 年與捷克分手而獨立，他們都仰賴西方的經濟和軍事支持。2009 年 4 月，北約第三次東擴，信仰伊斯蘭教的阿爾巴尼亞，以及長期與塞爾維亞（信仰東正教）對抗的克羅埃西亞（信仰天主教），一同加入北約，此時增加到 28 國。2017 年，北約第四次東擴。與塞爾維亞同文同種、同樣信仰東正教的蒙特內哥羅（亦稱黑山）加入。但這次連川普總統都質疑了。他對福斯新聞網記者談話，表達美國絕不願意根據北約的規範，為一個人口只有 65 萬人的小國打仗。但是北約東擴的趨勢卻停不下來了。2020 年，信仰東正教的北馬其頓加入北約，這是第五次東擴，北約增至 30 國，比歐盟還要多 3 國。如果北歐的芬蘭與瑞典加入，北約成員將增至 32 國。

4　根據杭廷頓的觀點，美國與歐洲應擴大政治、經濟和軍事整合，協調彼此之間的政策，使其他文明體無法利用美歐之間的歧見。但美國也應接受俄羅斯成為東正教的核心國家地位，成為主要的區域強權，並對其南疆的安全行使合法權力。他特別提出警告，西方干預其他文明的事務，也許是一個多元文明世界動盪不安和引發全球衝突最危險的根源。參見：杭廷頓著，黃裕美譯《文明的衝突與世界秩的重建》，（台北：聯經出版公司，1997）；周陽山〈從「文明的衝突」到「文明的終結」〉，輯入周陽山《監察與民主》，（台北：監察院，2006）。

已經沒有意義。」因此，他表態支持烏克蘭加入北約。的確，戰爭改變了烏克蘭，改變了美俄關係和地緣政治，也改變了歐洲和世界。但是，戰爭卻不曾改變歷史，尤其是俄羅斯與烏克蘭之間錯綜複雜的歷史。

貳、俄羅斯與烏克蘭：分分合合的歷史

布里辛斯基曾說：「烏克蘭的獨立使俄羅斯喪失在黑海的優勢地位。」「它劇烈的限制了俄羅斯的地緣戰略選擇。」「失去烏克蘭及其五千二百萬斯拉夫同胞，莫斯科若企圖重建其歐亞大陸帝國，極可能就得單獨與民族意識、宗教意識均已激昂的非斯拉夫人纏鬥。」「任何一個新的歐亞帝國若純以俄羅斯力量為基礎而沒有烏克蘭在內，勢必益發少了歐洲分量，加重亞洲色彩。」[5]

東斯拉夫三族——俄羅斯、烏克蘭與白俄羅斯系出同門，都是以基輔羅斯為其源頭（882-1240）。維京人奧列格在此地建立了以東斯拉夫人為主體的東歐君主制，基輔成為俄羅斯「眾城之母」，也是俄國宗教、經濟、文化的中心。由於基輔羅斯國力強盛，團結了東斯拉夫各民族，而原先在高加索地區黑海沿岸的拜占廷帝國勢力逐漸弱化，斯拉夫人進駐到亞速海附近，並在黑海與亞速海之間的塔曼半島（Taman Peninsula）建立了大公國。

1169 年，羅斯托夫—蘇茲達爾大公安德列發動對基輔大公敏思特史雷夫的戰爭，攻下基輔，基輔漸趨衰敗。這象徵著俄羅斯國家分裂成烏克蘭和俄羅斯兩大族群；日後蘇茲達爾公國則發展成為莫斯科公國[6]。

1223 年，成吉斯汗大軍在卡爾卡河（Kalka Rive）打敗俄羅斯軍隊。

---

5 布里辛斯基著，前揭書。頁 119。
6 王承宗著《烏克蘭史》（台北：三民書局，2006），頁 26-27。

1237 年拔都西征，對俄羅斯當地人民帶來致命的打擊，許多城市因此被摧毀。1240 年 12 月，蒙古人攻陷基輔，自此開始了長達 240 年的統治。俄羅斯人被迫遠離黑海地區，由克里米亞半島上的韃靼汗國（即克里米亞汗國）取而代之。而基輔在蒙古人占領之後漸趨式微，自此失去了領導俄羅斯的地位。

相對於基輔的衰落，莫斯科卻在蒙古人的統治下，逐漸成為俄羅斯的新興勢力，並發展為重要城市。由於俄王伊凡一世施賄蒙古可汗窩闊台，得到了徵收俄羅斯地區稅金的特權。在他掌政時期，莫斯科成長快速，克里姆林宮急速擴展。在蒙古人保護下，莫斯科逐漸掌握在俄羅斯的首要地位，自此之後，克里姆林宮成為俄羅斯政治、經濟、軍事活動的中心。

1480 年，俄羅斯戰勝金帳汗國阿黑麻汗，伊凡三世趕走了「韃靼之軛」（Tartar Yoke，意指蒙古統治就像是裝在牛身上的橫木一樣的嚴酷）；韃靼的戰敗被看成是莫斯科公國的一大勝利，這也是蒙古帝國衰落的里程碑。

1502 年，金帳汗國終結，分裂成三個汗國，即喀山汗國（在窩瓦河上游）、克里米亞汗國（在克里米亞半島和亞述海地區）與阿斯特拉罕汗國（在里海北部及窩瓦河下游地區）。

1453 年，奧圖曼土耳其帝國攻占君士坦丁堡，取代東羅馬帝國。1475 年克里米亞汗國汗王格來被鄂圖曼帝國囚禁，成為土耳其的附庸。土耳其蘇丹縱容韃靼人流竄劫掠，造成大片的領土荒無人煙，哥薩克人（Cossacks 意為自由民）自此控制此一地區，鋌而走險，劫掠商旅，成為化外之民。這些哥薩克人來自社會底層，包括農民、小市民、盜匪、罪犯，以及藏身草原的不法之徒。1485 年，克里米亞汗王孟格力攻陷基輔，許多烏克蘭人被俘，自此淪為農奴。[7]

7　王承宗，前揭書，頁 50

1569 年，波蘭與立陶宛貴族在盧布林（Lublin）談判，兩國合併為聯合王國，定名「波立聯邦」（Polish-Lithuanian Commonwealth，亦譯「波立王國」）[8] 將烏克蘭劃歸由波蘭統治。大部分信仰東正教的烏克蘭人淪為社會最底層。波蘭當局在此一占領地區實施波蘭化政策，推動天主教信仰，意圖同化烏克蘭人。

1596 年，基輔大主教簽署協議，承認羅馬教宗為唯一領導人，而不再是君士坦丁堡的東正教大主教。但依舊維持東正教的禮儀和規範，這也就是「東儀教派」（Uniate，或稱聯合教會），結果導致烏克蘭東、西兩地宗教文化的根本分歧。

1632 年，華沙的國會正式承認東正教合法地位，容許其擁有自己的教區；並在基輔設立神學院，對烏克蘭宗教、文化與教育事業產生了深遠的影響。基輔大主教由教士和貴族選舉產生，再送請波蘭國王批准。

1648 年，哥薩克人因長期受到波蘭貴族與地主的欺凌，在赫梅尼茨基（Bohdan Khmelnytsky）的領導下發動大規模起義，占領了札布羅結（Zaporizhzhya，亦譯札布羅熱）、基輔等地，並包圍了利沃夫（Lviv）。波蘭政府被迫讓步，恢復哥薩克人的傳統文化，授權赫特曼（hetman，係哥薩克軍隊的頭人）而非波蘭官員治理地方的權力，另外，哥薩克人還可以自由通航黑海。1649 年 1 月，在基輔大主教的加持下，赫梅尼茲基被賦與「全體羅斯人民（包括烏克蘭及白俄羅斯）統治者」的使命。但是他企圖團結鄰近各國，構建反波蘭同盟的努力，卻宣告失敗了。

1654 年 1 月，赫梅尼茨基召開哥薩克領袖會議，共商決定以莫斯科沙皇為烏克蘭君主，宣誓對沙皇效忠，正式成為莫斯科的附庸國。[9] 沙皇則保

8　參見：Richard Butterwick,The Polish-Lithuanian Commonwealth, (New Haven: Yale University Press, 2020) pp11-32。

9　1654 年哥薩克在佩列亞斯拉夫城（Pereiaslav）與莫斯科沙皇簽訂通過《佩列亞斯拉夫協定》，兩國結盟共抗波蘭的入侵，烏克蘭加入莫斯科公國，並效忠俄羅斯沙皇，此後 300 多年烏克蘭文化逐漸和俄

證哥薩克法庭的獨立性，以及哥薩克人的土地權。[10]

參、烏克蘭的分裂與獨立

從 1654 年起，長達三百多年的時間裡，烏克蘭成為俄羅斯的一部分。但其中有一些時段則處於實質獨立或分裂的狀態。其中最重要的經驗之一，是 1917 年「二月革命」之後由基輔「中央拉達」（Central Rada，即議會，其成員約 800 人，以政治與文化界人士為主）所組建的自治政府。在 1917 年 7 月間，它被彼得格勒的臨時政府承認為「烏克蘭的地方政府」。[11]

「拉達」選舉赫魯舍夫斯基（Mykhailo Hrushevsky）擔任主席，即實際上的國家元首。「十月革命」爆發後，「中央拉達」進而宣布成立「烏克蘭人民共和國」，與俄羅斯維持聯邦關係。由於烏克蘭士兵主要是農民，他們渴望儘早結束戰爭；於是，「中央拉達」提出了「土地」與「和平」這兩項訴求，並承諾會將貴族的土地重新分配給農民，基於此，他們宣誓向「拉達」效忠。

但是「中央拉達」並未真正建立起一套可以運作的國家機器，也沒能利用向這個政府宣誓效忠的數十萬官兵創建一支可靠的武裝力量。其結果是，到了 1917 年秋天，拉達的支持率大幅度下滑，已不到民眾的四分之一。於是，權力逐漸轉移到「十月革命」成功後由布爾什維克控制的「蘇維埃」（Soviet，由工農兵組成的代表會議）手中。

1917 年 12 月 24 日，布爾什維克在烏克蘭東部哈爾科夫召開「蘇維埃」

羅斯統一。
10 參見：金亞娜編著《東正教密碼》，（北京：商務印書館，2021）頁 89-95。此一十
11 參見：浦洛基（Serhii Plokhy）著，曾毅、蔡耀緯譯《烏克蘭》，（台北：聯經出版，2022），第 18 章。

大會，宣布成立「烏克蘭蘇維埃人民共和國」，與「烏克蘭人民共和國」
分庭抗禮。隨後蘇維埃軍隊從俄羅斯進入烏克蘭，奪取許多工業中心，而
另一方的「中央拉達」卻失去了對工業城鎮的控制。1918 年 1 月 25 日，「中
央拉達」宣布「烏克蘭人民共和國」將「成為一個屬於人民的，獨立的，
自由的主權國家，不臣服於任何人。」「拉達」主席赫魯舍夫斯基宣布，
將以獨立國家的身分和德國、奧地利簽署和約，以保護烏克蘭不受布爾什
維克的入侵。

　　隨後「拉達」發布動員令，募集志願軍。1918 年 1 月 29 日，在北部
離基輔約 130 公里的切爾尼戈夫地區克魯季（Kruty）車站發動戰爭，有
300 多名學生和 80 名哥薩克軍隊與布爾什維克部隊，包括來自波羅的海的
水兵和彼得格勒的革命軍，一共約 4,000 人，激烈交鋒；烏方有 27 人（另
一說是 18 人）慘遭殺害。但也因此役的緣故使得「蘇維埃」政權進攻基
輔的時間推遲了 4 日，同時也為「布列斯特—立陶夫斯克」條約（Treaty
of Brest-Litovsk）[12] 爭取到寶貴的時間。但是由於德奧在一次大戰中戰敗，
尋求奧援的「烏克蘭人民共和國」亦因之宣告終結。而其中主要原因，則

---

12 1917 年 11 月 7 日，俄國十月革命勝利之後，原來的俄國屬於協約國一方，為了退出戰爭，新成立不
　久的蘇維埃政權與同盟國的德國進行和平談判。12 月 3 日，談判開始，德國提出了把波蘭、立陶宛、
　愛沙尼亞的局部領土和拉脫維亞、白俄羅斯的全部割讓給德國，並賠款 30 億盧布的苛刻條件，這引起
　了布爾什維克黨內嚴重的分歧。列寧主張接受德國的條件，為新生政權爭得喘息機會；以布哈林為代
　表的左派反對簽訂和約，主張對帝國主義繼續進行大戰；至於托洛茨基則主張停戰但不與德國簽約。
　列寧的主張因處於少數而未能被通過。1 月 30 日，布列斯特談判恢復，作為外交人民委員與談判代表
　團團長，托洛茨基與列寧約定，如果德國下最後通牒就讓步簽約。結果德國果然向蘇俄下了最後通牒。
　但托洛茨基卻沒有接受列寧的建議，而是發表了拒絕簽約的聲明，率團離開布列斯特。緊接著，德軍
　和奧軍發動對俄羅斯的進攻。2 月 18 日，蘇共中央委員會召開了緊急會議，托洛茨基轉向支持列寧，
　蘇共政府連夜通知德國，同意簽約。但是，德國在得到通知後並沒有停止進攻，並於 2 月 23 日提出了
　更為苛刻的條件。2 月 24 日，蘇共重新派出代表團與德國進行談判。3 月 3 日，在今波蘭境內的布列
　斯特簽定條約，俄國徹底退出一次大戰。條約的主要內容如下：
　1. 蘇俄終止與德國、奧匈帝國、保加利亞和鄂圖曼土耳其帝國的戰爭狀態；
　2. 蘇俄軍隊全面復員，海軍軍艦駛回海港並解除武裝；
　3. 蘇俄承認芬蘭王國、烏克蘭人民共和國、白俄羅斯人民共和國之獨立，並有義務同烏克蘭人民共和
　　國締結和約；
　4. 蘇俄將愛沙尼亞、拉脫維亞、立陶宛、俄屬波蘭等地割與德意志帝國與奧匈帝國。1918 年 11 月 9 日
　　德意志帝國崩潰，11 月 11 日德國宣布停戰，與協約國簽訂停戰協定，德國放棄了《布列斯特 - 立陶
　　夫斯克條約》，11 月 13 日蘇俄通過決議廢除此條約，使得該條約實際上成了一紙具文。

在於民族認同、國族意識與宗教派系上的分歧。

引發一次大戰的導火線，是 1914 年 6 月 28 日奧匈帝國王儲費迪南大公（Archduke Franz Ferdinand）在巡視波士尼亞首都塞拉耶佛時遭到塞爾維亞族青年普林西普（Gavrilo Princip）暗殺而身亡。早在 1908 年奧地利即已兼併了波士尼亞，進一步圖謀兼併塞爾維亞，導致此一地區塞爾維亞人民的強烈不滿。

暗殺的槍手普林西普是波士尼亞境內「青年波士尼亞」組織的成員，其目標是尋求俄羅斯的支持，將波士尼亞從奧匈帝國掙脫出來，成立以塞爾維亞為首，統一南斯拉夫各民族的新國家。因此，他們堅拒奧匈帝國的擴張行動，企圖藉由暗殺行動制裁奧地利王室，但結果卻牽動了大國之間的利益衝突，掀起了民族文明體與大國地緣政治的劇變。

6 月 28 日的暗殺事件立即引起各國強烈反應。首先，奧匈帝國對塞爾維亞王國發出了最後通牒，要求塞國採取行動懲罰肇事者。一個月後，逕自對塞國宣戰。在奧匈帝國皇帝約瑟夫二世決定出兵進攻塞爾維亞後，同文同種的德意志帝國決定出兵支援，形成「大日爾曼主義」（Pan-Germanism）聯盟。

而在另一邊，俄羅斯帝國也以同為斯拉夫民族為由，宣布出兵援助塞爾維亞。戰爭一觸即發！形成「大日爾曼主義」與「大斯拉夫主義」（Pan-Slavonicism）兩大陣營和民族文明體對峙衝突的局面 [13]。在數週之

---

13 斯拉夫人（Slavs）是東歐地區的主要民族，又可細分為東斯拉夫（俄羅斯、烏克蘭、白俄羅斯）、西斯拉夫（波蘭、捷克、斯洛伐尼亞及索布）及南斯拉夫（塞爾維亞、克羅埃西亞、斯洛文尼亞、馬其頓、蒙特內哥羅及保加利亞）等三支。而日耳曼人則是居住在中歐、西歐和北歐的民族。俄羅斯帝國認為其他的斯拉夫人國家，如波蘭、捷克等國家皆應該由俄羅斯所領導，俄羅斯帝國在 19 世紀奉行擴張主義，大幅拓展帝國疆域。至於另一方面的日耳曼民族卻是長期分裂，包括普魯士、巴伐利亞、奧地利等各邦一直各自為政。等到普魯士在 1871 年建立德意志帝國之後，才出現統一的日耳曼民族共同體。至於奧地利則和匈牙利王國合併，組成奧匈帝國，其正式國名則係「奧地利帝國與匈牙利王國」。因之，日耳曼民族構建了兩個帝國，即德意志帝國和奧匈帝國。
簡言之，大斯拉夫主義是以俄羅斯為主體，他們信奉東正教，在巴爾幹半島的塞爾維亞、馬其頓、保加利亞等國和烏克蘭東部都得到支持，但在信仰天主教的波蘭、捷克斯洛伐克、斯洛文尼亞、克羅埃西亞和烏克蘭西部卻反是。至於大日耳曼主義則追求民族統一，直到希特勒時代才短暫的實現。二次

內，歐洲列強紛紛加入不同陣營，經過了三年的戰爭，在東線戰場方面，俄羅斯逐漸退卻；而掌握新政權的蘇共最後被迫簽署「布列斯特—立陶夫斯克」條約，自此退出了一次大戰。

但同為斯拉夫民族的烏克蘭卻不願接納「大斯拉夫主義」，反而轉向依賴「大日爾曼主義」陣營的支持，尋求德奧的協助以期獨立建國，但最終卻因德奧陣營敗於美英霸權之手，而功虧一簣。

在德奧與俄羅斯開戰之後，英國加入對德奧宣戰的行列。而與英國同文同種，均屬「盎格魯－薩克遜」（Anglo-Saxon）民族的美國，也在1917 年加入英國的行列，對德宣戰。英美聯手合作後，很快就壓垮了德國[14]。連帶的，烏克蘭的獨立之夢很快就成為泡影。這是烏克蘭尋求獨立的最大困境。一方面，為了反抗俄羅斯，必須仰賴德奧的支持；另一方面，為了尋求自主，又必須釐清與西鄰波蘭之間的複雜關係。其結果卻是東西兩邊樹敵，形成嚴重的民族嫌隙，甚至爆發流血戰爭。這正是季辛吉、布里辛斯基與杭廷頓等戰略大家，不斷對烏克蘭處境提出警告的緣由。

肆、民族主義與烏東問題

1991 年 8 月，美國總統布希造訪劇變中的蘇聯，離開首都莫斯科後不久，他來到烏克蘭首府基輔，向國會發表演說。布希面對著當地議員要求獨立的告示牌，清楚地告誡烏克蘭人民：「你們要拒斥自殺性的民族主義！」[15] 半個多月後，蘇聯爆發了流產政變，蘇共保守派領袖將總統戈巴

大戰後，德國與奧地利被迫再度分裂，東德與西德也處於分裂狀態，一直到 1990 年以後才復歸統一。至於斯拉夫各民族之間，在冷戰結束後進一步分化，而且日漸分歧，迄今未能成功整合。

14 一次大戰造成德意志、奧匈、俄羅斯與鄂圖曼土耳其四大帝國解體，但最後卻是英美為代表的盎格魯－薩克遜民族獲利最大，形成美英百年霸權，目前的「五眼聯盟」（美、英、加、澳、紐）仍持續掌握著優勢的地位。

15 這是由老布希的外交顧問，後來擔任小布希總統國務卿的賴斯（Condoleezza Rice）所撰寫的演講稿。

契夫綁架在黑海別墅內，經過四天軟禁後，戈巴契夫大權旁落，而出面營救他的俄羅斯總統葉爾欽卻趁勢崛起，聲望高漲，但蘇聯共產黨卻面臨解組，蘇聯體制也走向分崩離析的終局。

　　儘管葉爾欽曾經警告烏克蘭必須處理好烏東地區、克里米亞半島與黑海艦隊等權屬問題，但在過去 30 多年裡，這些問題始終未得善解。其中，克里米亞半島的主要人口是俄羅斯人，長期以來素為俄羅斯的領土。1954 年，赫魯雪夫執政時，為了紀念俄烏結盟 300 年，將原先隸屬俄羅斯的克里米亞自治共和國劃歸烏克蘭。但在 1991 年後，克里米亞半島人民要求回歸俄羅斯，卻始終未得到烏克蘭當局的重視。一直到 2014 年顏色革命發生後，以俄羅斯人為主的克里米亞半島舉行公投，迅速宣布脫離烏克蘭，並加入俄羅斯聯邦；但此時歐盟各國卻措手不及，基輔當局也無力挽回了。

　　至於烏東地區的民族、文化與語言問題，也是複雜而難解。由於俄語人口眾多，在 2014 年烏克蘭政府採取「禁止俄語」政策後，民眾反彈十分激烈，甚至走上決絕分裂之路。其中，以俄語人口為主的頓內次克和盧甘斯克兩州相繼舉辦公投、宣布獨立，並組成「新俄羅斯邦聯」，與烏克蘭政府軍開戰，但並無任何國家承認這兩州的獨立。2022 年俄烏戰爭爆發後，9 月 20 日，頓內次克與盧甘斯克當局，以及俄羅斯占領的赫爾松州與札波羅結州的行政當局，宣布在 9 月 23 日至 27 日就加入俄羅斯聯邦進行公投。9 月 30 日，普京與四州的親俄領導人簽署了入盟條約。10 月 3 日，俄羅斯國家杜馬一致投票決定正式將四州併入。這四州的領土總面積超過 9 萬平方公里，約占烏克蘭領土面積（60 萬 3,700 平方公里）的 15%。

　　依據 1991 年獨立後的統計資料，烏克蘭的人口狀況是：1991 年全國人口 5,200 萬人；其中烏克蘭人占 72%，俄羅斯人占 22%。若論烏語與俄

布希總統對烏克蘭的警告在美國掀起軒然大波，許多人認為他軟弱、太沒骨氣，而且錯判形勢。紐約時報專欄作家沙菲爾（William Safire）嘲諷這是「基輔雞演說」（Chicken Kiev speech）。

語人口對比，則大約是六：四。另外在二戰之後，俄羅斯人與烏克蘭人通婚後產生的下一代，約占總人口三成左右。由於烏克蘭獨立後的經濟改革並不順利，政治不上軌道，導致人口大量外移，至 2020 年為止銳減為 4,100 萬人。到了俄烏戰爭發生一年之後，又因逃難、人口流失等因素，再次減為約 3,000 萬人。由於逃離者當中女性與小孩高達八成以上，實已造成人口危機。

至於由俄羅斯兼併的烏東地區，以及克里米亞共和國，其人口成分與國土面積是：

1. 盧甘斯克（Luhansk）州，土地面積 26,684 平方公里，2001 年人口 254 萬人；2012 減至 227 萬人。其中烏克蘭人占 58%，俄羅斯人占 40%；俄語人口占 68%，烏語人口占 30%。

2, 頓內次克（Donetsk）州，土地面積 26,517 平方公里，2013 年人口 443 萬人；其中，烏克蘭人占 56%，俄羅斯人占 38%。俄語人口占 70%，烏語人口占 30%。

3, 札布羅結（Zaporizhzhia）州，土地面積 27,182 平方公里，2001 人口 192 萬人；2022 年減至 163 萬人。其中烏克蘭人占 56%，俄羅斯人占 38%。

   札布羅結市 2001 年的人口是 81 萬人，其中，烏克蘭人占 70%，俄羅斯人占 25%。俄語人口占 56%，烏語人口占 41%。

4. 赫爾松（Kherson）州，土地面積 28,461 平方公里，2012 年人口 108 萬人，2021 年減為 101 萬人。其中烏語人口占 82%，俄語人口占 14%。

5. 克里米亞（Crimea）半島，土地面積 27,000 平方公里，2021 年人口 241 萬人；其中克里米亞共和國 190 萬人，塞凡堡（Sevastopol）市 51 萬人。人口組成為烏克蘭人占 15%，俄羅斯人占 68%，韃靼人

佔 12%。俄語人口占 82%，烏語人口占 2%，韃靼語人口占 10%。

由上述數據看出，除赫爾松州之外，其他四地都是俄語人口遠大於烏語人口。儘管語言使用與國族認同不一定相符，但如何妥善處理語言政策與文化族群等基本認同問題，卻是今後解決俄烏衝突的一大關卡。

著名的俄羅斯研究專家，美國紐約大學教授柯恩（Stephen F. Cohen）認為，冷戰後西方對俄烏的外交政策，走上了一條錯誤的道路[16]，美國應該尊重俄羅斯的區域大國地位，無止境的推動北約東擴逼近俄羅斯的邊境，結果終將導致地緣政治的動盪。對於 2014 年的烏克蘭獨立廣場動亂，引發俄羅斯出兵占領克里米亞，這無疑是由西方逼出來的俄羅斯自衛行動。換言之，美國與歐洲的外交失策與戰略誤判，正是烏克蘭危機與俄烏衝突的根源所在。

伍、半總統制與寡頭政治

烏克蘭在憲政體制上採取折衷式的「半總統制」（semi-presidentialism），由擔任國家元首的總統和主掌行政體系的總理各司其權、各據其位，各擁人馬、各行其是。其結果不但造成兩人之間關係長期緊張，人事更迭尤為迅速。獨立後 32 年來，烏克蘭已產生了 6 位總統和 15 位總理，若再加上代總理，共達 20 位之多。其中只有第二任總統庫其馬曾連任一次；而總理平均任期只有一年半左右，人去政息，政局變幻莫測，這也是烏克蘭政局擾攘不安的主因之一。

另一重要原因，則是寡頭政治的高度腐化。烏克蘭的寡頭權貴在 1990 年代民主轉型和私有化改革過程中，透過對國有企業和國家資產的低價併

---

16 參見《亞洲週刊》2020 年第 42 期的報導，頁 18-19。

購，快速崛起。據統計，在 2008 年烏克蘭最富有的 50 位寡頭財富總和，約值國內生產總值 85%。到了 2013 年，此一比例降至 45%。根據《富比士》雜誌報導，2021 年烏克蘭最富有的 100 位商人一共持有 445 億美元的資產，這一年的 GDP 總值是 1,810 億美元，比例約占四分之一。

寡頭權貴不但控制了經濟和媒體，也掌握政黨政治的實際運作。他們不但組織了由個人操控的政黨，並且親自擔任公職；他們擁有自己的高級文官、法官與檢察官人脈，供其個人差遣。真可說是將朋黨之治（cronyism）和裙帶關係（nepotism）發揮到了極致，也可說是將金權政治（plutocracy）運用到足以「竊國」程度。

現任總統澤連斯基的背後金主，就是著名的億萬富翁科洛莫伊斯基（Ihor Kolomoyskyi），他擁有烏克蘭、以色列和賽普勒斯三國國籍，是知名銀行 PrivatBank 的創辦人；同時擁有重要的石油公司 Ukranafta 與 Ukrtatnafta 的股權，以及「1+1 媒體集團」70% 的股份；該集團的電視頻道播放喜劇「人民公僕」，當時喜劇演員澤倫斯基正是該劇的主角，扮演總統角色。

由於澤連斯基表演十分成功，廣受觀眾好評，乃趁勢參選，並組織「人民公僕黨」，結果大獲勝利。在 2019 年第二輪競選中，他以 72% 的絕對多數擊敗原任總統波羅申科（Petro Oleksijovič Porošenko），當選烏克蘭第六任總統。該黨雖然啼聲初試，卻在國會 450 議員席次中掌握過半數254 席，成為烏克蘭歷史上第一個在國會中獲得絕對多數支持的政黨。

2014 年，親俄的烏克蘭總統亞努科維奇被迫下臺，代總統圖奇諾夫任命科洛莫伊斯基擔任第聶伯羅彼得羅夫斯克州（Dnipropetrovska oblast）州長。由於此時烏東親俄分裂勢力發動內戰，盧甘斯克與頓內茨克兩州尋求獨立，他決定出資 1,000 萬美元創建反俄民兵「第聶伯營」，同時也積極支持極右翼的民族主義「亞速營」（Azov Regiment）。但在 2022 年 5 月

馬立烏波爾（亦譯馬立波）的戰爭中，亞速鋼鐵廠被俄軍攻占，「亞速營」宣告潰敗。

2016 年科洛莫伊斯基被控侵占 45 億美元，導致 PrivatBank 收歸國有，時任總統波羅申科解除了他的州長一職。2020 年，美國政府基於銀行詐欺案起訴了科洛莫伊斯基，並禁止其入境美國。2022 年，澤連斯基配合美國的司法追訴，對科洛莫斯基展開調查，並就石油公司的逃稅及挪用資金對他寓所進行搜索。2023 年 9 月 2 日，烏克蘭經濟安全局指控他涉嫌「詐欺」和將「犯罪財產合法化」，基輔的地區法院決定對他採取「預防性措施」，逮捕並拘留 60 天。他的保釋金定為 5.09 億格里夫納（約合美金 1,400 萬元）。對此，澤連斯基表示，「掠奪烏克蘭並將自己置於法律之上的人」，不能再像過去一樣為所欲為，「法律必須發揮作用」。這是澤連斯基在西方壓力之下的自清行動，藉以換取美國與歐盟持續的軍援和支持。

澤連斯基的前任總統波羅申科也是一位知名的商業寡頭和政治權貴，他是「如勝糖果集團」（Roshen Confectionery Corporation）創辦人，老百姓稱為「巧克力大王」。他曾在 2005 年出任國家安全與國防委員會秘書；後來又在尤先科及季莫申科的內閣中擔任外交部長；2012 年在亞努科維奇及阿札羅夫政府出任貿易與經濟發展部長。

2014 年五月，波羅申科參加總統選舉，以 54% 的選票當選。五個月後的國會選舉中，他所領導的政黨「波羅申科聯盟」以 21% 的得票率贏得 63 個議席。另外，該黨也在單席次選區的候選人中獲勝，議席總共達到 132 個，成為國會第一大黨。但是 2019 年波羅申科在尋求連任時卻栽了跟斗，敗給政治素人澤連斯基。在波羅申科卸任總統後，他將自己領導的政黨改名為「歐洲團結黨」，親自出任國會議員，目前該黨在國會中擁有 25 席。

2021 年 12 月，波羅申科被控叛國、支持恐怖組織和資助恐怖活動，

這是由於他和另一位親俄的寡頭梅德夫丘克（Viktor Medvedchuk，他已被遣送俄羅斯）安排購買烏克蘭分離分子控制地區的煤礦；罪名若成立的話，可能會被判刑 15 年。他否認此一指控，並指責這是澤連斯基整肅對手的政治技倆。波羅申科決定留在烏克蘭境內，以表達與烏克蘭同生共死的決心。

由於烏克蘭的貪腐現象嚴重，引起美國方面的高度重視，並展開司法調查與懲治行動，前總理拉札連科（Pablo Lazarenko）就是其中著名案例。他在 1995 年被總統庫奇馬（Leonid Kuchma）任命為能源部長，掌握油氣供應，第二年升任總理。在他掌政期間透過自由化與市場化手段，倒賣國家資源，抽取高達 50% 的佣金，並將數額巨大的國有資產轉移到國外，流入他個人在海外的帳戶。此外，他還提名以「天然氣公主」聞名於世的季莫申科（後來她也曾出任總理），兩人沆瀣一氣，狼狽為奸，成為權錢交易的代表人物。

庫其馬承認，任命拉札連科擔任總理是一項錯誤。烏克蘭檢察機關以濫用職權、非法開設海外銀行帳戶和貪汙等罪名對他提起公訴。1998 年底，拉札連科在瑞士被捕，判處有期徒刑 18 個月。第二年他逃到美國，企圖尋求政治庇護；美國政府應烏政府要求將其逮捕。

2004 年「透明國際」組織在全球腐敗報告書中，將拉札連科列為全球最腐敗的領導人之一，排行第 8，他貪汙高達 2 億美元。2000 年 6 月，美國政府以洗錢、勒索、詐欺等罪名對他提起公訴。2006 年 8 月 25 日，加州舊金山聯邦地區法院判處他 9 年監禁，並處以 1,000 萬美元罰金。2009 年 11 月 19 日，法院將他的刑期縮減為 97 個月。他成為繼巴拿馬前總統諾列加之後，另一位在美國身陷囹圄的外國政府領袖。

在拉札連科服刑期間，烏克蘭政府曾多次要求將其引渡，但均被美國以缺乏引渡條例為由拒絕。烏克蘭檢方指控他牽涉的刑事案件多達 50 件

以上。而今，出獄後的拉札連科既非美國公民，也不具居留權，但卻靠著堆積如山的贓款僱請能力超強的美國律師，避免被驅逐出境，回烏克蘭受審。

拉札連科是烏國貪腐政治的具體縮影，也是在俄烏戰爭中對烏同情的西方支持者始終難以釋懷的道德困境。為了符應西歐與歐盟的清廉反腐訴求，澤連斯基總統只有不斷加大對寡頭、權貴與高官的肅清行動，以期加快申請加入歐盟的時程。

陸、班德拉運動與納粹遺緒

在 2014 年的顏色革命中，親俄的烏克蘭總統亞努科維奇被親西方示威者推翻，逃亡至俄羅斯。在前一年底的反政府示威中，班德拉的頭像經常湧現在人群之中。到底班德拉是誰？他與烏克蘭民族主義有何關係？

班德拉（Stepan Bandera, 1909-1959）是西烏克蘭民族主義運動和「烏克蘭民族主義者組織」（Organization of Ukrainian Nationalists）領導人，該組織曾積極與納粹合作，由德國提供經費支持該組織在蘇聯進行破壞活動。1932 至 1933 年他擔任該組織加利西亞地區的副指揮官，到了 1933 年 6 月，成為了該組織首腦。1941 年 6 月 30 日，納粹占領烏克蘭後，班德拉在《烏克蘭國獨立宣言》中指出，「將與納粹德國緊密合作，在希特勒的領導下共同建立歐洲和世界新秩序」。而在其後的「班德拉運動」中，世居烏克蘭西部的波蘭人至少有 13 萬人被清洗殺戮。[17]

1959 年 10 月 15 日，班德拉在西德慕尼黑被 KGB 特工暗殺身亡。2010 年 1 月 22 日，烏克蘭總統尤申科（Viktor Yushchenko）授予班德拉「烏

---

17 根據史奈德（Timothy Snyder）的說法，則是有 15 萬波蘭人死亡。參見：史奈德著，陳榮彬，劉維人譯，《血色大地》，（台北：衛城出版社，2022），頁 514。

克蘭英雄」諡號。2011 年親俄的亞努科維奇（Viktor Yanukovych）擔任總統後，立即宣布撤銷班德拉的英雄頭銜。但隨著 2013 年底開始的反亞努科維奇政府示威，到隔年親歐盟的顏色革命迅速展開，班德拉頭像不斷湧現在反政府的人群團體中，隨著亞努科維奇倒臺，波羅申科政府上臺而越演越烈。

2018 年 12 月 14 日，利沃夫決議將 2019 年定為「班德拉年」，引起以色列駐烏克蘭大使黎翁抗議。2019 年 3 月，「烏克蘭民族主義者組織」參戰者被正式賦予退伍軍人地位，開始享有榮民福利，以及免費的公共交通、醫療、年金及公用事業優惠等特殊待遇。

2022 年 2 月 24 日，俄羅斯對烏克蘭發動全面入侵，稱之為「特別軍事行動」，其目標是使烏克蘭「去納粹化」和「非軍事化」。許多人質疑「納粹化」是子虛烏有。2023 年 1 月 1 日，烏克蘭最高議會（拉達）紀念班德拉 114 歲誕辰，在推特上發布了一張烏克蘭軍隊總司令札魯茲尼將軍在班德拉畫像下的照片，並引述了班德拉所寫的幾句話：「當一個國家在麵包和自由之間做選擇時，它選擇了麵包，最終會失去一切，包括麵包。如果一個國家選擇了自由，那麼它將擁有自己創造的麵包，沒有人會把它奪走。當俄羅斯帝國不復存在時，烏克蘭民族主義的完全和最終勝利就會出現」。

烏克蘭國會的社交媒體進而補充道：「目前的鬥爭是針對俄羅斯帝國的，班德拉的這些指導對武裝部隊總司令來說是很正常的」。對此，波蘭總理莫拉維茨奇（Mateusz Jakub Morawiecki）表示，波蘭對於任何美化班德拉的行為抱持極端批判的態度，他強調說：「在我與烏克蘭總理什米加爾的下一次談話中，我將非常明確地說出這一點。」「對任何美化甚至紀念班德拉的行為，我們都是極其批評的。」對於烏克蘭人在二戰中的罪行，「這裡不可能有絲毫的讓步，否認那場可怕的種族滅絕是不可想像的事情。

對於不想進行全面賠償、全面認罪的人，我們絕不寬容。」[18]

　　這段歷史的糾結，指的是二戰期間住在當年波蘭東部，也就是現在烏克蘭西部的波蘭人。這裡是波蘭人的故土，稱之「邊區」（Kresy）。但在二次大戰結束後卻被英、美、蘇三大國協商，讓渡給蘇聯；成為蘇聯治下的烏克蘭、白俄羅斯和立陶宛三個加盟共和國領土，最終導致 47% 的波蘭國土割讓。這是波蘭人的歷史創傷，也是多年來波蘭人與烏克蘭人心結難解的根源。

　　1945 年 2 月 6 日，在美、英、蘇元首的雅爾達會議第三次會議上，邱吉爾提出棘手的「波蘭問題」，由於美、英兩國領導人都不願支持當時親蘇的「盧布林政府」，並主張由一個代表更廣泛民意的臨時政府取而代之。於是，在第二天舉行的第四次會議上，史達林拿出了具體的解決方案：

　　一、承認在 1920 年一戰結束後由英國外相寇松提出，解決波蘭領土問題的「寇松線」（Curzon Line）方案，將波蘭東部面積達 20.1 萬平方公里的領土全部劃歸蘇聯，當時在這片土地上住了 440 萬波蘭人。

　　二、作為對波蘭的補償，將它的國界西移 200 公里，到達奧得河 - 尼斯河一線，取得原屬德國東部領土。但一去一來之間，戰後波蘭的國土縮減為 31.2 萬平方公里。

　　三、擴大「盧布林政府」陣容，把流亡國外的波蘭民主領袖納進來。

　　這是二戰結束後波蘭人深沈的悲痛與無奈。在三大國主導下，波蘭國土西移，東部家園盡毀，民族被迫流散。據英國史家 Keith Lowe 的記載，當時有 78 萬波蘭人自烏克蘭迫遷，23 萬人從白俄羅斯離鄉背井，還有近 17 萬人被立陶宛趕出來，總數約 120 萬波蘭人自此顛沛流離，迫遷到西部

---

18 根據波蘭國家通訊社 2022 年 8 月 16 日報導，波蘭文化和國家遺產部副部長賽林（Jaroslaw Sellin）呼籲烏克蘭政府，必須承認烏國在二戰期間所犯下的種族屠殺罪行，導致十多萬多名波蘭人死於非命。一位波蘭外交官說：「烏克蘭必須承認這一點，因為這是事實，一項經政治決策所實施的種族清洗，消滅了幾個世紀以來生活在那裡的整批少數民族波蘭人。」

新家。

不幸的是，在東部「邊區」的波蘭裔社區被烏克蘭人連根拔起。有的被火焚，有的用手榴彈炸燬；烏克蘭人殺紅了眼，不但放火燒掉住家、天主教堂，還將村莊夷為平地，務期徹底消滅波蘭人的故土家園。相對的，波蘭政府也遣返了原先住在波蘭西里西亞的烏克蘭裔，總數逾 48 萬人。

在民族遷移的過程中，許多波蘭人被烏克蘭納粹組織，由班德拉領導的「烏克蘭起義軍」活活打死，據《二次大戰後的野蠻歐陸》（2020）一書所述，他們「眼睛被挖、舌頭被拔…被綁在樹上等待死亡」。1947 年 3 月 28 日，由於波蘭國防部副部長斯維爾切夫斯基被「烏克蘭起義軍」刺殺，波方展開反制行動，將境內的烏克蘭裔徹底根除。到了 1947 年底，在波蘭境內幾乎沒留下任何少數族群。這意味著「波蘭人的波蘭」，終成事實。

但是，許多人對這段悲慘黯淡的歷史卻無動於衷、不以為意，繼續堅持他們對納粹運動與納粹人物的肯定支持。2023 年 9 月 24 日，澤連斯基總統訪問加拿大期間，加拿大下議院議長羅塔（Anthony Rota）在國會表揚一名烏克蘭裔的加拿大老兵，特別表彰他的英勇事蹟。這位老兵洪卡（Yaroslav Hunka）年 98 歲，羅塔說：「他（洪卡）是烏克蘭英雄、加拿大英雄，我們感謝他所做的一切貢獻。」於是，議場內響起一片掌聲，向洪卡致意，全場兩度為他起立鼓掌。

猶太人權組織「西蒙維森塔爾之友中心」（Friends of Simon Wiesenthal Center）旋即揭露老兵洪卡是二戰時期的納粹分子，曾服役於納粹德國親衛隊第 14 武裝擲彈兵師，又稱「加利西亞第 1 師」。這是在納粹指揮下，由烏克蘭族人組成的志願部隊，被指控曾殺害波蘭和猶太平民，幫助德軍打擊蘇軍。

面對猶太組織的指控，尷尬的羅塔議長只好聲明道歉。他表示，「隨後我了解到更多訊息，對自己的決定感到後悔」，他要向猶太社區致上「最

深切的歉意。」加拿大總理杜魯道辦公室指明，邀請洪卡的決定是議長自行決定的，道歉乃是「正確的做法」。這顯示在許多人眼裡，只要「反俄羅斯」就是政治正確，卻不必考慮真相如何。但是由於政治人物不明究理，竟然得罪猶太社區，由於壓力太大，羅塔議長最後只有宣布辭職。

柒、結論：俄烏衝突的可能結果

根據以上的資料與引文，俄烏衝突的背景極其複雜，而且千頭萬緒、彼此糾結，不易梳理。但若硬要將其簡化成「黑與白」、「民主與威權」、「正義與邪惡」的鬥爭，那就失去真相了。

質言之，俄烏戰爭若真要尋求善解，並建立起和平秩序，下列的策略與做法是必要的。

一、必須妥慎處理烏東四州與克里米亞歸屬問題，美國與歐盟必須協調俄烏雙方，擬定戰後和平方案，立即停火並推動和談；進一步應建立起某種形式的「中立化」機制，讓俄語與烏語居民和平共存。一次世界大戰之後由國際聯盟推動實施的芬蘭歐蘭群島（Alan Islands）高度自治，是值得參考的解決方案。

二、烏克蘭若要加入歐盟，必須推動政治改革與憲政改造，力行真正的自由民主建設，並肅清貪腐，改變寡頭干政的積弊。若無相應的改革，戰後烏克蘭勢將面對嚴重的民主困境，以及新納粹的嚴峻挑戰。至於戰爭結束後的復興與重建，也有賴大國的強力支持。由於復建規模龐大，據估計可能將耗資 7,500 億美元以上，此一任務必然十分艱鉅。

三、烏克蘭必須妥善處理與其鄰邦，包括俄羅斯、波蘭、匈牙利、羅馬尼亞、摩爾多瓦等國的歷史疆界和民族傾軋問題，如果烏克蘭始終抱持激進的民族主義與排外立場，高調的紀念納粹及其遺緒，而且拒不承認過

去黑暗的歷史，及早與鄰邦和解，恐怕終將再次面對激烈的衝突與挑戰。

　　四、西方各國應記取國際戰略專家的警示，停止北約東擴，並應尊重不同文明體系的價值觀和世界觀，避免激化民族衝突，釀就新的國際爭端。迄今為止，除了美國、日本、韓國與歐盟各國積極支持烏克蘭外，絕大多數的發展中國家，約占全球人口的八成左右，對俄烏戰爭抱持中立的態度，不願介入，也未聲援美國所推動的北約東擴政策。這是值得重視的警訊！

烏克蘭衝突的演變與挑戰：
新的俄羅斯及道路選擇

趙竹成

（政治大學民族系教授）

摘　要

　　烏克蘭地區發生的衝突，除了長久以來的歷史文化因素以外，直接肇因於外部與內部的雙重交互作用。一方面，北大西洋公約組織自 1990 年代開始，在美國主導下不斷向東擴張，對俄羅斯進行不間斷的戰略地緣壓迫。2008 年，北約布加勒斯特會議承諾接納烏克蘭及喬治亞，觸及到俄羅斯國家安全的最後底線。另一方面，自 2013 年底烏克蘭發生政治動盪，導致 2014 年 3 月克里米亞重歸俄羅斯，烏東頓巴斯地區爆發持續 8 年的內戰。與此同時，烏克蘭加入北約的問題，使俄羅斯與美國，北約之間的矛盾激化，造成在 2021 年年底雙方無法迴避的對撞。最終，2022 年 2 月 24 日，俄羅斯發動「特別軍事行動。」

　　特別軍事行動表面上是俄羅斯與烏克蘭之間的武裝衝突，然而其本質是俄羅斯與美國、北約以及歐盟之間包括軍事、政治、資訊、金融、經濟、能源的總體戰。其結果，除了會影響俄羅斯未來的政治走向以外，更將重塑歐洲的地緣政治以及冷戰以後的國際政治秩序。

關鍵字：俄羅斯、頓巴斯、新俄羅斯、特別軍事行動、俄羅斯世界

壹、原生因素－歷史糾結

　　自 2022 年 2 月以來，一般媒體大抵用「俄烏戰爭」，或是「俄烏衝突」來指稱俄羅斯官方定義的「特別軍事行動」。然而，目前軍事行動所在的頓巴斯（Донбасс）及新俄羅斯地區（Новороссия）在歷史上與俄羅斯有著無法切斷的臍帶關係。

　　1667 年，俄羅斯與波蘭經過 13 年的鏖戰後，簽訂「安德魯索夫條約」（Andrusovo contract）。雙方議定以聶伯河（р.Днепр）為界，聶伯河左岸由莫斯科控制，而聶伯河右岸由波蘭控制。基輔雖在右岸，但是仍由莫斯科管理。本條約的簽訂決定了今日烏克蘭以聶伯河為界形成的歷史、文化、政治、經濟、社會分立的基本格局（М.Грушевский 2008, 356-357）。

　　1774 年俄羅斯與土耳其簽訂「庫楚克凱納基條約」（Treaty of Kuchuk Kainarji），俄羅斯取得亞速海（Azov）到克赤海峽（Kerch，今日札波羅日地區到克里米亞一帶），並向東延伸到庫班（Kuban），鐵列克河（Terek）流域。1792 年，俄羅斯與土耳其再簽訂「雅賽條約」（Treaty of Yasay），土耳其承認由克里米亞半島向北擴張到所有黑海北岸地區為俄羅斯所有的權利。

　　沙皇凱薩琳二世（Екатерина II）將自東北方向的盧甘斯克向西南，經頓內次克，札波羅日，聶伯彼得羅夫斯克（Днепропетровск），尼可拉耶夫（Николаев）直至聶伯河河口到奧德薩（Одесса）一線命名為「新俄羅斯」（Новороссия），與大俄羅斯（Великороссия）及小俄羅斯（Малороссия）並列（BBC 2014）。此後，由帝國其他地區移民紛至，開啟當地的大規模建設過程。

　　今日烏克蘭東部及南部的所有大城市，莫不是由俄羅斯人在開拓過程中所建。主要城市如下表：

表 1：烏克蘭東部及南部主要城市建立時間

城市	建立時間	沙皇	備註
哈立科夫（Харьков）	1630	亞列克西（Алексей Михайлович）	收容自聶伯河右岸逃離波蘭統治的小俄羅斯人。1656 年成立軍事行政區。
蘇米（Суми）	1655	亞列克西	收容逃離波蘭統治的小俄羅斯人。
聶伯彼得羅夫斯克（Днепропетровск）	1776	凱薩琳二世	建成之初名為「榮耀凱薩琳之城」（Екатеринослав）
盧甘斯克（Луганск）	1795	凱薩琳二世	在當地建立鑄鐵廠（чугунолитейный завод）之後興起的城市，移民來自俄羅斯中央區及西北區。
赫爾松（Херсон）	1778	凱薩琳二世	由波坦金公爵（Потёмкин）在此建立黑海艦隊
頓內次克（Донецк）	1869	亞歷山大二世（Александр II）	建立鋼鐵廠
尼可拉耶夫（Николаев）	1789	凱薩琳二世	因波坦金公爵在此處製造戰艦「聖尼古拉號」（Святой Николай）而得名
奧德薩（Одесса）	1794	凱薩琳二世	軍事要塞
札波羅日（Запорожье）	1770	凱薩琳二世	原名「亞歷山大羅夫斯克」（Александровск）
辛非洛波（Симферополь）	1784	凱薩琳二世	波坦金公爵建立
塞瓦斯托堡（Севастополь）	1783	凱薩琳二世	軍事要塞
馬立烏波（Мариуполь）	1778	凱薩琳二世	安置克里米亞的希臘裔移民
克立羅戈（Кривой Рог）	1775	凱薩琳二世	鋼鐵廠
基洛夫格勒（Кировоград）	1754	伊莉莎白（Елизавета Петровна）	軍事要塞，原名「伊莉莎白城」（Елисаветград）

資料來源：作者自行整理

　　上述這些城市所在地區，自帝國時代開始，無論是實際狀態或是歷史情感上，都是俄羅斯的一部分。這個事實到 1922 年蘇聯成立時，發生了變化。

　　1917 年 10 月革命後，11 月，受德國扶持的烏克蘭革命份子在基輔（Киев）成立「烏克蘭人民共和國」（Українська Народна Республіка），這個共和國被視為近代烏克蘭民族國家主權獨立的肇始者。

　　然而，幾乎在同一時期的 1917 年 12 月到 1918 年 2 月，布爾什維克黨人分別在哈立科夫（Харьков）成立「蘇維埃烏克蘭人民共和國」（Украинская Народная Республика Советов рабочих, крестьянских, солдатских и казачьих депутатов-УНРС），在頓巴斯地區成立「頓內次克－基洛沃蘇維埃共和國」（Донецко-Криворожская советская республика － ДКСР），在新俄羅斯地區成立「奧德薩蘇維埃共和國」（Одесская советская республика- ОСР）以及克里米亞半島的「塔夫里特蘇維埃社會主義共和國」（Таврическая советская социалистическая республика）（В.Я.Гросул 2007, 41-44）。這四個共和國在建立之初即表明要加入俄羅斯。但是在 1918 年 3 月，列寧（В.Ленин）卻致函當時主管烏克蘭事務的歐爾佐尼基澤（Чрезвычайный комиссар Украины Григорий Орджоникидзе），以頓巴斯地區併入俄羅斯一事為「有害的突發奇想」（вредный каприз）為由，表示反對。最終，「頓內次克－基洛沃蘇維埃共和國」，「奧德薩蘇維埃共和國」兩地被劃入烏克蘭（RT 2022）。

　　同月，除了「塔夫里特蘇維埃社會主義共和國」解散併入俄羅斯以外，前三個蘇維埃政權合併為「烏克蘭蘇維埃共和國」（Украинская Советская Республика-УСР）並加入蘇維埃俄羅斯。

　　隨著德國在 1918 年底的戰敗，由德國扶持的「烏克蘭人民共和國」亦隨之瓦解，烏克蘭全境由布爾什維克黨人控制。1919 年 3 月，成立

以哈立科夫為首都的「烏克蘭蘇維埃社會主義共和國」（Украинская Социалистическая Советская Республика- УССР）（П.П.Толочко 2018, 287-307），並於 1920 年 1 月與俄羅斯進行政治整合（LikБез 2014）。最終，「烏克蘭蘇維埃社會主義共和國」於 1922 年成為蘇聯最早的四個組成成員國之一。

　　蘇聯瓦解時期，伴隨著烏克蘭的獨立，烏東及克里米亞地區人民再次強調自己的俄羅斯文化傳承的身分選擇。

　　烏克蘭在 1989 年蘇聯各地民族主義浪潮風起之際，已經注意到國內的語言問題。1989 年烏克蘭最高蘇維埃通過語言法（Закон о языках в Украинской ССР）（Законодательство стран СНГ 1989），宣示烏克蘭多元族群與多元語言的事實，尤其是烏克蘭語與俄語在社會中的重要性。接著在 1991 年 11 月，通過重要的政治文件：「各民族權利宣言」（Декларация прав национальностей）（Rada 1991）。該文件宣示，烏克蘭政府保證烏克蘭境內所有民族，族群，公民在政治、經濟及社會文化上的平等。在該宣言第 3 條明確指出：烏克蘭政府確保公民自由使用俄語的權利。1992 年 6 月，烏克蘭再通過「烏克蘭少數族群法」（Закон о национальных меньшинствах в Украине）（Континент 1992），保證各族群的民族文化自治權力。

　　然而 1991-1992 年各項立法的成果，在未來被證明只是一份份空白支票，其目的只是安撫境內以俄語為母語國民的權宜之計，因為烏克蘭的獨立伴隨著是不斷推進的「烏克蘭化」進程。

　　1994 年 3 月 27 日，頓內次克州及盧甘斯克州舉行公投。兩地公投的主要訴求是聯邦制、俄語地位以及參與獨立國協的經濟同盟。這三個訴求是這兩個地區經 2004 年橘色革命，2013-14 年廣場革命以及自 2014 年以後長達 8 年的內戰過程中一直沒有改變的訴求與目標（Накануне.RU

2014）。

　　公投共有四個題目，分別是：

1. 你是否同意烏克蘭憲法強化聯邦地區架構？（Согласны ли вы с тем, чтобы Конституция Украины закрепила федеративно-земельное устройство Украины?）

2. 你是否同意烏克蘭憲法強化俄語作為等同烏克蘭語國家語言的功能？（Согласны ли вы с тем, чтобы Конституция Украины закрепила унционирование русского языка в качестве государственного языка Украины наряду с государственным украинским языком?）

3. 你是否同意在頓內次克州與盧甘斯克州，在工作、生產、教育、文化以及教育、科學上，俄語與烏克蘭語並行？Согласны ли вы с тем, чтобы на территории Донецкой（Луганской）области языком работы, делопроизводства и документации, а также образования и науки был русский язык наряду с украинским?

4. 你支持簽署獨立國協憲章加入獨立國協經濟同盟及議會大會？（Вы за подписание Устава СНГ, полноправное участие Украины в экономическом союзе, в межпарламентской ассамблее государств СНГ?）

　　其中第二個題目，頓內次克和盧甘斯克的支持率分別是 81.16%，90.38%。第三個題目則是 88.98%，90.91%。

　　克里米亞地區則是早在 1991 年即透過公投表達立場。1991 年 1 月 20 日，針對「你是否支持建立克里米亞自治共和國，作為蘇聯的主體並參與聯盟條約？」（Вы за воссоздание Крымской Автономной Советской Социалистической республики как субъекта Союза ССР и участника

Союзного договора?）。結果以 81.37% 的投票率，93.26% 同意通過
（Государственный Совет Республики Крым 2023）。

　　頓內次克、盧甘斯克、克里米亞等地在烏克蘭獨立之初，與新獨立的
烏克蘭之間基本的衝突是圍繞著兩個矛盾：一是以語言為核心的原生性歷
史文化歸屬問題，二是這些地區對於蘇聯具有較深厚的歷史情感。而這兩
種情緒在蘇聯瓦解大背景的烘托下，形成不同層次的族群運動浪潮。

貳、烏克蘭的道路選擇

　　原生條件先天上的差異以及歷史情感歸屬的分歧，是烏克蘭衝突的內
在根本因素。再加上烏克蘭在蘇聯瓦解後，出現了特殊的地緣角色使烏克
蘭無論是有意或是無意，都不可避免地捲入地緣政治競爭的漩渦之中。

一、兩個層次族群運動浪潮的衝擊－不被承認的共和國

　　蘇聯瓦解後在一些加盟共和國出現一種特殊的政治體：不被承認的
共和國（unrecognized states）。根據目前少數關於這政治體的研究，包括
N.Caspersen 及 G.Stansfield 對於所謂「不被承認的共和國」包括下列幾個
條件：

1. 實體事實上的獨立；
2. 政體的領導階層嘗試建立國家體系，並宣示其合法性；
3. 這個實體試著但並未獲得國際普遍承認；
4. 這個實體至少延續 2 年。（N. Caspersen 2012, 6; N. Caspersen & G. Stansfield 2011, 3-4）[1]

---

1 這類的政治體也有以事實國家（De Facto states）一詞作定義。根據 Scott Pegg 的解釋所謂事實國家具
　有幾個特徵：1. 一個有組織執政的領導層；2. 群眾支持；3. 有能力提供政府服務並在相當長的時間在

　　由前述的定義我們可以發現，環繞著俄羅斯，在前蘇聯地區，自 1990 年後即存在幾個不被承認為主權國家的政府，包括：摩爾多瓦（Молдова）的沿涅斯特摩爾多瓦共和國（Приднестровская Молдавская Республика），喬治亞（Грузия）的阿布哈茲（Республика Абхазия）及南奧塞提共和國（Республика Южная Осетия），亞塞拜然（Азербайджан）的納戈羅─卡拉巴赫（Нагорно-Карабахская Республика）以及自 2014 年後，在烏克蘭（Украина）東部出現的頓內次克人民共和國（Донецкая Народная Республика）及盧甘斯克人民共和國（Луганская Народная Республика）。

　　這些不被承認的共和國普遍有面積小、人口少，在法理上是某個主權國家一部分卻又與其主權國家出現軍事衝突，主觀意願上要脫離原母國加入另一個國家，或是爭取獨立的現象。除了納戈羅─卡拉巴赫共和國以外，其餘幾個共和國在政治上都有加入俄羅斯聯邦的主觀意願，而俄羅斯聯邦亦與這些共和國採取不同程度的外交、軍事、人道、經濟的協助或互動。因此這些政治體就成為俄羅斯在新的地緣競爭中的標的物

　　迄今，一般都認為，目前在前蘇聯地區出現的民族衝突主要肇因於蘇聯時期過於重視政治邊界的確定，而人為的將語言、經濟活動地域、民族屬性等客觀條件進行了人為的切割（Д. Ливен 2007, 164）。這些問題與蘇聯的民族政策和蘇聯體制的構成之間有著一定的關聯性。首先就民族政策而言，蘇聯時期的民族政策的主要目標，是要在蘇聯形塑一個新的統一的民族共同體，但是蘇聯一方面進行行政區域劃分的同時，也在進行民族政府的建構，並且搭配重要的幹部本土化政策（коренизация），進而製造

　　領土內行有效控制；4. 自認為有能力與其他國家建立關係並尋求完全的憲法獨立與被承認為主權國家（D. Lynch 2004, 15）。

出民族主體性（титульность）的分立。[2] 然而，衡諸蘇聯政治史的發展過程，在蘇聯時期曾出現過大規模的區域重劃、族群遷徙、民族流放等事件，造成更複雜的族群交錯現象，這就是前蘇聯加盟共和國普遍出現的「族群性」與「地域性」難以協調的重要原因。

再者，蘇聯體制的設計是由「自治區／自治州／自治共和國」→「加盟共和國」→「蘇聯」形成的三層結構層次，因此蘇聯解體的體制變革不單是加盟共和國這個單一層次的變革，還有著在加盟共和國下一層次的，各自治州、自治共和國的變革。

事實上，如果將蘇聯的遺緒這個條件作為檢測要素，我們可以發現蘇聯解體後的獨立加盟共和國，可以分成兩個集團：

第一個集團：致力於與以往的蘇聯進行切割，在「去蘇聯化」的同時，進行強力的國族一體化進程。例如，波羅的海三國、喬治亞、烏克蘭、摩爾多瓦、亞塞拜然。

第二個集團則是以俄羅斯和白俄羅斯為代表，認為蘇聯在意識形態、文化等結構因素中，都是自我歷史上不可分割的一部分。

在第一個集團的在建構過程中，國族形塑的民族主義成為一個很重要的變項，民族主義造成了加盟共和國的獨立，並以「去共黨化」，「去蘇聯化」，「去俄羅斯化」三種脈絡來推動民族國家、主權意識與國家認同的新形塑。這些加盟共和國一方面以民族主義脫離蘇聯的同時，又以單一國族認同，強迫國內其他的非主體民族進行本土化（кореннизация），以推進國族一體化。

而所謂不被承認的共和國在本質上接近前述的第二個集團，但是卻又處於前一個集團之中。由此就出現了一種不可避免的矛盾現象：加盟共和

2　例如，烏克蘭民族（нация）概念的出現。

國追求新的民族國家建立過程中，卻有著內部非主體民族主義的醞釀，追求自我民族國家建立的浪潮。由此出現前加盟共和國與其內部自行宣布國家主權政治體之間的衝突。這種蘇聯瓦解後出現的「兩個層次的民族自決」，造成後蘇時期第一集團加盟共和國中出現的嚴重的民族與領土糾紛（如下圖所示）。

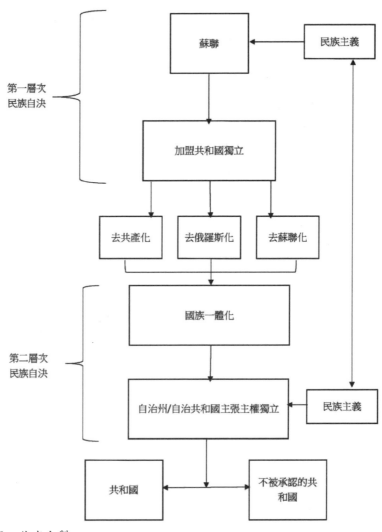

資料來源：作者自製

烏克蘭東部頓巴斯的頓內次克人民共和國，盧甘斯克人民共和國正是這種分歧下的產物。

二、民族主義的操作

2015 年正當烏克蘭東部內戰最激烈時，烏克蘭第一任總統克拉夫楚克（Л.Кравчук）接受電視台訪問時指出：不存在烏克蘭國族（Украинскойнации не существует）。就克拉夫楚克的說法，因為烏克蘭沒有統一的語言，沒有統一的文化，沒有統一的宗教，因此烏克蘭國族是不存在的（Днепр Днепрович 2015）。由這個角度出發，烏克蘭獨立之後即致力於國家意識，國族認同形塑的重要工程。烏克蘭在 1991 年獨立後，形塑烏克蘭的國家意識與文化統一是透過「去俄羅斯化」、「去蘇維埃化」、「去共產化」的路徑進行，在這個路徑中的核心問題一是語言，二是教會。其中語言是重中之重。[3]

語言問題事實上就是俄語問題，這是烏克蘭獨立後關於民族建構（nation building）的重要課題（Taras Kuzio 1998,167-197）。雖然烏克蘭在獨立之初曾保證，保障各族群語言的文化權利，但是一直沒有落實。尤其是 2014 年廣場革命之後，隨著烏東內戰的爆發，烏克蘭進行「烏克蘭化」的進程更加激烈。

（一）取消「語言政策法」（закон о языковой политике）

就在總統亞努科維奇（В.Янукович）出逃，由反對派控制的烏克蘭國會最高拉達（Верховная рада）於 2014 年 2 月 23 日決議撤銷 2012 年 8 月 10 日通過的「國家語言政策基本法」（закон "Об основах государственной

3　關於教會部分請參考：趙竹成，2019，〈教會自主與國族建構：烏克蘭東正教會的「獨立」進程〉，《問題與研究》，13（1）：37-73。

языковой политики"）（Zakon.kz 2023）。由於在該法中，明確賦予俄語及其他少數族群語言具有州級的區域性法定地位，撤銷該法引起烏克蘭國內不同族群的抗議。2018 年 2 月，烏克蘭憲法法庭（Конституционного суд）裁定該法違憲。

（二）廣播電視的語言配額

　　2016 年 6 月 16 日烏克蘭議會修訂「廣播電視法」（закону "О телевидении и радиовещании）（並於當年 11 月生效）（Base.spinform 2023）。該修正案規定，烏克蘭語在廣播電視中的占比不得低於 60%，電台播放的烏克蘭語歌曲比例不得低於 35%。若電台同一時間有播放歐盟國家語言歌曲，則烏克蘭語歌曲不得低於 25%。且烏克蘭歌曲必須安排在早上 7 點到下午 2 點以及下午 3 點到晚上 10 點之間。2017 年 5 月國會再度修定廣電法，新修規定烏克蘭語節目在全國性及州級的節目中，一週占比不得低於 75%。在地方基層則不得低於 60%。且廣播時間需固定在早上 7 點到晚上 10 點之間。未達規定者須受行政罰鍰。如果廣電公司本就是少數族群語言的廣電公司，則其烏克蘭語廣播不得低於 30%。所有外國影片必須以烏克蘭語配音。1991 年以前的影片必須加上烏克蘭語字幕。

（三）教育領域禁止俄語

　　2017 年 9 月 5 日烏克蘭國會通過新的「教育法」（закона "Об образовании）（並於 9 月 28 日生效）（Континент 2017）。

　　該法規定，逐步在學校教育系統中禁止使用俄語及其他少數族群語言。中等學校及高等院校只能使用烏克蘭語，自 2018 年起，非烏克蘭語課程只保留在小學。自 2020 年 9 月 1 日起，將強制關閉不使用烏克蘭語教學的各級學校。自 2023 年 9 月 1 日起，原使用歐盟國家語言教學的小學，

必須改用烏克蘭語。該法引起匈牙利、波蘭、羅馬尼亞、保加利亞及其他東歐歐盟國家的強烈抗議。匈牙利揚言，如果烏克蘭不修正教育法，則匈牙利必杯葛烏克蘭加入歐盟的提案。

基於前述抗議，烏克蘭於 2022 年通過「少數族群法」（О национальных меньшинствах（сообществах）Украины），強調保障各少數族群的權利（Zakon.kz 2022）。

2020 年 3 月 13 日烏克蘭總統澤倫斯基（Владимир Зеленский）簽署「普通中等教育法」（закон "О полном общем среднем образовании）（Base.spinform 2020）。該法規定，逐步縮減包括少數族群語言及俄語的授課。母語為少數族群語言者，只允許在小學期間併同烏克蘭語同時間學習。而從小學五年級開始，烏克蘭語時間不得低於 80%。

自 2020 年 9 月 1 日起，所有原來的俄語授課學校全部改用烏克蘭語，只有 2018 年前入學的小學生可以在低年級學習俄語。

（四）語言法

2019 年 4 月 25 日烏克蘭國會通過「確保烏克蘭語的國語功能法」（закон "Об обеспечении функционирования украинского языка как государственного)（Zakon.kz 2019），以進一步消除俄語及其他少數族群語言的使用。該法規定烏克蘭語在烏克蘭為唯一的國家官式語言，並強調，試圖推行多語的行為視同暴力改變或是推翻烏克蘭的憲政體制。根據該法，除宗教活動及私人交談以外，官員、公務員等公部門，商業貿易、服務業、教育、醫療、文化、藝術等社會面必須使用烏克蘭語。國家官員、公務員必須符合「國家烏克蘭語言標準委員會」（Национальную комиссию по стандартам украинского языка）的要求。所有文化、藝術、影視只能使用烏克蘭語，若在表演中須使用其他語言，則必須附加烏克蘭語字幕。

在傳播媒體、網路只能使用烏克蘭語。自 2024 年 7 月起，全國性頻道烏克蘭語占比須達到 90%，州級地區不得低於 80%。所有非烏克蘭語節目必須同步傳譯烏克蘭語。以俄語或其他少數族群文字出版的平面媒體，必須同時出刊相應數量與內容的烏克蘭語版。所有企業、公司在網際網路的網站必須是烏克蘭語為首頁。

該法生效後，自 2020 年 1 月 16 日起，全國廣告全面使用烏克蘭語。自 7 月 16 日起，科學及醫療的所有科學書籍出版，只允許烏克蘭語，英語及歐盟國家語言。公共運輸事業全部強制使用烏克蘭語。

自 2021 年 1 月 16 日起，所有類別的服務業強制使用烏克蘭語。

自 2021 年 7 月 16 日起，所有公務員及申請烏克蘭國籍者，必須通過烏克蘭語考試。文化藝術、表演、旅遊業全部使用烏克蘭語。所有外國語言電影、電視劇集必須以烏克蘭語配音。

自 2022 年 7 月 16 日起，針對違反前述語言法的行為，將針對行為人及其所屬機構由相關主管機關處以行政罰鍰 3,400-11,900 格里文（гривна）。例如，餐廳服務生將罰款 3,400-5,100 格里文，公務員則是 3,400-6,800 格里文（Pravda 2021）。

烏克蘭憲法法庭於 2021 年 7 月 14 日宣告該法合憲。回顧 2018 年憲法法庭對於類似語言問題的宣告，兩者形成完全對立矛盾的荒謬景象。

（五）2021 年 7 月烏克蘭通過「烏克蘭原住民法」（О коренных народах Украины），認定在烏克蘭的原住民只有克里米亞韃靼人（крымские татары）、卡拉因人（караимы）及克里察克人（крымчаки）（Spinform 2021），將其他東歐地區的少數族群，如摩爾多瓦人、亞美尼亞人、塞爾維亞人、匈牙利人、俄羅斯人等排除。

烏克蘭透過一系列的立法強化「烏克蘭化」的進程，雖然迫於歐盟國家的壓力，烏克蘭在 2022 年通過「少數族群法」，承諾保護少數族群的

文化、政治權利，但是透過「語言法」、「廣電法」、「教育法」及「烏克蘭國語法」等法律，事實上使「少數族群法」成為空談。尤其俄羅斯人及俄語在這些法律中遭受到相對於其他語言族群不平等的待遇，顯示出對俄語族群的公開性歧視。

「烏克蘭化」與對其他族群語言權利的漠視，直接反映在政治意識形態上對二戰時期納粹份子平反的事實所形成的極右化。

2007 年，時任總統尤申科（В.Ющенко）授予參與沃林屠殺（Rzeź wołyńska,1943-1944）[4]的「烏克蘭反抗軍」（OUN（b））領導人舒赫維奇（R.Shukhevich）「烏克蘭英雄」稱號。2010 年，尤申科在卸任前，又授予另一位在二戰時參加納粹武裝的著名人物班德拉（S.Bandera）「烏克蘭英雄」稱號。自尤申科的政治操作之後，掀開了平反納粹份子與公開納粹意識形態的「潘朵拉的盒子」。尤其伴隨著 2013 年廣場革命的發展，追隨崇拜班德拉成為意識形態主流，並衍生出各種不同的政治團體以及武裝集團，如「自由黨」、「右區」（Right sector）、C14，最著名的莫如「亞速營」（Azov）。在政府放任，金融寡頭支持下，透過網路媒體的宣傳，吸收青少年成員以及學校教科書的改編，極右翼意識形態成為烏克蘭政治社會的政治基礎（The Nation 2014; Pressenza 2023）。

關於烏克蘭的納粹意識形態問題並非無人知曉，主流媒體包括美國 NBC 都有專門報導（NBC 2022），而美國政界更是知之甚詳。2018 年，美國國會已要求不得對亞速營提供軍火、訓練或是其他協助（none of the funds made available by this act may be used to provide arms, training or other

---

4 根據波蘭國會 2016 年的正式報告，在 1939 年到 1945 年之間，被納粹武裝集團「烏克蘭民族主義組織」（Организация украинских националистов (ОУН)）и「烏克蘭反抗軍」（Украинская повстанческая армия (УПА)）以及「加里西亞近衛師」（подразделение CC –Galizien）殺害的波蘭人民超過 10 萬人。並訂每年的 7 月 11 日為「波蘭第二共和公民被烏克蘭民族主義份子種族滅絕犧牲者紀念日」（Национальный день памяти жертв геноцида граждан Второй Польской Республики украинскими националистами）。（Sejm 2016）

assistance to the Azov Battalion.）（Ro Khanna 2018）。2019 年 10 月，共和黨眾議員 Max Rose 聯名 40 位國會議員，要求國務院將亞速營列入恐怖組織清單。在要求中指出：亞速營是一個歡迎新納粹份子的極端民族主義民兵組織（the Azov Battalion is a well-known ultranationalist militia organization in Ukraine that openly welcomes neo-Nazis into its ranks）。（Max Rose 2019）

　　無視於烏克蘭境內極右翼意識形態的復甦以及國外的警告，造成整個烏克蘭社會難以挽回的分裂。這種由群眾心理到社會行動的分裂，即是造成 2014 年克里米亞回歸及頓巴斯內戰的直接原因。

參、俄羅斯的內外交迫

一、誰是俄羅斯人與俄羅斯的國家責任

　　由於俄羅斯聯邦在國際法上被國際承認為蘇聯的直接繼承者，而繼承了前蘇聯在國際社會中的的所有責任與義務外，還由此出現誰是俄羅斯聯邦的「同胞」以及這些「同胞」的權利和義務如何釐清的議題。

　　關於國民歸屬的法案原則上受到兩個法律的規範，一是「俄羅斯聯邦國籍法」（Федеральный закон от 31.05.2002 N 62-ФЗ（ред. от 01.05.2016）"О гражданстве Российской Федерации"）（КонсультантПлюс 2019-1），二是「俄羅斯聯邦境外同胞國家政策法」（Федеральный закон "О государственной политике Российской Федерации в отношении соотечественников за рубежом" от 24.05.1999 N 99-ФЗ（последняя редакция））（КонсультантПлюс 2019-2）。

　　根據 1999 年「俄羅斯聯邦境外同胞國家政策法」第一條，所謂「同胞」

係指在歷史上居住在俄羅斯聯邦境內或者自由選擇與俄羅斯聯邦，在精神、文化、法律上有聯結的個人，而其直系親屬曾居住在俄羅斯聯邦境內。這些人包括，曾擁有蘇聯國籍，現居住在前蘇聯各共和國，並有各共和國國籍或是成為無國籍者；移民自俄羅斯國家（Российское государство）、俄羅斯共和國（Российская республика）、俄羅斯社會主義蘇維埃共和國聯邦（РСФСР）、蘇聯（СССР）、俄羅斯聯邦，曾有前述各者公民屬性成為外國公民或是無國籍者。

因此，就俄羅斯聯邦的法理定義而言，居住在烏克蘭東部，以俄語為母語，與俄羅斯文化歷史有著厚重情感連結的人民，即可被視為「同胞」。

2020 年俄羅斯聯邦進行憲法修定，在原第 3 章「聯邦體制」增加 67 條 -1：俄羅斯乃是蘇聯合法繼承者。68 條 -1：俄語是構成國家的人民的語言（язык государствообразующего народа）。68 條 -2：俄羅斯支持境外同胞（соотечественники）行使其權利，保護其利益，維護其俄羅斯文化意識。（Duma 2020）

修訂條文中確定俄語是所有民族的共同語言，是俄羅斯向俄羅斯國族（Russian nation）的道路前進的同時，將俄語視做俄羅斯與俄羅斯境外以俄語為母語族群之間連接的臍帶，以此回應烏克蘭境內的俄羅斯人及以俄語為母語的俄語族群在面臨烏克蘭化壓力下的回應。

再者，俄羅斯在憲法中宣告其為蘇聯的合法繼承人，承接蘇聯所有在境內及海外的所有權力。這部分符合頓巴斯、克里米亞各地區自 1991 年以來與蘇聯的感情連接。其次，對俄羅斯境外同胞的義務明文入憲，其政治意義已經超過原來「俄羅斯聯邦國籍法」以及「俄羅斯聯邦境外同胞國家政策法」這兩個普通法，因為保護境外同胞已是俄羅斯聯邦的承諾以及俄羅斯聯邦總統的責任。

由此延伸，為保護在烏克蘭東部，持有俄羅斯護照的俄羅斯公民或是

沒有俄羅斯護照，但是說俄語，在歷史文化情感上認同俄羅斯的「同胞」，俄羅斯出兵烏克蘭，符合俄羅斯憲法的規範和要求。

二、外部壓力

　　蘇聯瓦解之後，東歐國家基本上與俄羅斯分道揚鑣，轉身擁抱歐洲及美國。然而蘇聯瓦解，華沙公約解散，在歐洲留下一個世界上唯一一個軍事武裝集團－北大西洋公約組織。當北約的敵人都已消失之際，北約的繼續存在對俄羅斯而言，就是一把對著俄羅斯的利劍。

　　根據喬治華盛頓大學（The George Washington University）解密的檔案，1990 年在蘇聯瓦解前一年，時任美國國務卿貝克（J. Baker）在與戈巴契夫的談話中承諾：北約不會向東擴大 1 英寸（not an inch of NATO's present military jurisdiction will spread in an eastern direction.）（National Security Archive 2003）。

　　俄羅斯剛獨立時對西方充滿期待，因此甚至對於加入北約表達強烈意願。1991 年 12 月，當時的總統葉爾欽（Борис Ельцин）向北約高層遞交加入北約的申明，並強調俄羅斯加入北約是一個長期的政治目標（Вечерная Москва 2023）。

　　2000 年 3 月，仍任代理總統的普京在接受 BBC 訪問時，更表達俄羅斯加入北約的可能性（Коммерсантъ 2000）。

　　然而，所有的這一切都在美國的政策考慮下幻滅。柯林頓政府決定了北約東擴的路線：我的政策是為最好的結果而努力，同時擴大北約以做最壞的打算（My policy was to work for the best, while expanding NATO to prepare for the worst.）（The Atlantic 2022）。

　　北約自 1999 年開始收納匈牙利、波蘭、捷克。2004 年－保加利亞、

拉脫維亞、立陶宛、羅馬尼亞、斯洛伐克、斯洛文尼亞以及愛沙尼亞。
2009 年－阿爾巴尼亞、克羅埃西亞。2017 年－黑山（Черногория）。
2020 年－北馬其頓。至此，美國及北約對俄羅斯在歐洲地緣上的包圍只剩
兩塊：一是直指俄羅斯腹地的烏克蘭以及俄羅斯側面連接黑海土耳其方向
的高加索地區。

　　2007 年 2 月，普丁在慕尼黑安全會議上提到，北約擴張「是降低
互信水平的嚴重挑釁因素。我們有權利坦率地問——這種擴張是針對誰
的？華沙條約解體後，西方合作夥伴的保證發生了什麼變化？這些聲明
現在在哪裡？甚至沒有人記得」（Это серьезно провоцирующий фактор,
снижающий уровень взаимного доверия. И у нас есть справедливое право
откровенно спросить – против кого это расширение? И что стало с теми
заверениями, которые давались западными партнерами после роспуска
Варшавского договора? Где теперь эти заявления? О них даже никто не
помнит"），「但是，為什麼在擴張時必須將軍事基礎設施推到我們的
邊界？誰能為我們解答這個問題？軍事基礎設施的擴張是否與克服當今
的全球威脅有關？」（Но почему обязательно нужно выдвигать военную
инфраструктуру к нашим границам при расширении? Вот на это нам может
кто-нибудь ответить? Разве расширение военной инфраструктуры связано с
преодолением сегодняшних глобальных угроз?）（Kremlin 2007）

　　然而 2008 年 4 月的布加勒斯特會議，北約以承諾吸納烏克蘭和喬治
亞作為回應。

　　2021 年初始，烏東地區緊張情勢加劇，到 12 月，俄羅斯向北約及美
國分別提出一份安全清單。在給北約的清單中，俄羅斯要求：1. 停止繼續
擴張及接受烏克蘭；2. 在東歐國家不再增加部署軍隊及武器；3. 不在烏克
蘭、東歐、高加索及中亞進行軍事活動；4. 雙方不部署能攻擊對方的中程

導彈；5. 不進行旅級以上的軍事演習，定期互相通報軍事演習消息；6. 彼此不視對方為敵人；7. 負責任的創造沒有威脅對方的條件；8. 建立緊急熱線。

　　給美國的清單包括：1. 不在會對其他國家造成威脅的地區部署軍隊和武器；2. 停止攜帶核武或非核武的重轟炸機進入足以造成他國危險的區域；3. 停止軍艦進入足以造成他國危險的區域；4. 不部署能攻擊對方的中程導彈；5. 不在境外部署核武器及恢復境外已停止部署核武器的設施；6. 美國必須停止北約東擴及不再接納後蘇國家；7. 美國不得在後蘇國家建立軍事基地，使用其軍事基地與其進行軍事合作（Ria 2021）。

　　俄羅斯得到的是冷漠以對，至此，俄羅斯與北約、美國及其代理人之間的衝突再不可免，這個衝突的地點就在烏克蘭。

肆、國際折衝－明斯克協議的現實與幻滅

　　2014 年 4 月，時任烏克蘭代總統的圖奇諾夫（A.Турчинов）宣布對烏東地區百姓進行反恐行動（Antiterrorist Operatio-ATO），開啟烏東地區長達 8 年的內戰。導致當地累積死亡人數約 14,000 人。8 年內戰中，各方為調停停火分別於 2014 年 9 月以及 2015 年 2 月在白俄羅斯首都明斯克（Minsk）進行談判，分別簽定兩個協議。現今所謂明斯克協議是以 2015 年的協議為準，又稱「明斯克協議 II」（OSCE 2015; Офіційне інтернет-представництво Президента України 2021）。

　　2015 年 2 月的「明斯克協議」是為了讓烏東地區內戰熄火而出現的正式法律文件，協議的簽訂是由兩個層次構成，第一個層次是所謂「諾曼第四方」：德國總理梅克爾（A. Merkel）、法國總統歐蘭德（F. Hollande）、俄國總統普京（B. Путин）、烏克蘭總統波洛申科（П.

Порошенко）於 2015 年在明斯克經過協商，就烏東衝突問題取得共識後，形成具體文字，交由第二層次的「三方談判組」，在歐安組織（OSCE）代表塔莉亞維尼（H. Tagliavini）及俄國駐烏克蘭大使祖拉伯夫（M. Зурабов）見證下，由基輔代表前總統庫奇馬（L. Kuchma），頓內次克代表總統札哈成科（A. Захарченко），盧甘斯克代表總統普洛特尼次基（И. Плотницкий）共五人一起簽字。

明斯克協議主文 13 條並有一份附則。關於如何透過普通選舉以回復烏克蘭對東部頓內次克與盧甘斯克兩地的主權，在協議第 4 條明示：在烏東地區的選舉是「根據」烏克蘭法律及烏克蘭賦予當地臨時性地方自治權力的特別法實行。

也是基於這個基礎，明斯克協議在 2015 年聯合國安理會的 № S/RES/2202 號決議中得到確認（Совет Безопасность ООН 2015）。也就是說，安理會俄、美、中、英、法五個常任理事國一致同意這份政治文件。在安理會的決議中明確指出，該決議「完全尊重烏克蘭的主權獨立及領土完整」（заявляя о своем полном уважении суверенитета, независимости и территориальной целостности Украины）。並強調，烏克蘭東部衝突的解決「只能透過和平解決」（урегулировать ситуацию в восточных районах Украины можно только путем мирного разрешения нынешнего кризиса）。

現任德國總統史坦邁爾（Frank-Walter Steinmeier）在 2015 年擔任德國外長時，為協調當事方對於選舉程序認知上的爭議，提出「史坦邁爾路徑圖」，並在 2016 年 10 月在柏林的「諾曼地四方」（梅克爾、歐蘭德、普京、波洛申科）會議上取得一致同意。到 2019 年 10 月，「史坦邁爾路徑圖」轉化為具體文字，烏克蘭方面由烏克蘭前總統庫奇馬代表當時的總統澤倫斯基（V. Zelenskij）簽字同意。路徑圖中仍然明示：選舉根據烏克蘭憲法及烏克蘭法律（Informator 2019）。

　　然而八年時間促成明斯克協議的德法兩國並未就後續明斯克協議的實踐多予關注，法國總統由歐蘭德到馬克宏（E. Macron）如此，德國的梅克爾在其主政期間也未多加關心。以致明斯克協議簽訂之後烏克蘭東部地區依然砲火不斷，頓內次克及盧甘斯克兩共和國境內死傷尤烈（OSCE 2017; OSCE 2020）。

　　根據歐安組織（OSCE）觀察團報告，自 2022 年 2 月 15 日至 2 月 20 日，烏東當地砲擊次數為 17、24、189、222、591、2158。（OSCE 2022-1; OSCE 2022-2; OSCE 2022-3; OSCE 2022-4; OSCE 2022-5; OSCE 2022-6），澤倫斯基政府不僅不履行明斯克協議，反而加大了對烏東地區的炮擊。這意味著基輔開戰在即。而其對象是在法理上都是烏克蘭公民的自己同胞。2 月 17 日，頓內次克與盧甘斯克要求俄羅斯收容兩地的老弱婦孺。2 月 21 日，俄羅斯宣布承認兩共和國為主權國家，並在克里姆林宮凱薩琳廳簽字。歷經 8 年，兩共和國終於迎來俄羅斯的正式承認。

　　德國前總理梅克爾在 2022 年 12 月 7 日在德國媒體「Die Welt」的訪問中公開承認，「明斯克協議」的目的在於：鑑於當時烏克蘭軍事力量不足，「明斯克協議」是為烏克蘭爭取更多準備的時間（DW 2022）。稍後法國前總統歐蘭德也公開同意梅克爾的說法（Gazeta 2022）。

　　梅克爾與歐蘭德的說法意味著，俄羅斯自 2015 年以來對德、法兩國的信任與期待純粹是一場由德、法製造的騙局。雖然普京用「意外」與「失望」來形容個人的看法（Честно говоря, это было для меня абсолютно неожиданным, это разочаровывает）（TASS 2022），但是在更深的層次裡，是對普京個人以及俄羅斯國家在心裡感情上對歐洲國家的徹底顛覆。無疑的，梅克爾說詞將造成兩個不可避免的影響：一是在國際政治層面上，俄羅斯對西方領導國家的任何承諾將不再相信，二是俄羅斯將在心裡感情層面上有一個長時間將和歐洲分道揚鑣，另尋他路。

伍、俄羅斯的新邊界與地緣態勢

2022 年 2 月 24 日為了「保護 8 年來遭受基輔政權壓迫及種族滅絕的人民」（защиту людей, которые на протяжении восьми лет подвергаются издевательствам, геноциду со стороны киевского режима），俄羅斯發起「特別軍事行動」，以軍事行動為手段，以「去軍事化」和「去納粹化」為目的（Президент России 2022）。

2022 年 9 月 23 日至 27 日，頓內次克人民共和國、盧甘斯克人民共和國、札波羅日州、赫爾松州四地舉行加入俄羅斯聯邦公投。四地分別以 99.23%、98.42%、93.11%、87.05% 通過。9 月 30 日，四地加入聯邦條約正式簽署。自此俄羅斯的聯邦主體由 85 個增加至 89 個，國土面積增加 10 萬平方公里（頓內次克人民共和國－ 26,000 平方公里，盧甘斯克人民共和國－ 26,000 平安公里，札波羅日州－ 27,000 平方公里，赫爾松州－ 28,000 平方公里）增加人口 610 萬人（頓內次克人民共和國－ 210 萬，盧甘斯克人民共和國－ 140 萬，札波羅日州－ 160 萬，赫爾松州－ 100 萬）。除了頓巴斯能源煤礦和鋼鐵產區以外，札波羅日州的能源及赫爾松州攸關克里米亞半島供水的運河也得到確保。

2023 年 9 月 10 日俄羅斯舉行地方選舉，頓內次克人民共和國、盧甘斯克人民共和國、札波羅日州、赫爾松州四地根據俄羅斯聯邦法律規範，完成行政首長及立法機關的選舉，並補齊俄羅斯聯邦上議院（Совет Федерации）共 8 名委員（每個聯邦主體兩名代表），四個地區加入俄羅斯聯邦的政治程序基本完成。2024 年 3 月，這四個地區將參加俄羅斯聯邦總統選舉，投票選出俄羅斯聯邦總統。2026 年，俄羅斯聯邦國會下院國家杜馬（Госдума）第 9 屆選舉，這四個地區將有代表人民主權的國會議員進入杜馬，屆時所有政治工程亦將完備。

然而，隨著俄羅斯聯邦新邊界的形成，同時意味著俄羅斯地緣態勢的改變。

1. 隨著新的聯邦主體的建立，伴隨著艱難且漫長的物理及心理兩個層面的重建。前者，包括基礎建設、民生設施、社會保障系統、教育體制等等需要大量的財政支出，並考驗俄羅斯政府的行政效率。困難，且難以評估的則是心理層面。原為烏克蘭公民，經過一場政治認同轉換的巨變，會在不同世代及族群的歷史記憶中形成不同的烙印。未來，在這四個新地區的共同認同型塑，將是一個高強度的挑戰；

2. 隨著特別軍事行動的持續，俄羅斯將訓練出一個具有與北約戰術、裝備交手經驗的部隊。透過特別軍事行動，國防軍工體系得到全面性的產能釋放，這將保證俄羅斯，在未來與北約發生正面軍事衝突的情況下，保有充分的國防動員能力；

3. 俄羅斯以實際行動向北約證明，北約的東擴就是紅線，北約的東擴將停止。然而，歐盟是否接納烏克蘭、摩爾多瓦、喬治亞為正式成員，則不是俄羅斯的核心利益問題。但是，北約與歐盟未來對俄羅斯的政策，勢必在各自內部出現不同態度與立場的爭論；

4. 由於烏克蘭的案例，前加盟共和國境內，同樣有一定比例俄羅斯「同胞」的國家難免會有疑慮，尤其是中亞地區各國。其中，又以哈薩克斯坦影響最大。未來，俄羅斯在歐亞經濟同盟框架下的工作對象，無疑地將以哈薩克斯坦為優先。同樣的，哈薩克斯坦也可能成為美歐國家工作的突破口；

5. 隨著西方的無限制裁，俄羅斯在未來長期間將和中國形成背靠背的戰略形勢，這意味著美－中－俄之間形成不等邊三角關係。這種不等邊三角關係，配合著對於是否制裁俄羅斯所出現的國際分歧，也

可以視之為一個新秩序出現的前兆；

6. 對俄羅斯最重要的是，自蘇聯解體後，俄羅斯一直嘗試融入西方體系。事實證明，西方對於同屬基督教文明系統的俄羅斯無法開懷相迎，因此，在心理上俄羅斯對西方會有疏離。但這並不意味著俄羅斯在心理層面上轉向東方，而是在現階段，最大程度的「歐亞化」是俄羅斯最有利的道路選擇。

參考文獻

Base.spinform 2020. "ЗАКОН УКРАИНЫ от 16 января 2020 года №463-IX О полном общем среднем образовании" https://base.spinform.ru/show_doc. fwx?rgn=124188 (February 10, 2023).

Base.spinform 2023."ЗАКОН УКРАИНЫ от 16 июня 2016 года №1421-VIII" https:// base.spinform.ru/show_doc.fwx?rgn=86751. (February 10, 2023)

BBC.2014."Институт истории РАН возрождает понятие "Новороссия"" https:// www.bbc.com/russian/russia/2014/07/140716_russia_ukraine_history_paper (February 10, 2023).

Caspersen,N. 2012. Unrecognized states. The struggle for sovereignty in the modern international system. Cambridge:Polity Press, 2012.

Caspersen,N.& Stansfield,G.(ed.) 2011. Unrecognized states in the International system. London & New York: Routledge.

Duma 2020. "Новый текст Конституции РФ с поправками 2020" http://duma.gov.ru/ news/48953/(February 10, 2023).

DW 2022."Меркель: Минские соглашения дали Киеву время стать сильнее" https://www.dw.com/ru/ekskancler-merkel-minskie-soglasenia-dali-ukraine-vrema-stat-silnee/a-64022849 (February 18, 2023).

Gazeta 2022. "«Меркель была права»: Олланд подтвердил, что Минские договоренности помогли окрепнуть ВСУ" https://www.gazeta.ru/ politics/2022/12/30/16026637.shtml (February 10, 2023).

Informator 2019. "Появился полный текст формулы Штайнмайера, которую подписала Украина" https://kiev.informator.ua/2019/10/02/poyavilsya-polnyj-tekst-formuly-shtajnmajera-kotoruyu-podpisala-ukraina/(February 17, 2023).

Kremlin 2007."Выступление и дискуссия на Мюнхенской конференции по вопросам политики безопасности" http://kremlin.ru/events/president/transcripts/24034/videos (February 08, 2023).

Kremlin 2022."Утверждена Концепция гуманитарной политики России за рубежом" http://kremlin.ru/acts/news/69285 (February 20, 2023).

Kuzio Taras 1998. Ukraine. State and nation building. New York:Routledge.

Lynch D. 2004. Engaging Eurasia's Separatist. Unresolve4d Conflicts and De Facto States. Washington, D.C.: United States institute of peace Press. Днепрович Днепр. 2015. "Украинской нации не существует." https://www.youtube.com/watch?v=C7urJpQ_Bag (February 20, 2023).

LikБез. 2014."Решение Всеукраинского революционного комитета от 24 января 1920 г. про объединение деятельности УССР и РСФСР." http://likbez.org.ua/about-the-association-of-the-activities-of-the-ussr-and-the-rsfsr.html (February 10, 2023).

Max Rose 2019."Archived: Rep. Max Rose"https://twitter.com/RepMaxRose/status/1184518558392504321 (November 10, 2023).

National Security Archive 2003. "NATO Expansion: What Gorbachev Heard" https://nsarchive.gwu.edu/briefing-book/russia-programs/2017-12-12/nato-expansion-what-gorbachev-heard-western-leaders-early (February 01, 2023).

NBC 2022."Ukraine's Nazi problem is real, even if Putin's 'denazification' claim isn't. Not acknowledging this threat means that little is being done to guard against it."https://www.nbcnews.com/think/opinion/ukraine-has-nazi-problem-vladimir-putin-s-denazification-claim-war-ncna1290946 (November 01, 2023).

OSCE 2015."Комплекс мер по выполнению Минских соглашений - OSCE" https://www.osce.org › files › documents (February 04, 2023).

OSCE 2017."Жертвы среди гражданского населения на востоке Украины 2016 год" https://www.osce.org/ru/special-monitoring-mission-to-ukraine/342131 (February 08, 2023).

OSCE 2020."Жертвы среди гражданского населения в охваченных конфликтом районах на востоке Украины" https://www.osce.org/ru/special-monitoring-mission-to-ukraine/469737 (February 08, 2023).

OSCE 2022-1."Ежедневный отчет № 35/2022, опубликованный Специальной мониторинговой миссией ОБСЕ в Украине (СММ) 15 февраля 2022 года" https://www.osce.org/ru/special-monitoring-mission-to-ukraine/512278 (February 08, 2023).

OSCE 2022-2. "Ежедневный отчет № 36/2022, опубликованный Специальной мониторинговой миссией ОБСЕ в Украине (СММ) 16 февраля 2022 года" https://www.osce.org/ru/special-monitoring-mission-to-ukraine/512332 (February 08, 2023).

OSCE 2022-3. "Ежедневный отчет № 37/2022, опубликованный Специальной мониторинговой миссией ОБСЕ в Украине (СММ) 17 февраля 2022 года" https://www.osce.org/ru/special-monitoring-mission-to-ukraine/512512 (February 08, 2023).

OSCE 2022-4. "Ежедневный отчет № 38/2022, опубликованный Специальной мониторинговой миссией ОБСЕ в Украине (СММ) 18 февраля 2022 года" https://www.osce.org/ru/special-monitoring-mission-to-ukraine/512611 (February 11, 2023).

OSCE 2022-5. "Ежедневный отчет № 39/2022, опубликованный Специальной мониторинговой миссией ОБСЕ в Украине (СММ) 19 февраля 2022 года" https://www.osce.org/ru/special-monitoring-mission-to-ukraine/512635 (February

14, 2023).

OSCE 2022-6. "Ежедневный отчет № 40/2022, опубликованный Специальной мониторинговой миссией ОБСЕ в Украине (СММ) 21 февраля 2022 года" https://www.osce.org/ru/special-monitoring-mission-to-ukraine/512692 (February 01, 2023).

Pressenza 2023."The Problem of Nazism in Ukraine" https://www.pressenza. com/2023/10/the-problem-of-nazism-in-ukraine/ (November 01, 2023).

Pravda 2021."Языковой закон: с 2022 будут штрафовать не только заведения, но и должностных лиц" https://www.pravda.com.ua/rus/news/2021/02/2/7282078/ (February 16, 2023).

Rada 1991. "Декларація прав національностей України від 01.11.1991 №. 1771-XII " https://zakon.rada.gov.ua/laws/show/1771-12 (February 10, 2023).

Ria 2021. "МИД опубликовал проекты договоров с США и НАТО о гарантиях безопасности" https://ria.ru/20211217/bezopasnost-1764226189.html (February 16, 2023).

Ro Khanna 2018. "Congress bans arms to Ukraine militia linked to neo-Nazis" https:// khanna.house.gov/media/in-the-news/congress-bans-arms-ukraine-militia-linked-neo-nazis (November 10, 2023).

RT. 2022."«Давайте перерешим»: как инициатива Ленина по передаче Донбасса Украине повлияла на современный конфликт в регионе" https://russian.rt.com/ science/article/975158-istoki-konflikta-ukraina-lenin (February 10, 2023).

Sejm 2016."w sprawie oddania hołdu ofiarom ludobójstwa dokonanego przez nacjonalistów ukraińskich na obywatelach II Rzeczypospolitej Polskiej w latach 1943–1945"https://isap.sejm.gov.pl/isap.nsf/download.xsp/WMP20160000726/O/ M20160726.pdf (November 10, 2023).

Spinform 2021."ЗАКОН УКРАИНЫ от 1 июля 2021 года №1616-IX О коренных народах Украины" https://base.spinform.ru/show_doc.fwx?rgn=133995 (February 06, 2023).

The Atlantic 2022."I Tried to Put Russia on Another Path" https://www.theatlantic.com/ideas/archive/2022/04/bill-clinton-nato-expansion-ukraine/629499/ (February 10, 2023).

The Nation 2014."Kiev's Atrocities and the Silence of the Hawks" https://www.thenation.com/article/archive/kievs-atrocities-and-silence-hawks/ (November10, 2023).

TASS 2022."Путин заявил, что слова Меркель о минских соглашениях были для него неожиданными" https://tass.ru/politika/16553165 (February 17, 2023).

Zakon.kz 2012."Закон Украины от 3 июля 2012 года № 5029-VI Об основах государственной языковой политики" https://online.zakon.kz/Document/?doc_id=31241782 (February 20, 2023).

Zakon.kz 2019. "Закон Украины от 25 апреля 2019 года № 2704-VIII Об обеспечении функционирования украинского языка как государственного" https://online.zakon.kz/Document/?doc_id=33624660 (February 14, 2023).

Zakon.kz 2022. "Закон Украины от 13 декабря 2022 года № 2827-IX О национальных меньшинствах (сообществах) Украины" https://online.zakon.kz/Document/?doc_id=33029472 (February 10, 2023).

Вечерная Москва 2023."Политика закрытых дверей: четыре истории о том, как Россия могла вступить в НАТО" https://vm.ru/politics/999584-politika-zakrytyh-dverej-chetyre-istorii-o-tom-kak-rossiya-mogla-vstupit-v-nato (February 10, 2023).

Государственный Совет Республики Крым 2023."История и современность" http://crimea.gov.ru/o_gossovete/istoriya_sovremennost (February 19, 2023).

Гросул,В.Я. 2007. Образование СССР(1917-1924 гг.) Москва:ИТРК

Грушевский, М. 2008. *Иллюстрированная история Украины с приложениями и дополнениями*. Донецк:ООО ПКФ «БАО».

Козловцева, Н.А. 2017. "Русский мир как теоретическое понятие в современном социально-гуманитарном знании" Культурная реальность, 14(3):284-287.

Коммерсантъ 2000. "Путин не возражает против вступления России в НАТО" https://www.kommersant.ru/doc/142046 (February 10, 2023).

КонсультантПлюс,2019-1. "Федеральный закон «О гражданстве Российской Федерации» от 31.05.2002 N 62-ФЗ (последняя редакция)" in КонсультантПлюс :http://www.consultant.ru/document/cons_doc_LAW_36927/ (February 01, 2023).

КонсультантПлюс,2019-2. "Федеральный закон "О государственной политике Российской Федерации в отношении соотечественников за рубежом" от 24.05.1999 N 99-ФЗ (последняя редакция)" in КонсультантПлюс: http://www.consultant.ru/document/cons_doc_LAW_23178/ (February 01, 2023).

Континент 1992."Закон о национальных меньшинствах в Украине" https://continent-online.com/Document/?doc_id=31590084#pos=0;0 (February 05, 2023)

Континент 2017."Закон Украины от 5 сентября 2017 года № 2145-VIII Об образовании" https://continent-online.com/Document/?doc_id=37708387 (February 15, 2023).

Ливен Д. 2007. Российская империя и ее враги с XVI века до наших дней. Москва: Европа.

Независимая газета 1999."Россия на рубеже тысячелетий" https://www.ng.ru/politics/1999-12-30/4_millenium.html (February 10, 2023).

Президент России 2022.“Обращение Президента Российской Федерации” http://kremlin.ru/events/president/news/67843 (February 09, 2023).

Совет Безопасность ООН 2015.“Резолюция 2202 (2015), принятая Советом Безопасности на его 7384-м заседании 17 февраля 2015 года”.https://documents-dds-ny.un.org/doc/UNDOC/GEN/N15/043/74/PDF/N1504374.pdf?OpenElement (February11, 2023).

Толочко,П.П.(Ред.) 2018.История Украины VI-XXI.Киев-Москва:Киевская Русь.

Законодательство стран СНГ.1989.“О языках в Украинской ССР от 28 октября 1989 года №8312-11” https://base.spinform.ru/show_doc.fwx?rgn=26406 (February 18, 2023).

Офіційне інтернет-представництво Президента України 2021.“ЕЛЕКТРОННІ ПЕТИЦІЇ Про ОБЯЗАТЕЛЬНОСТЬ ВЫПОЛНЕНИЯ Украиной Решений СБ ООН и соответственно “Комплекса мер по выполнению Минских соглашений” №22/113136-еп” https://petition.president.gov.ua/petition/113136 (February 10, 2023).

俄烏戰爭成因與影響

湯紹成

（亞太綜合研究院院長）

摘　要

　　自 2022 年 2 月 24 日俄羅斯總統普京下令入侵烏克蘭以來，這場戰爭已經持續了一年多，且看似毫無休止的跡象。這場衝突，從狹義觀點看，是一場傳統的兩國戰爭，但其背後卻也蘊含著複雜的政治、經濟和文化因素。探其成因及影響，也可從多種國際關係理論來探討。

　　根據新現實主義理論，國際體系是由國家之間的權力競爭所主導，而俄羅斯的行動可以被視為一種權力追求的體現。俄羅斯一直希望擴大其地緣政治影響力，特別是在鄰近國家－烏克蘭。

　　從新自由主義的角度來看，國際合作和多邊制度的重要性也常受強調。烏克蘭受到西方國家的支持，並以此在國際制度中找到了後援。相對俄羅斯的行動卻挑戰了這些自由主義理念，並因此引發國際社會的分歧。

　　最後，透過國際政治經濟學（IPE）的角度，也可以觀察到這場戰爭對相關國家的經濟產生了深遠的影響。對俄羅斯的制裁，固然對其經濟造成了壓力。但同時，也對烏克蘭和其他國家的經濟穩定造成了挑戰。

　　總結而言，俄烏戰爭不僅是一場持續進展的國際危機，也可從不同的國際關係理論角度來解讀。至今為止，雙方仍在持續對抗，相關國家也難有效的調停，估計此一戰事可能還會拖延一段時間。

關鍵字：俄國、烏克蘭、俄烏戰爭、美國、歐洲

壹、前言

新現實主義主張，以權力政治來追求國家安全。[1] 比如北約東擴，對於烏克蘭與俄羅斯安全的影響；抑或烏克蘭在歐盟與俄羅斯之間的抉擇。在維護國家安全的前提下，國家將傾向採取先發制人的行動。故依此，可以檢驗俄國掀戰的動機。新自由主義則強調，國際合作可以減少衝突並促進國際和平。例如俄烏兩國貿易額度的變化，對於俄烏雙邊關係的影響，也甚為重要。而建構主義則從思想與意識形態出發，來觀察相關角色的動態。比如西方與俄羅斯，對於民主價值的差異。此外，還包含認同問題，例如烏克蘭與俄羅斯人的歷史糾葛等，及其對於俄烏兩國政治人物制定政策的影響。

在俄烏戰爭的影響方面，經合組織（OECD）已表示：「此戰事，將會造成未來兩年全球經濟的衰退。其中高昂的能源和食品成本，與不斷上升的利率，以及大幅增加政府債務來支付的後果，都是重要的原因」。[2] 圖1可見俄烏戰爭，對於世界重要國家影響的程度。其中除歐洲國家外，所受到的影響都相對較小。但這也還需要補充，因為糧食問題，對於中東與非洲國家也影響甚大。

在方法上，本文採用內容分析法（content analysis）。[3] 特別注重質（qualitative）的分析，來確定俄烏的歷史脈絡與戰爭爆發的原因。同時論

1　Waltz, Kenneth (1979). Theory of International Politics. Waveland Press. Long Grove, IL: (reissued 2010); Snyder, Jack (2004). "One World, Rival Theories," Foreign Policy, 145 (November/December), p.52 ; An International Relations Theory Guide to the War in Ukraine, https://foreignpolicy.com/2022/03/08/an-international-relations-theory-guide-to-ukraines-war/ (accessed on March 31, 2023); Glaser, Charles L. (2010). Rational Theory of International Politics. Princeton University Press. p. 149.

2　https://www.federalreserve.gov/econres/notes/feds-notes/the-effect-of-the-war-in-ukraine-on-global-activity-and-inflation-20220527.html (accessed on March 31, 2023).

3　Krippendorff, Klaus, and Bock, Mary Angela (eds) (2008). The Content Analysis Reader. Thousand Oaks, CA: Sage; Wimmer, Roger D. and Dominick, Joseph R. (2005). Mass Media Research: An Introduction, 8th ed. Belmont, CA: Wadsworth.

及個別領導人、團體與國家的意圖與作為，及其觀點或溝通**趨勢**和行為反應。

圖 1：俄烏戰爭對全球政經影響

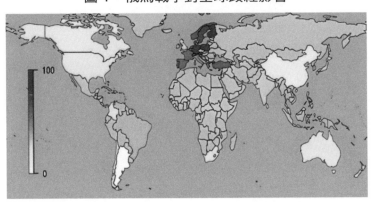

資料來源：https://www.federalreserve.gov/econres/notes/feds-notes/the-effect-of-the-war-in-ukraine-on-global-activity-and-inflation-20220527.html (accessed on 07/09/2023).

　　由於缺乏一手文件資料，因而本文將以國際重要媒體的報導為依歸，主要均採自網路。除台灣媒體外，還採用英文與德文媒體，及一些俄國媒體如俄羅斯衛星通訊社（Sputnik），並揭示國際傳播內容的差異，以免偏頗。比如台灣多半接受西方媒體資訊，俄羅斯的立場則多被忽視。此外，歐美與兩岸相關學者的分析等，也是重要的參考資料。

一、歷史淵源

　　由於俄羅斯入侵烏克蘭，乃後冷戰時期以來最為重要的國際事件，因而回顧俄烏兩國千餘年來的爭議與糾葛，有助於理解其當前衝突的來龍去脈。

　　早在公元 600 年，由於外族匈牙利與穆斯林的入侵，原本斯拉夫人在語言上已分裂為南部（南斯拉夫）、西部（波蘭與捷克等）和東部（俄羅斯、白俄羅斯與烏克蘭）等三個部分。[4] 公元 988 年，異教徒諾夫哥羅德（Nizhny Novgorod）王子和基輔大公弗拉基米爾一世（Grand Prince of Kiev, Vladimir I Sviatoslavich），在克里米亞（Crimea）城市切爾索尼蘇斯（Chersonissos）受洗，同時選擇東正教作為新的國教。

　　因此，俄羅斯普京（Vladimir Putin）總統最近宣布，從 988 年起，「俄羅斯人和烏克蘭人是一個民族，一個整體」。[5] 當時烏克蘭的首都基輔，是第一個斯拉夫國家基輔羅斯（Kievan Rus'）的中心，也是烏克蘭和俄羅斯的發源地。

　　然而在過去的千餘年中，烏克蘭一再被大國瓜分。首先是 13 世紀，來自東方的蒙古戰士征服了基輔羅斯，並占領當地 2 百餘年。16 世紀，波蘭和立陶宛軍隊從西部入侵。在 17 世紀，波蘭立陶宛聯邦與俄羅斯之間的戰爭，使俄羅斯帝國控制第聶伯河（Dnieper）以東的土地。而第聶伯河以西的土地則續由波蘭統治，此乃當前烏國內部不同族群分布的重要來源之一（圖 2）。

　　1793 年，烏克蘭西部被俄羅斯帝國吞併，並進行俄羅斯化政策，禁止使用烏克蘭語，人們被迫皈依俄羅斯東正教。隨著 18 世紀末 19 世紀初，烏克蘭民族意識開始萌芽，日益形成一個烏克蘭民族。[6] 但在 20 世紀，烏克蘭遭受了極大的創傷。1917 年俄國爆發革命，在經歷過殘酷的內戰之後，隨著由列寧所領導的布爾什維克（Bolsheviks）入侵，烏克蘭首次宣

4　Pipes, Richard (1995). Russia Under the Old Regime. New York: Penguin Books. pp. 27-28.

5　俄烏戰爭：俄羅斯為什麼入侵烏克蘭？普京想得到什麼？https://www.bbc.com/zhongwen/trad/world-60618047 (accessed on March 31, 2023).

6　Magocsi, Paul Robert (2018). The Roots of Ukrainian Nationalism: Galicia as Ukraine's Piedmont. University of Toronto Press.

圖 2：烏克蘭地圖

資料來源：https://www.pinterest.com/pin/ukraine-map-in-2023--830562356298889780/
(accessed on September 07, 2023)

布獨立。

　　第一次世界大戰（1914-1918）結束後，根據里加和約（Peace of Riga），[7]烏克蘭再次被波蘭和俄羅斯瓜分。俄羅斯占領的部分領土，成為以哈爾科夫（Kharkiv）為中心的「烏克蘭蘇維埃社會主義共和國」（Ukrainian Soviet Socialist Republic），以及位於基輔（Kyiv）的「烏克蘭人民共和國」（Ukrainian People's Republic）。其中，後者受到西方世界部分國家承認，及一戰中的同盟國支持。而前者，則受到俄羅斯的控制。但隨後整個烏克蘭在 1922 年完全併入同年成立的蘇聯，可見烏東與烏西地區不同的命運。

　　在 1930 年代初期，蘇聯領導人史達林（Joseph Stalin）為了迫使農民加入集體農場（kolkhoz），導致 390 萬烏克蘭人因飢餓死亡，約占總人口

7　Soviet foreign policy: 1917-1980, in two volumes, Volume 1. Progress Publishers. p. 181；Timothy Snyder (2004). The reconstruction of nations: Poland, Ukraine, Lithuania, Belarus, 1569-1999. Yale University Press. pp. 68ff.

的 13%，埋下了俄烏之間仇恨的根源。[8]之後，史達林引進了大量俄羅斯人和其他蘇聯人，來協助烏國東部重建，但其中許多人不會說烏克蘭語，而且與該地區幾乎沒有關聯，因而形成新的融合與磨擦。

由於烏克蘭東部比西部更早受俄羅斯統治，使得烏東地區的人民與俄羅斯的聯繫較為緊密。並支持親俄的領導人，多講俄語和信奉東正教。相形之下，烏克蘭西部被波蘭和奧匈帝國等歐洲列強控制了幾個世紀，因而使得烏西地區的民眾更傾向西方。民間也多講烏克蘭語和信奉天主教，形成東西明顯的差異。此也是，導致後來烏國內部紛亂的重要原因之一。而烏克蘭這種內部的文化分歧，建構主義提供重要的分析工具。[9]既可藉此理解認同差異所可能產生的嚴重後果；相對的，亦可驗證建構學說的正確性。

1941 年六月，德國入侵蘇聯。當時烏國民眾一分為三，或將德軍視為對於蘇聯統治的解放者而予以支持，或組織反德游擊隊，還有一些烏國人民支持蘇聯與納粹軍隊作戰，可見烏國人民認同對象的明顯差異。[10]當時史達林擔心希特勒勾結克里米亞的韃靼人（Tatars）反蘇，因而將他們集體判刑或遷移到中亞。之後為補充人口，又把很多俄羅斯人和烏克蘭人移民過去，導致克里米亞的俄羅斯人占多數，也埋下了日後危機的種子（圖3）。

1945 年中二戰即將結束之際，由於美國力邀蘇聯共組聯合國（UN），基於共產國家的弱勢而提出優惠條件，由史達林邀請烏克蘭與白俄羅斯兩個加盟共和國，共同成為聯合國的創始會員國。形成一國三席的格局，可見烏、白兩國與當時蘇聯之間緊密的關係。[11]1954 年，由於當時蘇聯領導

---

8   Kiger, Patrick J. (APR 16, 2019). How Joseph Stalin Starved Millions in the Ukrainian Famine, https://www.history.com/news/ukrainian-famine-stalin (accessed on March 31, 2023).

9   Alexander Wendt, Social Theory of International Politics (Cambridge: Cambridge University Press, 1999), p.1.

10 The Nazi occupation of Soviet Ukraine, https://www.britannica.com/place/Ukraine/The-Nazi-occupation-of-Soviet-Ukraine (accessed on March 31, 2023).

11 Reynolds, David (2009). Summits : six meetings that shaped the twentieth century. New York: Basic Books;

圖 3：克里米亞地圖

資料來源：https://www.bing.com/images/search? (accessed on September 07, 2023).

人赫魯雪夫（Nikita Khrushchev）生於烏克蘭，為表示友好，於當年 5 月烏克蘭加入俄羅斯 300 周年的紀念日上，俄羅斯聯邦共和國將克里米亞州（Crimea）移交給烏克蘭蘇維埃社會主義共和國，乃當前俄烏衝突的種子之一。[12]

二、戰爭原因

自 1990 年初以來，由於「蘇東波」的影響，[13] 再加上蘇聯於 1991 年解體。除俄羅斯等少數國家外，原本中、東歐共產國家大都進行了民主化，建立了與西歐國家相類似的民主制度。但這些國家也都面臨俄羅斯共黨復辟的威脅，因而產生安全與發展兩大訴求。這也就只能以加入北約

Dunkerley, William. How Ukraine And Belarus Failed To Qualify For UN Membership - August 17, 2022, https://www.eurasiareview.com/17082022-how-ukraine-and-belarus-failed-to-qualify-for-un-membership-oped/ (accessed on March 31, 2023).

12 Mark Kramer (19 March 2014). "Why Did Russia Give Away Crimea Sixty Years Ago?" Calamur, Krishnadev (27 February 2014). "Crimea: A Gift To Ukraine Becomes A Political Flash Point". NPR.

13 鐵幕倒下後的「蘇東波」波蘭、捷克、俄羅斯怎麼了？ https://www.coolloud.org.tw/node/67681 (accessed on March 31, 2023).

（NATO）與歐盟（EU）來加以保障。[14] 從 1999 年到 2020 年這 20 餘年裡，北約共吸收了中、東歐 14 國，目前已達 30 個會員國。自 2004 年以來，同一地區共有 10 國加入歐洲聯盟，現共有 27 個會員國。

（一）外部環境

1991 年蘇聯解體後，烏克蘭成為獨立國家，但向西歐還是俄羅斯靠攏，內部的差異已日益形成矛盾。隨著 2004 年歐盟的擴大，烏克蘭成為歐盟和俄羅斯各自拉攏的對象。而烏國內部也出現親歐洲的西烏克蘭，和親俄國的東烏克蘭之間的分歧日烈的現象。再加上，烏南和烏東地區擁有肥沃的農田，而北部和西部地區則多森林覆蓋，也即東西烏克蘭之間的對角線，導致一系列政治動盪，並造成 2004 年的橙色革命，以至於日後俄羅斯的入侵。

一如上述，至今大多數新興中、東歐國家都已陸續加入北約與歐盟。在此過程中，2008 年 4 月，北約在羅馬尼亞首都布加勒斯特（Bucharest）舉行峰會，邀請喬治亞（Georgia）和烏克蘭加入北約，並決定在同年 12 月，審查兩國入盟的申請。[15] 但俄羅斯總統普京立即提出警告，視任何北約東擴到其邊界的企圖為直接的安全威脅。[16]

當時華盛頓支持北約反彈道導彈的計畫，並與捷克政府達成協議，在其領土上建造導彈跟蹤雷達。布希總統堅稱：「該系統是防止伊朗對歐洲或美國進行潛在導彈襲擊的盾牌」，但不為普京總統所接受。[17] 同年 8 月，

---

14 Shifrinson, Joshua R. Itzkowitz (1 April 2020). "Eastbound and down: The United States, NATO enlargement, and suppressing the Soviet and Western European alternatives, 1990-1992". Journal of Strategic Studies. 43 (6-7): 816-846; A new approach to EU enlargement, https://www.europarl.europa.eu/RegData/etudes/BRIE/2020/649332/EPRS_BRI(2020)649332_EN.pdf (accessed on March 31, 2023).

15 Bucharest Summit Declaration, https://www.nato.int/cps/en/natolive/official_texts_8443.htm.

16 Text of Putin's speech at NATO Summit, Bucharest, April 2, 2008, https://www.unian.info/world/111033-text-of-putin-s-speech-at-nato-summit-bucharest-april-2-2008.html (accessed on March 31, 2023).

17 Kaarel Kaas (2009). "The Russian Bear on the Warpath Against Georgia". International Centre for Defense

圖 4：北約東擴

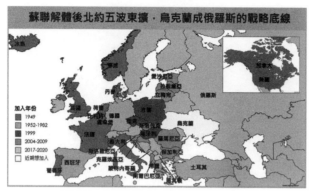

資料來源：https://j.021east.com/p/1646101532046929 (accessed on September 07, 2023).

由於喬治亞的南奧塞梯和阿布哈茲（South Ossetia and Abkhazia）兩地宣布獨立，而遭政府軍鎮壓（圖 5），導致俄羅斯入侵喬治亞，被認為是 21 世紀的第一場歐洲戰爭。

　　由於喬治亞的地緣地位介於俄羅斯與土耳其間，還以黑海與東歐國家相隔，西方國家難以支援。再加上該國發展落後與資源貧乏，不符合西方國家的現實利益，因而各國冷淡以對。此乃現實利益駕臨價值原則的又一例證，否則西方國家就應產生如同支援烏克蘭的反應。

　　2014 年初，親俄羅斯的烏克蘭總統亞努科維奇（Viktor Yanukovych, 2010-2014 在位）被罷黜。莫斯科為保護克里米亞的俄裔民眾，隨即出兵占領並吞併克里米亞。緊接著又引發烏東頓巴斯（Donbas）地區分離主義附和，導致俄羅斯支持當地的盧甘斯克（Luhansk）和頓涅茨克（Donetsk）人民共和國宣布成立。隨即，俄羅斯軍隊就在烏克蘭邊境地區集結，也開始進行軍演。如今俄羅斯入侵烏克蘭，乃 2008 與 2014 年以來俄烏戰爭的升級版。

Studies. Archived from the original on 29 June 2017.

圖 5：喬治亞地理位置

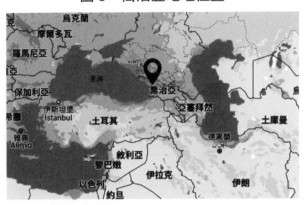

資料來源：https://zh.m.wikipedia.org/zh-hant/File:Georgia,_Ossetia,_Russia_and_ Abkhazia_(zh-hans).svg (accessed on September 7, 2023).

（二）內部因素

俄烏戰爭的內部因素極為複雜，牽涉層面極廣，但因限於篇幅，本節將從俄烏貿易以及亞述營的行為切入，來理解俄烏關係中重要的內部原因。

1. 俄烏貿易

在過去的 24 年中，俄羅斯對烏克蘭的出口，每年以 1.01% 的比率下降。從 1996 年的 81.3 億美元下降到 2021 年的 80.5 億美元（2021 年後沒再完整統計）。俄羅斯出口到烏克蘭的主要產品是煤球（12.2 億美元）、精煉石油（12 億美元）和石油氣（3.86 億美元）。此外，俄羅斯還向烏克蘭出口了價值 6.3 億美元的服務，其中旅遊（4.56 億美元）、其他商業服務（6,730 萬美元）和運輸（3,470 萬美元）是價值最大的。[18]

在同一時段，烏克蘭對俄羅斯的出口，每年以 2.64% 的比率下降。從 1996 年的 56.5 億美元，下降到 2021 年的 36.1 億美元（2021 年後沒再完整統計）。烏克蘭向俄羅斯出口的主要產品是氧化鋁（6.13 億美元）、熱

---

18 Ukraine (UKR) and Russia (RUS) Trade | OEC, https://oec.world/en/profile/bilateral-country/rus/partner/ukr (accessed on March 31, 2023).

軋鐵（3.53 億美元）和扁鋼（1.31 億美元），烏克蘭還向俄羅斯出口了價值 26.2 億美元的服務。[19]

　　由此可見，俄烏之間貿易的品項多屬原料，額度極低。其占兩國貿易的比例幾乎可以忽略不計，且還呈現下降趨勢，自然對於兩國關係的影響甚微。若以自由主義的角度觀之，這對於普京的入侵更不是一個考量的要素。

2. 亞述營

　　2014 年俄國占領克里米亞，引發烏國內部部分民眾強烈的反彈。隨即的軍事暴力和動盪，更壯大了烏國極右翼分子，此乃普京總統所稱的「新納粹」。其中影響力最大的組織就是「亞述營」（Azov Regiment，圖 6），這是由比列茨基（Andriy Biletsky）所指揮的志願準軍事民兵組織。在烏東頓巴斯（Donbas）戰鬥中對抗親俄勢力，並於同年 11 月正式編入烏國國民警衛隊。[20]

圖 6：亞述營徽章

資料來源：https://en.wikipedia.org/wiki/Azov_Regiment#/media/File:AZOV_logo.svg.
　　　　　(accessed on September 07, 2023).

---

19 Ukraine (UKR) and Russia (RUS) Trade | OEC https://oec.world/en/profile/bilateral-country/ukr/partner/rus (accessed on October 29, 2023).

20 The Azov Battalion: The neo-Nazis of Ukraine, https://www.bing.com/search?q=Azov+Iraq+Afganistan+&qs= n&form=QBRE&sp=-1&ghc=1&pq=azov+iraq+afganistan+&sc=8-21&sk=&cvid=1F4C6BFC8FDA463DB9 AA94803C48CEBB&ghsh=0&ghacc=0&ghpl= (accessed on March 31, 2023).

長期以來，亞速運動一直是烏克蘭極右翼的象徵。但因政府縱容，明顯逍遙法外，嚴重損害了烏克蘭的國際聲譽。[21] 雖然亞述營也曾被西方國家視為極端主義組織，但該組織自稱已去政治化，但卻明顯具有極右翼的政治野心，還與新納粹團體關係緊密。既使用納粹主義的符號，更以酷刑對待烏國境內俄裔居民，並曾被指控犯下戰爭罪，而被俄羅斯認定為恐怖組織。為保護這些被基輔政府放縱所產生的受虐者，普京便提出去納粹化，而這也是俄軍侵烏的重要理由之一。[22]

表面上看，亞述營確實不能代表烏克蘭政府或軍隊。因 2019 年大選時，[23] 右翼極端主義政黨的選舉聯盟只獲得 2.4% 的選票，未能超過 5% 門檻，故只有烏克蘭議會 450 席議員的一席。自 2010 年以來，沒有一位極端民族主義總統候選人獲得超過 2% 的選票。此外，亞述營只占烏克蘭軍隊的一小部分。在俄羅斯入侵之前，亞述營的成員估計在 900 到 2,500 人之間，而烏克蘭的常備軍人總數約為 20 萬人。

雖然如此，但這並不能解釋為何自 2014 年以來，在烏國境內約有六萬俄裔居民被凌辱與殺害。其中的主使者，就是亞述營。[24] 此外，若稱烏克蘭的國家政府體制是民主的，其實也存在爭議。因為烏國的貪腐盛行，內部寡頭資本家橫行霸道，與加入歐盟的所謂「哥本哈根標準」（Copenhagen criteria）相去甚遠。但與許多歐洲國家一樣，烏克蘭的政黨光譜從社會主

---

21 Bethania Palma, What Is Ukraine's Azov Battalion? The far-right group has been fighting in Ukraine's eastern region since 2014. https://www.snopes.com/news/2022/03/02/what-is-ukraines-azov-battalion/ (accessed on March 31, 2023).

22 Who are Ukraine's neo-Nazi Azov Battalion? https://news.yahoo.com/ukraine-neo-nazi-azov-battalion-175953302.html (accessed on March 31, 2023).

23 Ukrainian multimedia platform for broadcasting, https://www.ukrinform.net/rubric-elections/2636844-cec-registers-44-candidates-in-ukraines-presidential-election.html (accessed on March 31, 2023).

24 A far-right battalion has a key role in Ukraine's resistance. Its neo-Nazi history has been exploited by Putin. https://www.bing.com/search?q=A+far-right+battalion+has+a+key+role+in+Ukraine%E2%80%99s+resistance.+Its+neo-Nazi+history+has+been+exploited+by+Putin%2C&cvid=6fff42ecc9f540289719d4b153eb68ed&aqs=edge..69i57.3350j0j1&pglt=41&FORM=ANNTA1&PC=EDGEDB (accessed on March 31, 2023).

義到極右翼都有。而澤倫斯基總統（Volodymyr Zelensky）是猶太人，在大
屠殺中失去了三位叔祖父，屬於中間派，但也並未阻止亞述營的行為。

　　在俄烏開戰之前，西方國家根本忽視亞述營的存在與作為，[25] 並否認
烏克蘭政府的納粹傾向，美國還向烏克蘭的納粹分子提供資金，更相互合
作，共掘利益。[26] 但亞述營被指控侵犯人權，多年來該組織成員還培訓阿
富汗、伊拉克和敘利亞的聖戰武裝分子，此也未被西方媒體重視。再依照
俄羅斯衛星通訊社（Sputnik）的報導，加拿大一些組織還曾在烏克蘭訓練
亞述營成員。[27]

　　由此可見，西方國家為對抗俄羅斯，再度置國家利益於價值取向之上。
開戰之後，西方國家視俄羅斯的入侵，是對烏克蘭包括平民在內的全面打
擊。而亞述營反而成為愛國組織，此乃典型的現實主義作為。其目的明顯，
就是要以烏克蘭來拖垮俄羅斯。

　　在開戰前幾天，拜登總統曾不斷警告稱：「依據美方情報，俄羅斯即
將對烏克蘭發動進攻，但克里姆林宮對此堅決予以否認」。[28] 直到 2022 年
2 月 21 日，俄羅斯承認，在其保護下的烏東地區頓涅茨克和盧甘斯克兩個
人民共和國獨立，並強調不打算吞併這兩個國家。俄羅斯還與這兩個國家
締結了互助條約，且以來自烏克蘭的威脅為藉口，在 2 月 24 日清晨，從
南方、東方和北方同時對烏克蘭進行大規模攻擊。[29]

---

25 美記者：西方媒體不想承認烏克蘭真正發生的情況，https://big5.sputniknews.cn/20220319/1040179873.
html (accessed on March 31, 2023).

26 Brian Bennett, Here's What We Know About Hunter Biden and the Investigations Into Him https://news.yahoo.
com/know-hunter-biden-investigations-him-161800338.html (accessed on March 31, 2023).

27 美記者：西方媒體不想承認烏克蘭真正發生的情況，https://big5.sputniknews.cn/20220319/1040179873.
html (accessed on March 31, 2023).

28 美媒：華府警告烏克蘭 俄羅斯將在 48 小時內全面入侵，https://news.ltn.com.tw/news/world/
breakingnews/3839442 (accessed on March 31, 2023).

29 "Transcript of Vladimir Putin's Speech Announcing 'Special Military Operation' in Ukraine." The Sydney
Morning Herald, 24 Feb. 2022, https://www.smh.com.au/world/europe/full-transcript-of-vladimir-putin-s-
speech-announcing-a-special-military-operation-20220224-p59zhq.html (accessed on March 31, 2023).

　　相對於上述俄烏兩國微不足道的經貿因素，亞述營的作為確實是普京進攻烏國的重要考量，主因在烏俄裔人士長期被欺凌，激起了俄方民族主義浪潮。這也完全符合建構主義的主張，此乃一個長期建構的結果。[30] 可見意識形態與認同問題，對於俄烏戰爭的重要影響。

　　相對的，從局外觀之，現實主義者低估了規範（norm）對於大國行為的強大約束力。這在解釋西方各國對俄羅斯入侵的反應方面，發揮了重要的作用。因普京破壞了許多國際和平的規範，導致西方國家團結應對。以至於俄方付出極大的代價，這也是現實主義的一大缺陷，還要由主張價值（value）重要性的建構主義來補強。

　　此外，現實主義理論在認知（perception）方面也有所不足。該理論傾向將國家描繪成理性的行為者，冷靜地計算自己的利益，並尋找機會來改善自己的地位。但政府領導人仍可能在不完整的訊息下運作，很容易誤判自己的能力以及他人的反應，比如俄羅斯人誤判烏克蘭人頑強的抵抗。在這方面，建構主義再度可以補強，因為建構是一個互動的過程。雖然這可能在開戰前難以估算，但關鍵是此觀點是否列入俄方相關決策程序的考量。

（三）安全困境

　　綜上所述，由於中東歐國家長期對前蘇聯的恐懼，希望加入北約，或盡量接近北約，是完全可以理解的。相對的，這也讓俄羅斯認為，這一事態發展將嚴重威脅俄國安全，絕對不能接受。這正符合現實學派所主張的一種所謂「安全困境」（security dilemma）的寫照。易言之，這就是因為雙方互信不足，而產生的一種螺旋式的惡性互動，或可稱是國際上的「囚

---

30 Finnemore, Martha; Sikkink, Kathryn (2001). "Taking Stock: The Constructivist Research Program in International Relations and Comparative Politics". Annual Review of Political Science. 4 (1): 391-416.

徒困境」（prisoner's dilemma）。[31] 此乃由一方的安全措施，引發另一方的不安以及相應的對策，最後導致衝突的結果，而這都不是當事方想達到卻又難以避免的困境。

三、產生影響

　　戰爭導致烏克蘭人口大量外流，這是歐洲史上，僅次於兩次世界大戰的第三大人口外逃。此次俄烏戰事，還使世界各地的食品和能源價格高漲，以至於一些國家陷入了經濟危機。

（一）難民問題

　　依照聯合國難民署的統計，[32] 截至 2022 年 11 月，整個歐洲記錄在案的烏克蘭難民人數已超過 780 萬。其中波蘭就收容超過 120 萬烏克蘭難民為最多，而其他國家匈牙利、羅馬尼亞、捷克、斯洛伐克和摩爾多瓦，也分別接收了數萬名烏克蘭難民。在烏國國內也超過 590 萬人流離失所。自開戰以來，總計烏克蘭已有 17,000 多人傷亡，其中 6,500 多人喪生。

　　由於烏國限制 60 歲以下男性出境，故大多數難民均是婦女和兒童。他們在危機期間，最容易受到人口販運者的剝削和虐待。且烏克蘭寒冷的冬天，對難民衝擊更為巨大，僅在 2022 年 11 月中旬，就有超過 700 萬人被斷電。[33] 此乃俄羅斯對付入侵者如拿破崙與希特勒等一貫的伎倆，以嚴冬換取時空，靜待春天的新局。

---

31 Glaser, Charles L. (2010). Rational Theory of International Politics. Princeton University Press.

32 聯合國難民署網站：https://data.unhcr.org/en/situations/ukraine. (accessed on March 31, 2023).

33 Satellite photos show lack of electricity in Ukraine, https://edition.cnn.com/europe/live-news/russia-ukraine-war-news-11-25-22/h_2c89acafd. (accessed on March 31, 2023).

（二）糧食問題

此外，俄烏戰爭也對全球市場和糧食供應產生重大影響。[34] 由於烏克蘭歷來是糧食出口大國，2021 年烏克蘭糧食養活了全球 4 億人。在此次俄烏衝突的前五個月，由於黑海被俄軍封鎖，糧食無法出口，再加上氣候變化，導致中東和非洲的幾個糧食進口國，如：索馬利亞、伊索匹亞和肯亞已有超過 1,400 萬人處於飢餓邊緣。非洲薩赫勒（Sahel）地區也有多達 1,800 萬人正處於嚴重飢荒，其中約一半是兒童。如果世界不採取緊急行動，其人數可能還會上升。

在中東，烏克蘭的戰爭導致小麥和燃料價格飆升。敘利亞難民是受災最嚴重的群體之一，因為許多人已無法支付急劇增加的生活費用。在中美洲，玉米等主食的價格遠高於五年平均水平。[35] 加上氣候變化和持續的不安全局勢，該地區近 1,300 萬人面臨日益嚴重的飢餓。故在 2022 年 7 月，烏克蘭和俄羅斯就分別為烏克蘭恢復穀物出口達成協議，此乃緩解日益嚴重的全球飢餓危機的關鍵一步。但儘管國際努力協助，恢復了部分糧食的運輸，但今日的形勢依然嚴峻。

四、國際經濟

本節將採 Benjamin Cohen 對於國際政治經濟學（International Political Economy, IPE）的論點，[36] 主張國際政治事務，對於國際與各國經濟發展

---

34 https://www.gulftoday.ae/opinion/2023/02/15/can-ukraine-grain-corridor-ease-the-food-crisis (accessed on March 31, 2023).

35 This chart shows how much Ukraine and Russia export to the world Apr 13, 2022, https://www.weforum.org/agenda/2022/04/world-bank-ukraine-food-energy-crisis/.

36 Cohen, Benjamin J. International Political Economy: An Intellectual History. Princeton University Press. 2008: 16; What is the role of International Relations in IPE? https://uhhipe2015.wordpress.com/2015/04/08/what-is-the-role-of-international-relations-in-ipe/; (accessed on March 31, 2023). Stephen M. Walt, An International Relations Theory Guide to the War in Ukraine, MARCH 8, 2022, https://foreignpolicy.com/2022/03/08/an-international-relations-theory-guide-to-ukraines-war/.

的重要關係來加以分析。進而也與建構主義政經相互影響的模式相合，來理解俄烏戰事對國際經濟所產生的影響。Cohen 綜合了 IPE 等相關學者 Robert W. Cox, Robert Gilpin, Peter Katzenstein, Robert Keohane, Charles Kindleberger, Stephen Krasner 與 Susan Strange 的觀點，描繪了 IPE 的重要發展脈絡。

　　依照國際貨幣基金會（IMF）的估計，在發達經濟體中，10 個有 9 個經濟增長將放緩。相對的，今年全球經濟的增長將來自印度和中國，這兩個國家將貢獻世界經濟 2.9% 增長的一半。而美國和歐元區加起來，將貢獻十分之一。[37] 國際貨幣基金會 2023 年的預測，全球 GDP 比 2022 年 10 月份提高了 0.2%。這要歸功於中國經濟在解除三年以來 COVID-19 嚴厲的限制，以及許多經濟體被壓抑的需求與通膨下降後的重新開放。

　　而在經濟成長的另一面，某些國家地區卻也被蒙上了層經濟危機的陰影。首先是在斯里蘭卡、巴基斯坦和孟加拉等國顯現。[38] 接者，在歐洲許多國家也已開始實行能源配給。鑑於進口壓力，日本幾十年來也首次著手解決通貨膨脹和食品價格上漲問題。[39] 以上種種，也導致了德國、法國、英國、義大利等國在 2023 年 2 月中旬舉行了多輪罷工，要求提高工資、改善工作環境。

---

37 IMF: Inflation and Ukraine war take toll on global growth, https://www.msn.com/en-us/money/markets/imf-inflation-and-ukraine-war-take-toll-on-global-growth/ar-AA16WdGc (accessed on March 31, 2023).

38 斯里蘭卡宣布破產，https://udn.com/news/story/6811/6442062 (accessed on March 31, 2023).

39 ANDREW NEIL: America, France, Germany and Poland are ALL piling billions more into defence. So why aren't we? https://www.dailymail.co.uk/debate/article-11764723/ANDREW-NEIL-America-France-Germany-Poland-piling-billions-defence.html. (accessed on March 31, 2023)；讓法國變成死城！歐洲大國接連掀起罷工潮 德國最大機場也停擺，https://www.msn.com/zh-tw/news/world/%E8%AE%93%E6%B3%95%E5%9C%8B%E8%AE%8A%E6%88%90%E6%AD%BB%E5%9F%8E-%E6%AD%90%E6%B4%B2%E5%A4%A7%E5%9C%8B%E6%8E%A5%E9%80%A3%E6%8E%80%E8%B5%B7%E7-%BD%B7%E5%B7%A5%E6%BD%AE-%E5%BE%B7%E5%9C%8B%E6%9C%80%E5%A4%A7%E6%A9%9F%E5%A0%B4%E4%B9%9F%E5%81%9C%E6%93%BA/ar-AA17Dp5E?ocid=msedgntp&cvid=884dc669db1c4d88b80d6e5c33f1ca2e (accessed on March 31, 2023).

表1：烏克蘭戰爭對全球活動和通貨膨脹的影響

資料來源：https://www.federalreserve.gov/aboutthefed/cac.htm.

說明：表中實線是預估值，而虛線是可能的波動。

（一）各國反應

　　由於多半非西方國家，不願在俄烏戰事中選邊，此乃可從2月份慕尼黑安全會議（Munich Security Conference）中得到證實。[40] 因而本節將重點置於西方國家與中國，並將提及台灣的立場。

（二）西方國家

　　自俄烏開戰以來，美國與歐洲國家對於支持烏克蘭的態度表面一致。但實質上，已有所變化。首先，美國的高利率政策，已吸引了不少歐洲資金前往美國投資，導致後者大失血。[41] 再者，依拜登所提出的「抗通膨法

40 Thomas Hummel, Der Westen sucht die Nähe zum globalen Süden, 17. Februar 2023, https://www.sueddeutsche.de/politik/siko-globaler-sueden-1.5753050; Munich Security Conference, https://securityconference.org/en/msc.2023/#:~:text=The%2059th%20Munich%20Security%20Conference%20%28MSC%29%20took%20place,foreign%20and%20security%20policy%20challenges%20of%20our%20time (accessed on March 31, 2023).

41 Highest Interest Rates in the US, https://www.bing.com/search?q=US+high+interest&cvid=10675c3f0c1b4b5fb5442b382d90e773&aqs=edge..69i57j0l8.9921j0j1&pglt=41&FORM=ANNTA1&PC=EDGEDB (accessed on March 31, 2023).

案」（Inflation Reduction Act，簡稱 IRA）。[42] 在美國的企業將獲得高額補貼，這也使得歐洲的廠家被美國所吸引，引發法國馬克宏總統（Emmanuel Jean-Michel Fredéric Macron）抗議。同時，馬克宏總統也抗議美國以高價對歐出售液態天然氣（LNG），這同樣會強化歐洲通膨及企業出走。[43]

在入侵之前，德國一直遵循二戰後的和平政策，即不向交戰國提供致命的軍事技術。[44] 但因受到烏方的羞辱與盟國的敦促，德國宣布其軍費開支將超過國內生產總值增長的 2%，並開始向烏克蘭提供武器。同時還允許第三國也向烏國提供德國武器，德國總理舒爾茨還宣布，設立一個約為一千億歐元的德國聯邦國防軍的特殊資產。[45]

但拜登總統曾在俄烏開戰前表示，若俄國入侵成真，北溪兩條油氣管線將不復存在。其目的是更進一步控制歐洲國家的能源輸入，更可以高價出售美國的頁岩氣。因而導致一些歐洲國家懷疑，美國才是此破壞北溪管線的幕後推手。依照獲得普利茲獎的名記者 Seymour Hersh 的觀點，[46] 美國與此脫離不了關係。此說的可信度甚高，因為除美國政府嚴正駁斥之外，其他相關當事國一概噤聲，否則應該為美國辯護才是。

---

42 《降低通膨法案》是什麼？為何骨子裡是氣候法案？3 大重點一次讀懂，https://www.managertoday. com.tw/articles/view/65725? (accessed on March 31, 2023).

43 EU-U.S. LNG TRADE - European Commission, https://www.bing.com/search?q=US+LNG+Europe&cvid=33 4774a7541443c4a2088416785be5fd&aqs=edge..69i57j0l3.7720j0j1&pglt=41&FORM=ANNTA1&PC=EDGE DB (accessed on March 31, 2023).

44 Zwischen der Schweiz und Deutschland hat sich viel Frust angestaut - nun trifft Berset Steinmeier, https:// www.nzz.ch/schweiz/zwischen-der-schweiz-und-deutschland-hat-sich-viel-frust-angestaut-nun-trifft-berset-steinmeier-ld.1730819?reduced=true (accessed on March 31, 2023).

45 Kabinett einigt sich auf mehr Geld und Sondervermögen für die Bundeswehr Veröffentlichungsdatum, 16.03.2022, https://www.bmvg.de/de/aktuelles/deutlich-aufgestockt-verteidigungshaushalt-5372564 (accessed on March 31, 2023).

46 Seymour Hersh, How America Took Out The Nord Stream Pipeline, https://seymourhersh.substack.com/p/how-america-took-out-the-nord-stream (accessed on March 31, 2023).

（三）中國角色

由此可見，美國在俄烏戰爭中獲利不少，但是歐洲國家亦然。在 2022 年 10 月中共「二十大」結束不久，德國總理舒茲（Olaf Scholz）就率團訪中，拔得頭籌，並獲得不少訂單。[47] 而 11 月的 G20 與 APEC 會議期間，許多領導人都紛紛與習近平會見，形成中方的主場外交。總之，歐洲國家將會有限度地加強與中國的關係，一方面自保經濟，另外可以增加與美國博弈的籌碼，而中俄雙方則仍繼續交往。

日前，俄羅斯二號人物梅德韋傑夫（Medvedev）訪問北京，提議劃出東西伯利亞 696 萬平方公里土地來設立超級特區，而中方將相應投資 1,600 億美元加以開發。[48] 依此，中方可以大舉開發資源，俄方則可以借力發展 IT 產業，中俄關係相得益彰。

如今俄烏開戰已逾一年，俄羅斯還準備大舉進攻其對手乃至整個西方國家，但俄國的 GDP 只有西方國家的 1/25。雖然俄羅斯擁有核武器，但只能是用來威懾。而中方至今仍保持中立勸和促談的態度，如今年 2 月下旬，北京公布《關於政治解決烏克蘭危機的中國立場》的文件，[49] 沒有提供具體的解決方案，只有清楚的意象表達。文件共有 12 點立場，包括尊重各國主權、呼籲停火止戰、促進和平談判等，且中方始終以「烏克蘭危機」來形容戰爭，並未承認俄羅斯侵犯烏克蘭主權。雖然如此，這仍獲得一些西方國家的支持，比如法國與匈牙利，可見這些國家對於和平的企求。

---

47 Germany's Olaf Scholz meets China's Xi Jinping as trade in focus, https://www.aljazeera.com/news/2022/11/4/germany-chancellor-olaf-scholz-visits-china-with-eye-on-trade (accessed on March 31, 2023).

48 中俄巨無霸級合作，俄開闢四成國土，設"超級特區"專為中國開放，2022-12-31，https://aijianggu.com/literature/1813162.html (accessed on March 31, 2023).

49 Hawkins, Amy. Year of war in Ukraine tests China's 'no limits' relationship with Russia. The Guardian. 2023-02-24, https://www.bing.com/search?q=Hawkins%2C+Amy.+Year+of+war+in+Ukraine+tests+China%E2%80%99s+%E2%80%98no+limits%E2%80%99+relationship+with+Russia.+The+Guardian.+2023-02-24&cvid=4ca33f586e834b9da1fc219e874d26f0&aqs=edge..69i57.1516j0j1&pglt=41&FORM=ANNTA1&PC=EDGEDB (accessed on March 31, 2023).

但此卻也引起美國的質疑，顯現了相當的差異。美國國務卿林肯稱，[50]中方可能在轉移視線，一方面想採中立立場尋求和平，但又呼應俄羅斯的作為，並正在考慮提供俄方致命武器。北約（NATO）秘書長史托騰柏格（Jens Stoltenberg）也表示：「北京沒有資格當和事佬，因為他們始終沒有譴責俄羅斯非法侵略烏克蘭」。[51]再觀察烏克蘭的立場，雖然烏方也不接受此立場建議，但至今從未抨擊中國。而不像其總統澤倫斯基，一遇到西方國家意興闌珊不願支持，就立刻惡言相向，可見烏方對中國還是有所期待。

尤其，多半非西方國家都不願在俄烏戰事中選邊。因而中方的立場或可獲得這些亞非拉國家的支持，進而擴大其影響力，同時亦可在兩岸三邊的博弈中增加籌碼，因為俄烏與兩岸的背後都是美國。[52]同時，中方正積極推行以人民幣計價的國際貿易架構，以及跨境國際支付系統等，在在以俄為鑑，企圖避免或減輕將可能受到的制裁影響。

但是戰爭總會結束，俄烏兩造之間必要接受調停來善後，因這裡牽涉極為複雜的領土與賠償等問題。但放眼望去，西方國家必不被俄羅斯所接受，其餘國家的實力又有限，故俄烏兩國可能還是首選中國，因為兩國都與北京的互信基礎深厚。但因美歐國家的杯葛，中方還是難以介入。尤其，若俄烏戰事一旦結束，歐美西方國家將可以攜手共同對付中國，也是中方重要的考量，可見俄烏戰爭的複雜性。

（四）台灣立場

在俄烏戰事中台灣選擇了西方國家的立場。依照結構現實主義的觀

50　U.S. must "sustain" its involvement in Ukraine war, Secretary of State Antony Blinken says. www.cbsnews. com. 2023-02-24.

51　'Very big mistake': NATO chief cautions China over supplying weapons to Russia. POLITICO. 2023-02-24

52　Halligan, Liam. China may yet persuade Putin to end his war in Ukraine, https://www.telegraph.co.uk/authors/l/lf-lj/liam-halligan/ (accessed on March 31, 2023).

點，[53] 影響各國對外政策的因素，主要是國家在國際結構中所處不同的地位。但筆者與一些學者特別強調，國際結構同樣會影響行為者對內的政策。在 2022 年底的九合一選舉已顯示，雖然地方選舉專注於地方議題，但執政黨的大敗，美方也難辭其咎，尤其外力對於兵役延長政策斧鑿的痕跡明顯。

目前美台合作抗中的路線已成定局，但烏克蘭局勢是否會影響到兩岸三邊的互動，確實值得關注。蔡英文總統於 4 月初訪問中美洲過境美國，雖然美國已通過「台灣旅行法」，我方高官可以訪問美國。但此次仍採過境方式，並只在加州洛杉磯「雷根總統基金會暨研究所」發表演說，行程甚為低調。這是否與美中博弈加上俄烏戰事有關，可能性不排除。

除先前通過的一系列「友台」法案之外，日前美方又急速通過《保護台灣法案》等十餘項法案以台制中，美眾院「美中戰略競爭特別委員會」也有意在台舉辦聽證會，挺台意味十足。在當前美台合作抗中的格局下，雖然政府有意以和平保台來取代抗中保台，但兩岸關係沒有突破，和平風險仍存。

五、結語

綜上所述，除實際在戰場上的戰鬥外，俄羅斯還以能源、難民、糧食，來做為對付烏克蘭以及美歐國家的利器。但普京可能在戰前，誇大了西方對俄羅斯的敵意。在開戰之後，又嚴重低估了烏克蘭抗敵的決心，以及過於自信俄軍能迅速取得勝利。再加上西方國家的嚴厲制裁，並持續以軍火與資金援助烏克蘭，以至於俄烏戰爭勝負難料，和平遙遙無期。

---

53 Structural Realism, https://plato.stanford.edu/entries/structural-realism/.(accessed on March 31, 2023)；Jervis, Robert (1999). "Realism, Neoliberalism, and Cooperation: Understanding the Debate". International Security. 24 (1): 42-63.

　　之所以如此，俄羅斯集權的制度，也可能產生相當的影響。比如將不同的意見排除在決策過程之外，或是因為決策中心的同質性過高，相當的決策者都持有類似的錯誤認知。在這方面，本文所採用新現實主義、新自由主義與社會建構主義的分析架構，都難以解釋。只有建構主義所主張的互動與建構，還勉強沾上一點邊，此乃作者還要繼續努力的方向。

　　但在對此戰爭的立場上，美歐雙方已顯現差異。比如美方就對於停戰顯得模稜兩可，因為雖已付出甚高的代價，但也收穫不少。這不但可以讓俄羅斯陷入困境，尤其還可以進一步拉攏並控制歐洲國家，甚至大發戰爭財。而基於對和平以及西方民主與人權價值的堅持，歐洲國家大都必須持續支持烏克蘭。但也已感負擔日重，因而期盼止戰的意願較高。況且俄烏戰爭已對全球都產生重大的影響，通膨、物價與難民等問題，尤讓歐洲國家受害甚深。

　　最後，本文證實，對於俄烏戰爭的研究分析，新現實主義、新自由主義與建構主義等三個視角缺一不可。因其各自都有缺失與優勢，三者互為補充，才能勉強得其全貌。尤其俄烏兩國的安全訴求，雙方交往的實質內容，以及各自對於歷史與認同問題的立場，都是重中之重。再加上國際政治經濟學的視野，更是檢視此戰爭對於相關國家所產生影響的重要分析工具。而此一分析架構與模式，還有待未來學者持續的驗證。

參考文獻

中文文獻

BBC，2022，〈俄烏戰爭：俄羅斯為什麼入侵烏克蘭？普京想得到什麼？〉，https://www.bbc.com/zhongwen/trad/world-60618047，查閱時間：2023 年 11 月 17 日。

Judy Peng，2022，〈《降低通膨法案》是什麼？為何骨子裡是氣候法案？3 大重點一次讀懂〉，https://www.managertoday.com.tw/articles/view/65725?，查閱時間：2023 年 11 月 17 日。

司馬平邦，2022，〈中俄巨無霸級合作，俄開闢四成國土，設 " 超級特區 " 專為中國開放〉，https://aijianggu.com/literature/1813162.html. (4)，查閱時間：2023 年 11 月 17 日。

自由時報，2022，〈美媒：華府警告烏克蘭 俄羅斯將在 48 小時內全面入侵〉，https://news.ltn.com.tw/news/world/breakingnews/3839442，查閱時間：2023 年 11 月 17 日。

俄羅斯衛星通訊社，2023，〈美記者：西方媒體不想承認烏克蘭真正發生的情況〉，https://big5.sputniknews.cn/20220319/1040179873.html，查閱時間：2023 年 11 月 17 日。

斯里蘭卡宣布破產，https://udn.com/news/story/6811/6442062。

聯合國，2023，〈Ukraine Refugee Situation〉，https://data.unhcr.org/en/situations/ukraine.，查閱時間：2023 年 11 月 17 日。

龍應台文化基金會，2012，〈鐵幕倒下後的「蘇東波」波蘭、捷克、俄羅斯怎麼了？〉，https://www.coolloud.org.tw/node/67681，查閱時間：2023 年 11 月 17 日。

蔡宛臻，2023，〈讓法國變成死城！歐洲大國接連掀起罷工潮 德國最大機場也

停擺〉，https://www.msn.com/zh-tw/news/world/%E8%AE%93%E6%B3%95%
E5%9C%8B%E8%AE%8A%E6%88%90%E6%AD%BB%E5%9F%8E-%E6%A
D%90%E6%B4%B2%E5%A4%A7%E5%9C%8B%E6%8E%A5%E9%80%A3%
E6%8E%80%E8%B5%B7%E7%BD%B7%E5%B7%A5%E6%BD%AE-%E5%B
E%B7%E5%9C%8B%E6%9C%80%E5%A4%A7%E6%A9%9F%E5%A0%B4%
E4%B9%9F%E5%81%9C%E6%93%BA/ar-AA17Dp5E?ocid=msedgntp&cvid=8
84dc669db1c4d88b80d6e5c33f1ca2e.，查閱時間：2023 年 11 月 17 日。

English & German
Books

Cohen, Benjamin J. 2008. International Political Economy: An Intellectual History. Princeton University Press.

Glaser, Charles L. 2010. Rational Theory of International Politics. Princeton University Press. https://www.federalreserve.gov/econres/notes/feds-notes/the-effect-of-the-war-in-ukraine-on-global-activity-and-inflation-20220527.html.

Iklé, Fred Charles.2005. Every War Must End, Columbia University Press.

Kaplan, Robert D. 2015. Asia's Cauldron. USA: Random House Trade Paperbacks.

Krippendorff, Klaus, and Bock, Mary Angela (eds.) .2008. The Content Analysis Reader. Thousand Oaks, CA: Sage.

Magocsi, Paul Robert .2018. The Roots of Ukrainian Nationalism: Galicia as Ukraine's Piedmont. University of Toronto Press.

Pipes, Richard.1995. Russia Under the Old Regime. New York: Penguin Books.

Reynolds, David .2009. Summits : six meetings that shaped the twentieth century. New York: Basic Books.

Rose, Gideon .2010. How Wars End: Why We Always Fight the Last Battle. New York,

Simon & Schuster.

Snyder, Timothy .2004. The reconstruction of nations: Poland, Ukraine, Lithuania, Belarus, 1569-1999. Yale University Press.

Walt, Stephen M. 2022. An International Relations Theory Guide to the War in Ukraine, https://foreignpolicy.com/2022/03/08/an-international-relations-theory-guide-to-ukraines-war/.

Waltz, Kenneth .1979. Theory of International Politics. Waveland Press. Long Grove, IL: (reissued 2010).

Wendt, Alexander .1999. Social Theory of International Politics.Cambridge: Cambridge University Press.

期刊

Finnemore, Martha; Sikkink, Kathryn .2001. "Taking Stock: The Constructivist Research Program in International Relations and Comparative Politics". Annual Review of Political Science. 4 (1): 391-416.

Jervis, Robert .1999. "Realism, Neoliberalism, and Cooperation: Understanding the Debate". International Security. 24 (1): 42-63.

Kaas, Kaarel.2009. "The Russian Bear on the Warpath Against Georgia". International Centre for Defense Studies. Archived from the original on 29 June 2017.

Shifrinson, Joshua R.2020.Itzkowitz. "Eastbound and down: The United States, NATO enlargement, and suppressing the Soviet and Western European alternatives, 1990-1992". Journal of Strategic Studies. 43 (6-7): 816-846; A new approach to EU enlargement, https://www.europarl.europa.eu/RegData/etudes/BRIE/2020/649332/EPRS_BRI(2020)649332_EN.pdf (April 1.2020).

Snyder, Jack .2004. "One World, Rival Theories," Foreign Policy, 145 (November/

December).

Walt, Stephen M. 2022. An International Relations Theory Guide to the War in Ukraine, MARCH 8, 2022, https://foreignpolicy.com/2022/03/08/an-international-relations-theory-guide-to-ukraines-war/.

網路

A far-right battalion has a key role in Ukraine's resistance. Its neo-Nazi history has been exploited by Putin, https://www.bing.com/search?q=A+far-right+battalion+has+a+key+role+in+Ukraine%E2%80%99s+resistance.+Its+neo-Nazi+history+has+been+exploited+by+Putin%2C&cvid=6fff42ecc9f540289719d4b153eb68ed&aqs=edge..69i57.3350j0j1&pglt=41&FORM=ANNTA1&PC=EDGEDB. Apr 13, 2022, https://www.weforum.org/agenda/2022/04/world-bank-ukraine-food-energy-crisis/.

Bennett, Brian. Here's What We Know About Hunter Biden and the Investigations Into Him, https://news.yahoo.com/know-hunter-biden-investigations-him-161800338.html.

Bucharest Summit Declaration, https://www.nato.int/cps/en/natolive/official_texts_8443.htm.

Calamur, Krishnadev (27 February 2014). "Crimea: A Gift To Ukraine Becomes A Political Flash Point". NPR. https://digital.nepr.net/news/2014/02/27/crimea-a-gift-to-ukraine-becomes-a-political-flash-point/.

Can Ukraine's grain corridor ease the food crisis? https://www.bing.com/search?q=Can+Ukraine%E2%80%99s+grain+corridor+ease+the+food+crisis%3F&cvid=d999e4aa360849409535acb1f9143dda&aqs=edge..69i57j69i60.1770j0j1&pglt=41&FORM=ANNTA1&PC=EDGEDB.

Dickinson, Peter. Russo-Georgian War: Putin's green light, https://www.atlanticcouncil. org/blogs/ukrainealert/the-2008-russo-georgian-war-putins-green-light/.

Dunkerley, William. How Ukraine And Belarus Failed To Qualify For UN Membership - August 17, 2022, https://www.eurasiareview.com/17082022-how-ukraine-and-belarus-failed-to-qualify-for-un-membership-oped/.

EU-U.S. LNG TRADE - European Commission, https://www.bing.com/search?q=US+ LNG+Europe&cvid=334774a7541443c4a2088416785be5fd&aqs=edge..69i57j0l3 .7720j0j1&pglt=41&FORM=ANNTA1&PC=EDGEDB.

'Finlandization' For Ukraine? Macron's Reported Comment Hits A Nerve In Kyiv, Stirs Up Bad Memories In Helsinki, https://www.rferl.org/a/ukraine-finlandization-macron-zelenskiy-helsinki/31697728.html.

Germany's Olaf Scholz meets China's Xi Jinping as trade in focus, https://www. aljazeera.com/news/2022/11/4/germany-chancellor-olaf-scholz-visits-china-with-eye-on-trade.

Gromyko, Andrei Andreyevich & Ponomarev, Boris Nikolayevich (1981). Soviet foreign policy: 1917-1980, in two volumes, Volume 1. Progress Publishers. p. 181；https://archive.org/search.php?query=creator%3A%22Andrei+Andreyevich +Gromyko%2C+Boris+Nikolayevich+Ponomarev%22.

Halligan, Liam. China may yet persuade Putin to end his war in Ukraine, https://www. telegraph.co.uk/authors/l/lf-lj/liam-halligan/.

Hawkins, Amy. Year of war in Ukraine tests China's 'no limits' relationship with Russia. The Guardian. 2023-02-24, https://www.bing.com/search?q=Hawkins%2C +Amy.+Year+of+war+in+Ukraine+tests+China%E2%80%99s+%E2%80%98no+l imits%E2%80%99+relationship+with+Russia.+The+Guardian.+2023-02-24&cvid =4ca33f586e834b9da1fc219e874d26f0&aqs=edge..69i57.1516j0j1&pglt=41&FO

RM=ANNTA1&PC=EDGEDB.

Hersh, Seymour. How America Took Out the Nord Stream Pipeline, https:// seymourhersh.substack.com/p/how-america-took-out-the-nord-stream.

Highest Interest Rates in the US, https://www.bing.com/search?q=US+high+interest&c vid=10675c3f0c1b4b5fb5442b382d90e773&aqs=edge..69i57j0l8.9921j0j1&pglt= 41&FORM=ANNTA1&PC=EDGEDB.

Hummel, Thomas. Der Westen sucht die Nähe zum globalen Süden, 17. Februar 2023, https://www.sueddeutsche.de/politik/siko-globaler-sueden-1.5753050.

IMF: Inflation and Ukraine war take toll on global growth, https://www.msn.com/en-us/money/markets/imf-inflation-and-ukraine-war-take-toll-on-global-growth/ar-AA16WdGc.

Kabinett einigt sich auf mehr Geld und Sondervermögen für die Bundeswehr Veröffentlichungsdatum, 16.03.2022, https://www.bmvg.de/de/aktuelles/deutlich-aufgestockt-verteidigungshaushalt-5372564.

Kiger, Patrick J. (APR 16, 2019). How Joseph Stalin Starved Millions in the Ukrainian Famine, https://www.history.com/news/ukrainian-famine-stalin.

Kramer, Mark (19 March 2014). "Why Did Russia Give Away Crimea Sixty Years Ago?" https://www.wilsoncenter.org/publication/why-did-russia-give-away-crimea-sixty-years-ago.

Munich Security Conference, https://securityconference.org/en/msc.

Neil, Andrew. America, France, Germany and Poland are all piling billions more into defence. So why aren't we? https://www.dailymail.co.uk/debate/article-11764723/ ANDREW-NEIL-America-France-Germany-Poland-piling-billions-defence.html.

Palma, Bethania. What Is Ukraine's Azov Battalion? The far-right group has been fighting in Ukraine's eastern region since 2014. https://www.snopes.com/

news/2022/03/02/what-is-ukraines-azov-battalion/.

Putin's 'idea of blitzkrieg failed': Poroshenko, https://www.dw.com/en/putins-idea-of-blitzkrieg-failed-says-former-ukraine-president/a-6108466.

Russland exportiert auch 2023 große Mengen LNG nach Europa — das sind die Gründe dafür, https://www.businessinsider.de/wirtschaft/russland-exportiert-auch-2023-grosse-mengen-lng-nach-europa-das-sind-die-gruende-dafuer-a/.

Satellite photos show lack of electricity in Ukraine, https://edition.cnn.com/europe/live-news/russia-ukraine-war-news-11-25-22/h_2c89acafd.

Structural Realism, https://plato.stanford.edu/entries/structural-realism/.

Text of Putin's speech at NATO Summit, Bucharest, April 2, 2008, https://www.unian.info/world/111033-text-of-putin-s-speech-at-nato-summit-bucharest-april-2-2008.html.

The Azov Battalion: The neo-Nazis of Ukraine, https://www.bing.com/search?q=Azov+Iraq+Afganistan+&qs=n&form=QBRE&sp=-1&ghc=1&pq=azov+iraq+afganistan+&sc=8-21&sk=&cvid=1F4C6BFC8FDA463DB9AA94803C48CEBB&ghsh=0&ghacc=0&ghpl=.

The Nazi occupation of Soviet Ukraine, https://www.britannica.com/place/Ukraine/The-Nazi-occupation-of-Soviet-Ukraine.

This chart shows how much Ukraine and Russia export to the world, https://www.bing.com/search?q=This+chart+shows+how+much+Ukraine+and+Russia+export+to+the+world&cvid=4c1d281c2cf74998ac1980ca7eca927f&aqs=edge..69i57.2220j0j1&pglt=41&FORM=ANNTA1&PC=EDGEDB.

"Transcript of Vladimir Putin's Speech Announcing 'Special Military Operation' in Ukraine." The Sydney Morning Herald, 24 Feb. 2022, https://www.smh.com.au/world/europe/full-transcript-of-vladimir-putin-s-speech-announcing-a-special-military-operation-20220224-p59zhq.html.

U.S. must "sustain" its involvement in Ukraine war, Secretary of State Antony Blinken says. 2023-02-24, www.cbsnews.com.

Ukraine (UKR) and Russia (RUS) Trade | OEC, https://oec.world/en/profile/bilateral-country/rus/partner/ukr.

Ukraine (UKR) and Russia (RUS) Trade | OEC, https://oec.world/en/profile/bilateral-country/ukr/partner/rus.

Ukraine waiting for full text of proposed Chinese "peace plan", says FM Kuleba, https://news.yahoo.com/ukraine-waiting-full-text-proposed-161500717.html.

Ukrainian multimedia platform for broadcasting, https://www.ukrinform.net/rubric-elections/2636844-cec-registers-44-candidates-in-ukraines-presidential-election.html.

What is the role of International Relations in IPE? https://uhhipe2015.wordpress.com/2015/04/08/what-is-the-role-of-international-relations-in-ipe/.

'Very big mistake': NATO chief cautions China over supplying weapons to Russia. POLITICO. 2023-02-24, https://www.politico.eu/article/very-big-mistake-nato-chief-jens-stoltenberg-cautions-china-over-russia-weapons-supply-ukraine-war/.

Who are Ukraine's neo-Nazi Azov Battalion? https://news.yahoo.com/ukraine-neo-nazi-azov-battalion-175953302.html.

Why isn't the UN doing more to stop what's happening in Ukraine? https://edition.cnn.com/2022/04/15/politics/united-nations-ukraine-russia/index.html.

Wie sich der Ölpreis nun entwickeln wird, https://www.tagesschau.de/wirtschaft/oel-embargo-russland-faq-101.html.

Zwischen der Schweiz und Deutschland hat sich viel Frust angestaut - nun trifft Berset Steinmeier, https://www.nzz.ch/schweiz/zwischen-der-schweiz-

und-deutschland-hat-sich-viel-frust-angestaut-nun-trifft-berset-steinmeier-ld.1730819?reduced=true.

論壇 27

地緣政治風險管理與挑戰：
兩岸、南海與俄烏案例

主　　　編　陳德昇

發 行 人　張書銘
出　　　版　**INK** 印刻文學生活雜誌出版股份有限公司
　　　　　　新北市中和區建一路249號8樓
　　　　　　電話：02-22281626
　　　　　　傳真：02-22281598
　　　　　　e-mail:ink.book@msa.hinet.net
網　　　址　舒讀網 http://www.inksudu.com.tw

法 律 顧 問　巨鼎博達法律事務所
　　　　　　施竣中律師
總 代 理　成陽出版股份有限公司
　　　　　　電話：03-3589000（代表號）
　　　　　　傳真：03-3556521
郵 政 劃 撥　19785090 印刻文學生活雜誌出版股份有限公司
印　　　刷　海王印刷事業股份有限公司

港澳總經銷　泛華發行代理有限公司
地　　　址　香港新界將軍澳工業邨駿昌街7號2樓
電　　　話　852-2798-2220
傳　　　真　852-2796-5471
網　　　址　www.gccd.com.hk

出 版 日 期　2024年 4 月　初版
ISBN　　　　978-986-387-711-0

定　　　價　**320**元

國家圖書館出版品預行編目(CIP)資料

地緣政治風險管理與挑戰：兩岸、南海與俄烏案例／陳德昇主編.
　--初版. --新北市中和區：INK印刻文學 , 2024.04
　面；17 × 23公分. --（論壇；27）
　ISBN 978-986-387-711-0 (平裝)

1.地緣政治　2.國際關係　3.風險管理

571.15　　　　　　　　　　　　　　　113000461

舒讀網